中外名人全知道

ZHONGWAIMINGRENQUANZHIDAO

王禹翰 ◎ 编著

北方联合出版传媒（集团）股份有限公司
万卷出版公司
2013年·沈阳

Ⓒ 王禹翰　2013

图书在版编目（CIP）数据

中外名人全知道 / 王禹翰编著. -- 沈阳：万卷出版公司, 2013.10

（典藏 / 吴昊主编）

ISBN 978-7-5470-2516-1

Ⅰ. ①中… Ⅱ. ①王… Ⅲ. ①名人-生平事迹-世界 Ⅳ. ①K811

中国版本图书馆CIP数据核字(2013)第141023号

出版发行：	北方联合出版传媒（集团）股份有限公司
	万卷出版公司
	（地址：沈阳市和平区十一纬路29号　邮编：110003）
印刷者：	鞍山市天和文化产业有限公司
经销者：	全国新华书店
幅面尺寸：	178mm×254mm
字　　数：	310千字
印　　张：	19
出版时间：	2013年10月第1版
印刷时间：	2013年10月第1次印刷
责任编辑：	朱婷婷
封面设计：	范　娇
版式设计：	鄂姿羽
责任校对：	彭力胜
ISBN 978-7-5470-2516-1	
定　　价：	19.90元

联系电话：024-23284090
邮购热线：024-23284050
传　　真：024-23284521
E－mail：vpc_tougao@163.com
腾讯微博：http://t.qq.com/wjcbgs
网　　址：http://www.chinavpc.com

常年法律顾问：李　福　版权所有　侵权必究　举报电话：024-23284090
如有质量问题，请速与印务部联系。联系电话：024-23284452

经典之藏，心灵之旅

读书是一件辛苦的事，读书又是一件愉悦的事。读书是求知的理性选择，同时，读书又是人们内在自发的精神需求。不同的读书者总会有不同的读书体验，但对经典之藏，对精品之选的渴求却永远存在。

传统上，读书是求学的手段，千百年来，人类知识的传承，最重要的总是通过书籍的记载与传述。因为有了书，人类才可以文脉延续，薪火相传。西哲说：书籍是人类进步的阶梯，因而，先贤们都把读书当作高尚而庄重的事情，赋予读书神圣、光荣的使命感。故此，韦编三绝、悬梁刺股，以及凿壁、囊萤、映雪等等，就成了刻苦求学的典型，千百年来成为人们效法的楷模。于是，寒门学子挑灯夜读，富家子弟潜心求学，或诚心拜师，或自学成才，诸如此类的事例，就成了激励学子上进求学的传说故事而广泛流传。

书籍除了自身寓含的教化功能外，还能让人感到身心的愉悦和快乐。在文化生活极度匮乏的年代，人们极力去寻找各种承载文明的载体，来填塞文化需求的饥渴。一本残破小书，可以在上百人的手中传递和阅读，看完后仍意犹未尽，不忍释卷。彼时，人们读书如饥似渴，却并无黄金屋、颜如玉一类的功利目的，有的只是内心的精神需求，读书的愉悦与快乐正在于此。仲春季节，读书间隙，推窗而立，鸟语花香扑面而来，内心深处则有禾苗拔节的哔剥之声回响；炎炎夏日，一卷在手，品茗读书，摇扇驱蚊，自然能感受到心灵的清凉和愉悦；秋风瑟瑟，听窗外传来淅淅沥沥的雨声，啜一口酽茶，想起"风声雨声读书声"的名联，便会发出会心的微笑；数九严冬，寒意砭骨，围炉夜读或雪夜捧卷，书香入腹，情暖人心，又能体验到视通万里、思接千载的悠悠遐思。

无论是求学求知还是寻求精神上的愉悦，读书都是我们的一种心灵之旅，是接受自我内心的召唤和灵魂的导引上路，让自己再次起飞得到新生的力量。变换的风景，奇异的遭遇，萍逢的客人……这一切旅途中可能发生的事件，都会在我们读过的书籍中出现，它们强烈地超出了我们已知的范畴，以一种陌生和挑战的姿态，敦促我们警醒，唤起我们好奇。在我们被琐碎磨损的生命里，张扬起绿色的旗帜；在我们刻板疲惫的生活中，注入新鲜的活力。

正因为读书之益，读书之趣，我们才对书籍本身挑剔起来。试想，灵魂之伴侣如何可以等闲视之呢？一本书的好坏，总会有无数人来品评，既有芸芸众者即兴点评，又有专家学者细心解析，然而，书籍最终的裁定者是历史而不是某一种潮流。随着时光的淘汰，留下来的经典之作渐渐走进更多人的视野，留在人们的案头，成为经典之藏。

"典藏"之作正如伴随我们的益友，多闻、博大、精彩而有趣，这样的益友，需要人们用心地品读，细心地筛选，最终把最好的"朋友"留在自己的身边。我们的"典藏"正是帮助读者挑"益友"的一种尝试，希望能把经典的、有价值的或者有趣的书籍放在读者的案头，让它们像朋友一样陪伴每一位读者走上自己的心灵之旅。

当我们打开书本，走进属于自己的心灵世界，自然能够体验那种君临一切的奇特感觉。此时心如止水，宁静安然，恰如室外无言的星月，美文佳句不期而至时，或击案称绝，或吟哦出声，甘之如饴。愿这"典藏"之作能给我们的心灵留下一块绿荫，助大家在自己的漫漫行旅中搭起一座可供休憩的风雨亭，对抗庞大、芜杂、纷繁的外界侵扰。

目 录

圣君明主

盘古	2	萧道成	7	秦孝公	12
女娲	2	萧衍	7	齐威王	12
伏羲	2	拓跋珪	7	燕昭王	13
神农	3	杨坚	7	赵武灵王	13
黄帝	3	宇文觉	8	冒顿单于	13
炎帝	3	松赞干布	8	刘恒	13
尧	3	李渊	8	刘启	14
舜	4	武则天	8	刘彻	14
禹	4	李存勖	9	苻坚	14
启	4	赵匡胤	9	刘义隆	14
汤	4	李元昊	9	李世民	15
盘庚	4	完颜阿骨打	9	李治	15
武丁	5	耶律大石	10	李隆基	15
嬴政	5	成吉思汗	10	柴荣	15
刘邦	5	忽必烈	10	赵光义	15
刘备	5	朱元璋	10	完颜雍	16
曹丕	5	爱新觉罗·努尔哈赤	10	完颜璟	16
孙权	6	爱新觉罗·皇太极	11	朱允炆	16
司马炎	6	齐桓公	11	朱棣	16
司马睿	6	宋襄公	11	爱新觉罗·福临	17
苻健	6	晋文公	11	爱新觉罗·玄烨	17
刘裕	7	秦穆公	12	爱新觉罗·胤禛	17
		楚庄王	12	爱新觉罗·弘历	17
		勾践	12	爱新觉罗·载淳	21

爱新觉罗·溥仪	21	王莽	31	赵一曼	41	

铁马金戈

		刘玄	31	杨靖宇	41	
		吕布	31	赵尚志	41	
		袁术	32	聂政	41	
吴起	22	刘表	32	侯嬴	42	
庞涓	22	曹操	32	朱亥	42	
田忌	22	孙坚	32	荆轲	42	
廉颇	23	孙策	33	何淡如	42	
蒙恬	23	福康安	33	黄飞鸿	43	
项羽	23	司马昭	33	霍元甲	43	
李广利	23	李克用	33	王子平	43	
卫青	23	冯国璋	33	叶问	43	
李广	24	段祺瑞	34			
霍去病	24	汤玉麟	34	## 治国有方		
窦固	24	张作霖	34			
典韦	24	靳云鹏	34	傅说	44	
徐晃	25	阎锡山	35	姜尚	44	
夏侯惇	25	孙传芳	35	姬旦	44	
黄盖	25	吴佩孚	35	姬奭	45	
张辽	25	傅作义	35	管仲	45	
鲁肃	25			文种	45	
吕蒙	26	## 碧血丹心		范蠡	45	
关羽	26			百里奚	45	
张飞	26	文天祥	36	孙膑	46	
赵云	26	关天培	36	韩信	46	
魏延	27	葛云飞	36	萧何	46	
姜维	27	叶名琛	37	张良	46	
羊祜	27	冯子材	37	陈平	47	
谢玄	27	丁汝昌	37	晁错	47	
尉迟恭	27	刘铭传	37	主父偃	47	
秦琼	28	聂士成	37	张昭	47	
程咬金	28	刘永福	38	荀彧	47	
薛仁贵	28	左宝贵	38	诸葛瑾	48	
郭子仪	28	谭嗣同	38	周瑜	48	
李光弼	29	孙中山	38	庞统	48	
杨延昭	29	秋瑾	38	司马懿	48	
韩世忠	29	廖仲恺	39	诸葛亮	49	
岳飞	29	冯玉祥	39	徐庶	49	
于谦	29	邹容	39	房玄龄	49	
戚继光	30	张自忠	39	魏徵	49	
袁崇焕	30	宋庆龄	40	杜如晦	50	
多铎	30	杨虎城	40	长孙无忌	50	
郑成功	30	向警予	40	张九龄	50	
年羹尧	31	吉鸿昌	40	牛僧孺	50	
袁绍	31	张学良	41	吕蒙正	50	

寇准	51	刘向	61	王之涣	71
范仲淹	51	陈寿	61	王昌龄	71
韩琦	51	裴秀	61	李白	71
王安石	51	荀勖	62	王维	71
完颜希尹	52	范晔	62	高适	72
胡广	52	刘知几	62	刘长卿	72
张居正	52	杜佑	62	杜甫	72
多尔衮	52	李延寿	62	岑参	72
苏克萨哈	52	吴兢	63	韦应物	72
林则徐	53	欧阳修	63	孟郊	73
曾国藩	53	宋祁	63	刘禹锡	73
左宗棠	53	洪迈	63	李绅	73
李鸿章	53	司马光	63	贾岛	73
爱新觉罗·奕䜣	54	欧阳玄	64	白居易	74
张之洞	54	宋濂	64	元稹	74
徐世昌	54	王祎	64	李贺	74
黎元洪	54	谈迁	64	杜牧	74
		陈廷敬	65	李商隐	74
## 变节求荣		梁启超	65	温庭筠	75
		王国维	65	韦庄	75
石敬瑭	55	陈寅恪	65	冯延巳	75
洪承畴	55	胡适	65	李煜	75
刘良佐	55	郭沫若	66	柳永	76
吴三桂	56	顾颉刚	66	晏殊	76
琦善	56	钱穆	66	梅尧臣	76
耆英	56	傅斯年	66	苏舜钦	76
曹汝霖	56	萧一山	67	苏轼	76
张敬尧	57	沈从文	67	李之仪	77
梁鸿志	57	吴晗	67	晏几道	77
汪精卫	57			黄庭坚	77
孙殿英	57	## 诗情雅韵		秦观	77
陈公博	57			贺铸	77
何应钦	58	屈原	68	周邦彦	78
石友三	58	王粲	68	范成大	78
李守信	58	曹植	68	陆游	78
周佛海	58	谢朓	69	杨万里	78
川岛芳子	59	徐陵	69	党怀英	79
胡兰成	59	薛道衡	69	辛弃疾	79
		王勃	69	赵秉文	79
## 史林巨匠		卢照邻	69	王若虚	79
		骆宾王	70	元好问	79
董狐	60	杨炯	70	吴文英	80
左丘明	60	贺知章	70	周密	80
司马迁	60	陈子昂	70	张养浩	80
班固	61	张若虚	70	揭傒斯	80

钱谦益	80	庐隐	90	张二奎	100
纳兰性德	81	老舍	90	王九龄	100
沈德潜	81	茅盾	90	龚云甫	100
袁枚	81	冰心	91	成兆才	101
周济	81	柔石	91	陈雨农	101
项鸿祚	82	巴金	91	傅小山	101
龚自珍	82	施蛰存	91	裘桂仙	101
苏曼殊	82	赵树理	91	黎民伟	102
徐志摩	82	冯铿	92	梅兰芳	102
闻一多	82	萧军	92	侯喜瑞	102
冯雪峰	83	周立波	92	周信芳	102
臧克家	83	钱钟书	92	荀慧生	103
艾青	83	端木蕻良	92	程砚秋	103
戴望舒	83	孙犁	93	薛觉先	103
		张爱玲	93	孟小冬	103
				阮玲玉	104
				赵丹	104
				田汉	104

姑妄言之

				夏衍	104
裴启	84				
干宝	84	董解元	94	## 翰墨琳琅	
刘义庆	84	睢景臣	94		
李公佐	85	关汉卿	94	贾谊	105
李朝威	85	白朴	95	枚乘	105
施耐庵	85	马致远	95	司马相如	105
罗贯中	85	郑光祖	95	东方朔	106
吴承恩	85	高明	95	扬雄	106
许仲琳	86	阮大铖	95	孔融	106
冯梦龙	86	王实甫	96	阮瑀	106
凌濛初	86	吴炳	96	徐幹	106
蒲松龄	86	李渔	96	陈琳	107
刘璋	86	黄周星	96	应玚	107
吴敬梓	87	洪昇	97	杨修	107
夏敬渠	87	孔尚任	97	刘桢	107
曹雪芹	87	吕履恒	97	左思	107
高鹗	87	边汝元	97	江淹	108
李百川	88	万树	97	鲍照	108
李汝珍	88	朱素臣	98	刘勰	108
俞万春	88	孔传志	98	萧统	108
吴沃尧	88	张坚	98	庾信	108
李宝嘉	88	唐英	98	韩愈	109
曾朴	89	魏良辅	98	柳宗元	109
鲁迅	89	魏长生	99	苏洵	109
叶圣陶	89	樊小惠	99	曾巩	109
林语堂	89	李文茂	99	苏辙	110
张恨水	90	余三胜	99		
郁达夫	90	程长庚	100		

解缙	110	关尹子	119	郑玄	129
王九思	110	文子	120	颜之推	129
李梦阳	110	杨朱	120	陆德明	130
王廷相	110	子产	120	孔颖达	130
康海	111	邓析子	120	颜师古	130
归有光	111	孙武	121	赵匡	130
李攀龙	111	墨子	121	陆淳	131
徐中行	111	禽滑厘	121	周敦颐	131
梁有誉	112	司马穰苴	121	张载	131
吴国伦	112	列子	121	程颢	131
宗臣	112	孟胜	122	程颐	131
王世贞	112	商鞅	122	杨时	132
袁宏道	112	申不害	122	朱熹	132
魏禧	113	许行	122	陆九渊	132
汪琬	113	田骈	123	王守仁	132
戴名世	113	惠施	123	刘宗周	133
方苞	113	鬼谷子	123	朱之瑜	133
刘大魁	113	庄子	123	王闿运	133
姚鼐	114	张仪	123	冯友兰	133
纪昀	114	苏秦	124		
周作人	114	范雎	124	**绘画书法**	
刘半农	114	公孙龙	124		
朱自清	114	涓子	124	曹不兴	134
瞿秋白	115	邹衍	124	顾恺之	134
石评梅	115	毛遂	125	阎立本	134
梁实秋	115	吕不韦	125	李思训	135
吴伯箫	115	韩非	125	韩幹	135
傅雷	116	李斯	125	张萱	135
萧乾	116	陆贾	125	周昉	135
杨朔	116	郦食其	126	吴道子	135
秦牧	116	范缜	126	韩滉	136
		陈亮	126	顾闳中	136
诸子百家		叶适	126	荆浩	136
		李贽	127	关仝	136
孔子	117	黄宗羲	127	高克明	137
仲由	117	顾炎武	127	文同	137
颜回	117	王夫之	127	崔白	137
端木赐	118	吕留良	127	张择端	137
曾子	118	魏源	128	易元吉	137
子思	118	冯桂芬	128	苏汉臣	138
孟子	118	严复	128	李唐	138
荀子	119	康有为	128	刘松年	138
叔孙通	119	董仲舒	129	扬无咎	138
匡衡	119	许慎	129	曹知白	139
老子	119	马融	129	吴镇	139

王冕	139	张芝	149	郑译	158
林良	139	张昶	149	李疑	158
周臣	139	韦诞	149	王绩	159
唐寅	140	索靖	149	董庭兰	159
文徵明	140	陆机	150	李龟年	159
吕纪	140	王羲之	150	何满子	159
陈淳	140	王献之	150	雷海青	160
陆治	141	王珣	150	念奴	160
仇英	141	羊欣	151	许和子	160
孙克弘	141	薄绍之	151	姜夔	160
丁云鹏	141	欧阳询	151	朱载堉	161
董其昌	141	虞世南	151	徐上瀛	161
王时敏	142	褚遂良	151	张乔	161
弘仁	142	孙过庭	152	庄臻凤	161
恽寿平	142	薛稷	152	魏子犹	161
原济	142	李邕	152	何柳堂	162
王原祁	142	李阳冰	152	王露	162
蒋廷锡	143	张旭	152	丘鹤俦	162
李方膺	143	颜真卿	153	阿炳	162
边寿民	143	怀素	153	刘天华	163
金农	143	李建中	153	查阜西	163
高翔	144	薛绍彭	153	管平湖	163
郑板桥	144	蔡襄	154	吕文成	163
钱维城	144	米芾	154	王殿玉	164
丁观鹏	144	鲜于枢	154	聂耳	164
罗聘	144	沈粲	154	程午嘉	164
居巢	145	祝允明	154	蒋风之	164
居廉	145	蔡羽	155	刘天一	165
任薰	145	王宠	155		
任颐	145	邢侗	155	**棋逢对手**	
吴昌硕	146	米万钟	155		
齐白石	146			弈秋	166
黄宾虹	146	**弦歌余韵**		严子卿	166
陈师曾	146			王恬	166
金城	146	师旷	156	褚思庄	167
于非闇	147	师涓	156	夏赤松	167
刘海粟	147	雍门周	156	褚胤	167
丰子恺	147	伯牙	157	王积薪	167
张大千	147	韩娥	157	顾师言	167
林风眠	148	高渐离	157	徐星友	168
李可染	148	李延年	157	黄龙士	168
关山月	148	桓谭	157	梁魏今	168
刘炟	148	杜夔	158	程兰如	168
崔瑗	148	戴逵	158	施定庵	169
蔡邕	149	苏祇婆	158	顾水如	169

刘棣怀	169	**国色天香**	
		西施	179
天工人巧		郑旦	179
鲁班	170	吴娃	180
孙叔敖	170	戚夫人	180
欧冶子	170	虞姬	180
干将	171	李夫人	180
李冰	171	钩弋夫人	180
洛下闳	171	细君公主	181
蔡伦	171	王昭君	181
张衡	171	赵飞燕	181
刘徽	172	大乔	181
马钧	172	小乔	182
祖冲之	172	潘玉奴	182
郦道元	172	徐昭佩	182
贾思勰	173	太平公主	182
刘焯	173	杨玉环	182
李春	173	虢国夫人	183
袁天罡	173	沈阿翘	183
陆羽	173	杜秋娘	183
喻皓	174	鱼玄机	183
毕昇	174	花蕊夫人	183
沈括	174	李氏	184
李诫	174	李师儿	184
刘秉忠	175	李香君	184
王祯	175	李师师	184
徐光启	175	卞玉京	185
曾纪鸿	175	柳如是	185
魏瀚	175	顾横波	185
詹天佑	176	陈圆圆	185
冯如	176	董小宛	185
陈建功	176	董鄂妃	186
吕彦直	176	赛金花	186
茅以升	177	裕容龄	186
梁思成	177	文绣	186
苏步青	177		
夏昌世	177		
华罗庚	177		
陈景润	178		
陈省身	178		

外国名人

人文启蒙

荷马	188
赫西俄德	188
伊索	188
西蒙尼德斯	189
埃斯库罗斯	189
品达	189
阿里斯托芬	189
米南德	189
忒奥克里托斯	190
普劳图斯	190
埃纽斯	190
卡图鲁斯	190
维吉尔	190
贺拉斯	191
奥维德	191
塞内加	191
小普林尼	191
鲁奇阿努斯	192
鲁达基	192
欧玛尔·海亚姆	192
萨迪	192
吕特博夫	192
但丁	193
彼特拉克	193
薄伽丘	193
哈菲兹	193
乔叟	194
阿利奥斯托	194
托马斯·莫尔	194
弗朗索瓦·拉伯雷	194
蒙田	195
塔索	195
塞万提斯	195
埃德蒙·斯宾塞	195
阿尔戈特	195
费力克斯·德·维伽	196
威廉·莎士比亚	196
卡尔德隆	196
彼埃尔·高乃依	196
弥尔顿	197
格里美尔豪森	197
拉封丹	197
莫里哀	197
塞维涅夫人	197
约翰·班扬	198
德莱顿	198
拉斐特夫人	198
布瓦洛	198
让·拉辛	198
丹尼尔·笛福	199
斯威夫特	199
阿兰·勒内·勒萨日	199
亚历山大·蒲柏	199
亨利·菲尔丁	200
戈特霍尔德·埃菲莱姆·莱辛	200
博马舍	200
维兰德	200
萨德	201
杰尔查文	201
弗瑞诺	201
威廉·布莱克	201
罗伯特·彭斯	201
席勒	202
克莱斯特	202

百家争鸣

歌德	203
伊万·安德列耶维奇·克雷洛夫	203
威廉·华兹华斯	203
瓦尔特·司各特	203
诺瓦利斯	204
简·奥斯丁	204
司汤达	204
华盛顿·欧文	204
格林兄弟	205
乔治·戈登·拜伦	205
波西·比希·雪莱	205
约翰·济慈	205
玛丽·雪莱	205
亨利希·海涅	206
普希金	206
巴尔扎克	206
维克多·雨果	206
亚历山大·大仲马	207
纳撒尼尔·霍桑	207
安徒生	207
果戈里	207
埃德加·爱伦·坡	207
瓦尔特·惠特曼	208
查尔斯·狄更斯	208
冈察洛夫	208
夏洛蒂·勃朗特	208
乔治·艾略特	209
安妮·勃朗特	209
鲍曰娜·聂姆曹娃	209
福楼拜	209
陀思妥耶夫斯基	210

夏尔·皮埃尔·波德莱尔 210	威廉·萨默塞特·毛姆 218	村上春树 226
亚历山大·尼古拉耶维奇·奥斯特洛夫斯基 210	杰克·伦敦 218	
	马里内蒂 218	**政坛领袖**
小仲马 210	赫尔曼·黑塞 219	
约卡伊 210	莫里兹 219	汉谟拉比 227
亨利克·易卜生 211	爱德华·摩根·福斯特 219	埃赫那吞 227
尼古拉·车尔尼雪夫斯基 211	纪尧姆·阿波利奈尔 219	拉美西斯二世 227
	斯蒂芬·茨威格 219	居鲁士 228
凡尔纳 211	阿列克谢·尼古拉耶维奇·托尔斯泰 220	塞尔维乌斯 228
列夫·托尔斯泰 211		伯里克利 228
埃米莉·狄金森 211	詹姆斯·乔伊斯 220	提贝里乌斯·塞姆普罗尼乌斯·格拉古 228
保罗·海泽 212	弗吉尼亚·伍尔夫 220	
比昂松 212	弗兰茨·卡夫卡 220	苏拉 228
马克·吐温 212	大卫·赫伯特·劳伦斯 220	托勒密十二世 229
托马斯·哈代 212	托马斯·艾略特 221	克拉苏 229
阿尔封斯·都德 213	费尔南多·佩索阿 221	庞培 229
埃米尔·左拉 213	阿赫玛托娃 221	恺撒 229
安布鲁斯·布尔斯 213	霍华德·菲利普·洛夫克拉夫特 221	马克·安东尼 230
勃兰兑斯 213		克利奥帕特拉七世 230
爱德蒙多·德·亚米契斯 214	韦尔弗 221	屋大维 230
	卡雷尔·恰佩克 222	阿格里皮娜 230
亨利克·显克维奇 214	弗拉基米尔·弗拉基米罗维奇·马雅科夫斯基 222	君士坦丁大帝 230
波·普鲁斯 214		佩特罗尼乌斯·马克西穆斯 231
米克沙特 214	布莱希特 222	
莫泊桑 214	伊·埃·巴别尔 222	克洛维一世 231
奥斯卡·王尔德 214	叶赛宁 223	查士丁尼大帝 231
萧伯纳 215	保尔·艾吕雅 223	圣德太子 231
李曼·法兰克·鲍姆 215	弗朗西斯·斯科特·基·菲茨杰拉德 223	查理·马特 232
安东·巴甫洛维奇·契诃夫 215		查理大帝 232
	欧内斯特·海明威 223	布赖恩·博罗 232
莫里斯·波利多尔·马里·贝尔纳·梅特林克 215	亨利·米肖 223	巴西尔二世 232
	豪尔赫·路易斯·博尔赫斯 224	哈德克努特 232
欧·亨利 216		威廉一世 233
罗曼·罗兰 216	紫式部 224	腓特烈一世 233
马克西姆·高尔基 216	井原西鹤 224	腓特烈二世 233
符瓦迪斯瓦夫·莱蒙特 216	罗宾德拉纳特·泰戈尔 224	罗伯特·布鲁斯 233
安德烈·纪德 216	夏目漱石 224	曼萨·穆萨 234
蒲宁 217	尾崎红叶 225	伊丽莎白一世 234
保尔·瓦雷里 217	芥川龙之介 225	丰臣秀吉 234
马塞尔·普鲁斯特 217	德永直 225	德川家康 234
弗罗斯特 217	川端康成 225	阿拔斯一世 235
吉尔伯特·基思·切斯特顿 217	小林多喜二 225	沙贾汉 235
	太宰治 226	查理一世 235
露西·莫德·蒙格玛丽 218	渡边淳一 226	路易十四 235
	大江健三郎 226	彼得大帝 236

腓特烈二世	236
塞缪尔·亚当斯	236
叶卡捷琳娜二世	236
乔治·华盛顿	237
梅特涅	237
何塞·圣马丁	237
梯也尔	237
威廉一世	238
亚伯拉罕·林肯	238
维多利亚	238
安东尼	238
克拉拉·蔡特金	239
西奥多·罗斯福	239
威廉二世	239
沃伦·哈定	239
尼古拉二世	240
甘地	240
列宁	240
卡尔·李卜克内西	240
弗里德里希·艾伯特	241
卡尔文·柯立芝	241
赫伯特·胡佛	241
温斯顿·丘吉尔	241
富兰克林·罗斯福	242
季米特洛夫	242
墨索里尼	242
杜鲁门	242
希特勒	243
赫鲁晓夫	243
金日成	243
尼克松	243
菲德尔·卡斯特罗	244
让·布隆代尔	244
戈尔巴乔夫	244

外交神话

阿里斯蒂德·白里安	245
克贝斯蒂安·路易斯·兰格	245
张伯伦	245
科德尔·赫尔	245
金文泰	246
戴高乐	246
里宾特洛甫	246

乔治·肯南	246
大平正芳	247
肯尼迪	247
曼德拉	247
拉宾	247
亨利·阿尔弗雷德·基辛格	248
撒切尔夫人	248
普京	248

色彩幻境

乔托·迪·邦多纳	249
马萨乔	249
包茨	249
波提切利	250
达·芬奇	250
阿尔布雷德·丢勒	250
卡拉瓦乔	250
夏尔丹	250
托马斯·庚斯博罗	251
爱德华·马奈	251
埃德加·德加	251
克劳德·莫奈	251
亨利·卢梭	252
伊里亚·叶菲莫维奇·列宾	252
保罗·高更	252
瓦西里耶夫	252
梵·高	252
乔治·修拉	253
爱德华·蒙克	253
康定斯基	253
思斯特·路德维希·凯希纳	253
安德烈·德兰	254
巴勃罗·毕加索	254
米开朗琪罗	254

光影播客

乔治·梅里爱	255
斯坦尼斯拉夫斯基	255
卢米埃尔	255
唐狄拉吉·戈温特·巴尔吉	256
大卫·格里菲斯	256
查理·卓别林	256
亨弗莱·鲍嘉	256
詹姆斯·卡格尼	256
斯宾塞·屈赛	257
贾利·古柏	257
詹姆斯·卡梅隆	257
葛丽泰·嘉宝	257
约翰·韦恩	257
劳伦斯·奥利维尔	258
贝蒂·戴维斯	258
费雯·丽	258
格里高利·派克	258
柯克·道格拉斯	259
马龙·白兰度	259
玛丽莲·梦露	259
西德尼·波埃特	259
秀兰·邓波儿	259
格蕾丝·凯莉	260
奥黛丽·赫本	260
伊莉莎白·泰勒	260

天籁之音

季多	261
希尔德加德	261
德普雷	261
帕莱斯特里那	262
约翰·塞巴斯蒂安·巴赫	262
亨德尔	262
贝多芬	262
格鲁克	262
弗朗茨·约瑟夫·海顿	263
莫扎特	263
帕格尼尼	263
罗西尼	263
舒伯特	264
葛塔诺·多尼采蒂	264
贝里尼	264
肖邦	264
罗伯特·舒曼	264
李斯特	265
奥芬巴赫	265

小约翰·施特劳斯	265
约翰奈斯·勃拉姆斯	265
德彪西	266
瓦格纳	266
威尔第	266
欧仁·鲍狄埃	266
鲍罗廷	267
勃拉姆斯	267
尼古拉·鲁宾斯坦	267
柴可夫斯基	267
德里戈	267
雅纳切克	268
普契尼	268
阿尔韦尼斯	268
勋伯格	268
拉韦尔	269
帕瓦罗蒂	269
鲍博·马利	269
迈克尔·杰克逊	269

化学巨匠

拉齐斯	270
尼古拉·勒梅	270
罗伯特·波义耳	270
约瑟夫·布莱克	271
舍勒	271
克拉普罗特	271
安托万·拉瓦锡	271
克劳德·贝托莱	271
加多林	272
道尔顿	272
阿莫迪欧·阿伏加德罗	272
盖·吕萨克	272
启普	273
埃伦迈尔	273
坎尼扎罗	273
贝特洛	273
阿列克萨得尔·米哈依洛维奇·布特列洛夫	273
诺贝尔	274
门捷列夫	274
詹姆斯·杜瓦	274
勒夏特列	274
威廉·拉姆齐	275
莫瓦桑	275
威廉·奥斯特瓦尔德	275
斯万特·阿伦尼乌斯	275
爱德华·毕希纳	275
瓦尔特·能斯特	276
亚瑟·哈登	276
居里夫人	276
弗里茨·哈伯	276
普雷格尔	277
阿贝格	277
维克多·格林尼亚	277
卡尔·博施	277

物理奇才

阿基米德	278
惠更斯	278
牛顿	278
库仑	279
布儒斯特	279
法拉第	279
楞次	279
麦克斯韦	279
范德瓦尔斯	280
范德华	280
达伦	280
瑞利	280
伦琴	281
洛伦兹	281
赫兹	281
普朗克	281
皮埃尔·居里	281
纪尧姆	282
佩兰	282
约翰尼斯·斯塔克	282
巴克拉	282
迈特纳	283
爱因斯坦	283
史蒂芬·威廉·霍金	283

生命使者

阿维森纳	284
弗拉卡斯托罗	284
圣托里奥	284
哈维	285
布尔哈维	285
拉埃内克	285
马让迪	285
菲尔肖	286
赫尔曼·赫尔姆霍茨	286
约瑟夫·李斯特	286
科赫	286
梅契尼可夫	286
巴甫洛夫	287
里谢	287
科塞尔	287
保罗·埃尔利希	287
弗莱明	288
白求恩	288
班廷	288
利斯特	288

中国名人

　　在中国历史上，总会有那么一些人，为人们津津乐道。这些人纵然经历了时代的变迁，也没有走出人们的视线，我们将这些人称之为名人。他们之中，有的自出生起就注定与众不同，有的却默默无闻地作出了惊天动地的事情。

　　这些人中有帝王将相，有后宫粉黛，有科学家、哲学家、史学家、文学家，亦有商人、隐士、刺客、名妓，等等。无论是达官显贵，还是三教九流，都有过一段不平凡的经历。他们的人生，使这个世界更加丰富多彩。

　　流芳千古的人，之所以被后人敬重，是因为他们有感动人、鼓舞人的精神力量和人格魅力。当我们遭受困难、遭遇险境之时，品读这些百折不挠的事迹，便会有前进的动力。被人们所唾弃的人，之所以也被人们常常提起，是因为我们可以从他们的人生中吸取教训，远离世界上黑暗的一面。我们所能做的只有"择其善者而从之，则其不善者而改之"。

　　这些在岁月变迁中沉淀下来的中国名人，也是中国悠久文化的重要组成部分。我们可以通过透视这些传奇人生，来了解那些神秘的历史片段，感受当时的社会氛围，品味人世间的百味百态。

圣君明主

盘古开天辟地之后,历史记载中和上古神话传说中又出现了有巢氏、女娲氏、伏羲氏、神农氏、黄帝、炎帝、尧、舜、禹、启、少康、汤、盘庚、武丁等重德爱民的圣君。"打江山易,守江山难。"克服了重重困难打下江山后,将王朝带向繁荣昌盛、成就盛世霸业则更加艰辛。这往往需要一位励精图治、恪尽职守、兢兢业业的开明君主,精心地打理着自己的"家国天下"。

盘古

盘古,我国古代传说时期开天辟地的神。相传,天和地是由盘古用一把斧子劈开的。他害怕天地会再合拢起来恢复以前的样子,于是就用双手撑着天,脚踩着地,让天地的距离随着自己的身体长高,这样过了十万八千年后,天和地之间的距离就变得越来越远了。在他死后,他的身体器官幻化成日月星辰、四极五岳、江河湖泊、农田矿藏、万物生灵等。

女娲

女娲,也称女阴、女娲娘娘,风姓,生于成纪(今甘肃静宁),我国古代传说时期的创世女神。相传,女娲神通广大,可以化生万物,她每天至少能创造出七十种东西。传说,女娲仿照自己用黄土造成了人,创造了人类社会。又传说,女娲熔炼五色石来修补苍天。我国云南的苗族、侗族等族,把女娲当作本民族的始祖加以奉拜。

伏羲

伏羲,也称为宓羲、庖牺、包牺、牺皇、皇羲、太昊等,古代华夏部落首领,上古时期的三皇之一,被后世尊奉为中华民族的始祖。传说,伏羲与女娲一样,都是蛇身人首。传说,伏羲出生于甘肃天水。他所处的时代大约是新石器时代早期。他根据天地万物的阴阳变化创造八卦,教会人们结绳为网,用来捕鱼打猎。他的活动,标志着中华文明的起始。

神农

神农，是继伏羲之后的又一位对中华民族作出杰出贡献的传奇人物，是三皇之一。相传，神农氏是我国古代农业、医药的发明者。神农发明制作了木耒、木耜等工具，开创了九井相连的水利灌溉技术，并教会人民农耕生产技术，故号神农氏。他还遍尝百草，发现药材，发明了医术，教会人民如何医治疾病。此外，神农氏还制定了历法。

黄帝

黄帝是五帝之一。相传，黄帝姓公孙，后改姓姬，因其居轩辕之丘，故又号轩辕氏。黄帝历来被视为中华民族的共同祖先，所以中国人常自称"炎黄后裔"、"炎黄子孙"。他在有熊（今河南新郑）建国，所以也称有熊氏。他先后与炎帝、蚩尤决战，都获得了胜利，成为天下共主。传说黄帝在位期间，政治安定，国势强盛，文化进步，发明创造频出，如文字、音乐、历数、宫室、舟车、衣裳和指南车等。

炎帝

炎帝，姜姓，是上古传说中姜姓部落的首领，也叫作赤帝、烈山氏。传说，他是神农的后裔子孙，是与黄帝同时期的、各部落联盟公推的另一位天下共主。炎帝曾与黄帝进行过三次激烈的战役，以炎帝失败、炎黄结盟告终，黄帝取代炎帝成为了唯一的天下共主。炎黄联盟又与蚩尤在涿鹿决战，结果蚩尤战败。从此以后，炎黄部落便得以在中原安居。

尧

尧，姓尹祁，号放勋，是帝喾的儿子。因封于陶、唐，所以也称为陶唐氏、唐尧。尧接受哥哥挚的禅位，在二十一岁时继帝位，都城为平阳（今山西临汾）。他聪明仁慈，治国有方。他制定法度，设置谏鼓和谤木，轻徭薄赋，并任命官员制定历法，通报气候，鼓励百姓耕种。尧老年时，选择舜做自己的继承人，并把自己的两个女儿娥皇和女英嫁给了舜，对舜进行长期的考察和测验后禅位给他。

舜

　　舜，名重华，也称有虞氏、虞舜，古代父系氏族社会后期的部落联盟首领。舜在二十岁时，就以孝行闻名天下。他接替尧执政以后，以蒲阪为都，励精图治，采取了许多重大措施，如重新修订历法；多次举行祭祀仪式；巡视各地，考察民情；制定刑罚等，取得了辉煌的成就。舜年老时，又将治水有功、威望最高的禹确立为继任者。

禹

　　禹，姓姒，号文命，因治水有功，被后人尊称为大禹。禹继鲧治理水土，采取了开渠排水、疏通河道的方法，三过家门而不入，用了十三年的时间，终于取得了成功。他把全国划分为兖、青、徐、冀、豫、扬、荆、梁、雍九州进行统治，结束了我国原始社会部落联盟制的社会组织形态，建立了一种新型的社会政治形态——国家，用阶级社会代替原始社会，推动了我国历史的发展。

启

　　启（生卒年不详），姓姒，名启，又名曾、建或余，史称夏启，是大禹的儿子。相传，禹的继任者伯益按照惯例避位，让启做国王。启于是夺取帝位，并攻杀伯益，开创了王位世袭制。有扈氏部落对此不服，启于是对有扈氏发兵，大败有扈氏。但是，到了晚年，启的生活越来越腐化，整日饮酒作乐，朝政日益荒废。

汤

　　汤（生卒年不详），姓子，名履，也称武汤、武王、天乙、成汤等，是商朝的建立者。夏朝末年，他起兵征伐暴虐的夏桀，经过十数次出征，先后灭掉了豕韦、顾、昆吾、夏等国，建立了第二个奴隶制国家——商朝，定都亳。商朝建立后，为了安抚民心，他轻徭薄赋，奖励生产。商朝的势力逐渐扩展到黄河上游一带，成为一个强大的奴隶制王朝。

盘庚

　　盘庚（生卒年不详），商朝第二十任君主。在位期间，他进行了商王朝历史上一次重要的迁都，将国都从奄（今山东曲阜）迁至殷（今河南安阳西北），史称"盘庚迁殷"，所以商朝也被称为殷或殷商。盘庚迁殷后，执行开明的政策，使得社会经济发展、人民安居乐业、文化繁荣兴盛，商王期出现了中兴的局面。

武丁

武丁（生卒年不详），姓子，名昭，商朝的第二十三任君主。他即位后，励精图治，选贤任能，商王朝得到大治。对外，武丁也在进行着大规模的武力征伐。到武丁统治末年，商朝的疆域极为广阔，东到海滨，西至甘肃，南逾江汉，北及大漠。武丁把自己的儿子、功臣等分封为侯或伯，以便更好地统治，开创了周代分封制的先河。

嬴政

秦始皇（前259—前210），原名嬴政，秦朝第一任皇帝。他出生于赵国，所以也称赵政。他登基后横扫六国，建立了第一个统一专制主义中央集权制国家。他在位期间，废除分封制，置立郡县，统一度量衡，书同文，车同轨，修筑长城，建造阿房宫，焚书坑儒。后人称其为千古一帝。

刘邦

刘邦（前256—前195），沛县丰邑（今江苏丰县）人，西汉开国皇帝，史称汉高祖。他出身农家，早年做过亭长。在秦末战争中，他成为与项羽鼎立的势力，被项羽封为汉王，统治巴蜀地区及汉中一带。他不甘心亡秦的胜利果实被项羽独占，于是率军东出，发动了楚汉战争。项羽死后，他即位称帝。前195年，他率兵讨伐英布叛乱，被流矢射中，后不治而亡。

刘备

刘备（161—223），字玄德，涿郡涿县（今河北涿州）人，三国时期蜀汉开国皇帝，史称汉昭烈帝。他是汉朝皇室疏宗，早年以贩履织席为业。他因讨伐黄巾军有功而登上政治舞台。他知人善任，有关羽、张飞为左右手；三顾茅庐后，又得到了诸葛亮的辅佐。他曾与孙权联合在赤壁之战中大胜曹操。221年，他在成都称帝。在伐吴失败后，他退守白帝城，因病逝世。

曹丕

曹丕（187—226），字子桓，沛国谯（今安徽亳州）人，三国时期曹魏开国皇帝，史称魏文帝。他称帝后,在政治上采取了一系列的政策,如加强中央集权,限制后党和藩王的权力,建立中书省,推行九品中正制,发展校事官制度,鼓励恢复生产,主张与民休息。他所创立的九品中正制,确立了士族豪强在政治上的特权。

孙权

孙权(182—252),字仲谋,吴郡富春县(今浙江富阳)人,三国时期东吴开国皇帝,史称东吴大帝。他继承了父兄的基业,在赤壁之战中与刘备联合大败曹军,形成了魏、蜀、吴三国鼎足之势。219年,他夺取荆州,袭杀关羽,第二年又大败刘备,从而控制了长江中下游地区。并于229年称帝。在他统治的时期,东吴始终保持着较强的实力,成为三国中历时最久,最后一个灭亡的政权。

司马炎

司马炎(236—290),字安世,河内温(今河南温县)人,西晋开国君主,史称晋武帝。266年,他威逼魏元帝曹奂禅让,自己即位为帝,立国号为晋。268年,他颁布《泰始律令》,这是我国历史上第一部儒家化的法典。279年,他任命贾充、杨济、杜预、王濬等人出兵讨伐东吴,吞并孙吴。他在位期间,励精图治,社会经济繁荣,史称"太康盛世"。

司马睿

司马睿(276—322),字景文,河内温县(今河南温县)人,东晋开国皇帝,史称晋元帝。317年,他被拥奉为晋王,并于318年称帝建立东晋,定都建康,改元太兴。但东晋的政权主要由王导、王敦把持,时人曾流传说:"王与马,共天下。"他日益不满这种局面,企图排挤王氏政权,但王敦先发制人,起兵造反,司马睿忧愤病逝。

苻健

苻健(317—355),字建业,略阳临渭(今甘肃秦安东南)人,前秦开国君主,史称前秦高祖。他遵照父亲苻洪的遗命,西取关中,趁晋将杜洪大意之时,分道攻取长安。352年,他即帝位,国号秦,其后东攻关东,西击西凉。他在关中名声大振,最终击破晋军。他勤政恤民,轻徭薄赋,减轻刑罚,修尚儒学,使关中稍得复苏。

刘裕

刘裕（363—422），字德舆，小名寄奴，京口（江苏镇江）人，南朝宋的建立者，史称宋武帝。他出身贫寒，东晋时因战功被封为宋王。420年，他灭晋建宋，定都建康，史称刘宋，从此开启了南朝与北朝对峙的历史。他在位期间实行"土断"，抑制豪强兼并，减轻赋税，放免奴客兵士，生活上也很节俭，在我国历史上是个比较明智的帝王。

萧道成

萧道成（427—482），字绍伯，小名斗将，南兰陵（今江苏丹阳）人，南朝齐的开国皇帝，史称齐高帝。他出身名门，在刘宋末年，他以右卫将军领卫尉的名衔与其他数位大臣奉受遗诏执掌机要。在平定了江州刺史、桂阳王刘休范的叛乱后，他大权在握，迎立宋顺帝刘准，并独揽朝政。479年，他自立为帝，改国号为齐，定都建康，史称南齐。

萧衍

萧衍（464—549），字叔达，小字练儿，南兰陵中都里（今江苏武进西北）人，南梁政权的建立者，史称梁武帝。萧衍是兰陵萧氏的世家子弟，出生在秣陵（今南京），为汉朝相国萧何的二十五世孙。502年，萧衍自立为帝，国号梁，定都建康，改年号为天监，史称萧梁。

拓跋珪

拓跋珪（371—409），又名涉圭、什翼圭、翼圭等，鲜卑人，北魏开国皇帝，史称北魏道武帝。385年，十五岁的拓跋珪趁前秦灭亡、北方混乱之际重兴代国，在盛乐称王。386年，他改元"登国"，改国号"魏"，史称北魏。398年，他迁都大同，并自称皇帝。他即位初年，励精图治，积极扩张疆土，将鲜卑政权向封建化推进。在409年的宫廷政变中，他遇刺身亡。

杨坚

杨坚（541—604），弘农华阴（今陕西华阴）人，隋朝开国皇帝，史称隋文帝。北周宣帝死后，他以外戚身份入宫辅政，并总揽大权，进封为隋王。后废北周静帝宇文阐，于581年登基称帝，建立了隋朝。隋文帝即位后，成功地统一中国，结束了几百年的分裂局面,并使隋朝迅速强大繁荣起来,后人将这一时期誉为"开皇之治"。

宇文觉

宇文觉(542—557),字陀罗尼,北周文帝宇文泰的三子,宇文泰死后他袭职,后废西魏恭帝,于557年正式即天王位,史称北周。宇文觉生性刚毅果敢,对于其堂兄宇文护的专政感到相当不满,并密谋诛杀宇文护,不料被人将此事告知了宇文护。宇文护随即先设计诛杀了宇文觉身边的人,然后派贺兰祥逼迫宇文觉逊位,将其贬为略阳公并幽禁,不久将他杀害。

松赞干布

松赞干布(617—650),藏族吐蕃王国的创建者。629年,松赞干布继位为赞普,迁都逻些(今西藏拉萨)。在位期间,他削平内乱,降服苏毗、羊同等部落,统一了青藏高原,发展农牧业生产,推广灌溉技术,并在大臣禄东赞的协助下建立了奴隶主统治的吐蕃王国政权。641年,松赞干布迎娶了唐朝文成公主,加强了汉藏之间的文化交流。

李渊

李渊(566—635),字叔德,成纪(今甘肃静宁)人,唐朝的开国皇帝,史称唐高祖。618年,李渊称帝,改国号唐,定都长安,建立唐朝。李渊在位时期,承袭隋文帝旧制,重新建立中央及地方行政制度,又修订律令格式,重建府兵制,颁布均田制及租庸调制,为唐代的职官、刑律、兵制、土地及课役等制度奠定了基础。

武则天

武则天(624—705),名曌,山西文水人,我国历史的第一位女皇帝。637年,被唐太宗选入宫中,后来成为唐高宗李治的皇后。690年,她自立为帝,称圣神皇帝,改国号为周,定都洛阳。在她的治理下,生产发展,社会安定,为唐玄宗的"开元盛世"打下了基础。武则天非常重视农桑,并不拘资历门第选拔人才。她打破了皇位男性化的传统格局,堪称我国封建社会杰出的女政治家。

李存勖

李存勖（885—926），本姓朱邪氏，小名"亚子"，沙陀人，后唐开国皇帝，史称后唐庄宗。908年，李存勖继承其父李克用的遗志，不但打败契丹，攻破燕地，并且消灭刘仁恭、刘守先父子割据，于923年消灭后梁，终于统一北方。他在魏州（今河北大名西）称帝，国号为唐，史称后唐。李存勖称帝后，就不再图进取，开始享乐。他自幼喜欢看戏、演戏，常粉墨登场，荒废朝政。在一次叛乱中，李存勖被流箭射中而殒命。

赵匡胤

赵匡胤（927—976），涿州（今属河北）人，宋朝开国皇帝，史称宋太祖。赵匡胤曾为后周殿前检点，后来发动"陈桥兵变"，于960年称帝，建立宋朝，定都开封。赵匡胤称帝后，平定荆南和湖南，灭后蜀、南汉、南唐，除北汉之外，十国基本统一。为了加强中央集权，赵匡胤采取了许多措施。他通过"杯酒释兵权"，逼迫手下的武将将兵权交出，并重用文官治理天下，导致宋朝军事长期积弱不振。

李元昊

李元昊（1003—1048），小字嵬理，西夏国第一代皇帝。他熟习兵书、晓佛学，通蕃汉文字。1038年，他称"始文英武兴法建礼仁孝皇帝"，改年号为"天授礼法延祚"，国号大夏，史称西夏，定都兴庆府（今宁夏银川）。李元昊在位期间，制定了官制、军制、法制，扩军到四十多万，创造了西夏文字，刻印了书籍，并抵挡住了宋和辽的进攻，使西夏成为西北方的一个强大政权。

完颜阿骨打

完颜阿骨打（1068—1123），汉名旻，女真名阿骨打，金朝建立者。1113年，其兄完颜乌雅束病死，他继任女真部落联盟长，称都勃极烈，次年辽授其为节度使。1114年，他起兵反辽，侵入辽境，大败辽军。1115年，阿骨打建国号金，年号"收国"，定都会宁府。阿骨打在位期间，定制度，立刑法，造文字，加强皇权，为金的立国奠定了基础。1123年，阿骨打攻克辽的燕京（今北京）后，回师途中病死。

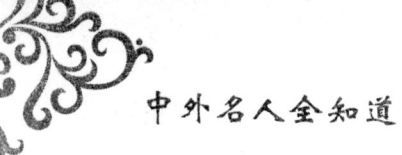

耶律大石

耶律大石（1087—1143），字重德，契丹族，西辽建立者。他是辽太祖耶律阿保机八世孙。1131年，耶律大石于起儿漫（今乌兹别克斯坦布哈拉东北）称帝，改元延庆，史称西辽，又称哈喇契丹，因崇尚黑色，也称黑契丹。1134年，他建都虎思斡尔朵（今吉尔吉斯斯坦伏龙芝东），改元康国。

成吉思汗

成吉思汗（1162—1227），孛儿只斤氏，名铁木真，大蒙古国第一代大汗。他以杰出的政治、军事才能完成了蒙古族的统一。他又以血族复仇的名义率领十万蒙古铁骑直指金朝的中都（今北京）；并且多次进行征服战争，蒙古铁蹄从中亚踏到了多瑙河和巴格达，建立了世界历史上著名的横跨欧亚两洲的大帝国。成吉思汗临终时还留下了灭金、灭夏和如何巩固政权的三条方略，为统一全国奠定了基础。

忽必烈

忽必烈（1215—1294），全名孛儿只斤·忽必烈，蒙古族，元朝的创始皇帝。1260年，他在开平称汗，始建年号中统。1264年，他率军打败阿里不哥，之后迁都燕京，改称大都。1271年，他正式称帝，建国号为元。1279年，他指挥军队灭亡南宋，统一了全国。他在位期间，注意选用人才，发展生产，并开创了行省制度。但是，他把境内民众分成四等，民族压迫较重。

朱元璋

朱元璋（1328—1398），本名重八，又名兴宗，字国瑞，濠州钟离人，明朝开国皇帝，即明太祖。朱元璋自幼贫寒，入皇觉寺为僧，后来参加郭子兴领导的农民起义军。他率兵出征，攻无不克，最终成为义军领袖。1368年，朱元璋在应天称帝，建国号大明，建元洪武。

爱新觉罗·努尔哈赤

努尔哈赤（1559—1626），大金（后金）开国君主，清朝奠基人。1583年，努尔哈赤以父、祖遗甲十三副起兵，"自中称王"。他创建了军政合一的八旗制度，以勇悍立威，历时三十多年，统一女真各部。1616年，努尔哈赤在赫图阿拉称汗，国号大金，建年号为"天命"，史称后金。之后，努尔哈赤又花了两年多时间整顿内部，发展生产，扩大兵力，使己兵势渐强，势力倍增。

爱新觉罗·皇太极

爱新觉罗·皇太极（1592—1643），努尔哈赤第八子，清朝的创建者，即清太宗。1626年，他继承后金汗位。1636年，皇太极在沈阳称帝，改国号为大清，改年号为崇德。他在位期间，注重发展生产，增强军事实力，积极吸收汉族文化，堪称"上承太祖开国之绪业，下启清代一统之宏图"的创业之君。

齐桓公

齐桓公（？—前643），姓姜，名小白，春秋时期齐国第十五位国君，春秋五霸之一。他于前685年即位，当上了国君，即齐桓公。他重用鲍叔牙，并任命管仲为相，管仲开始在政治、经济、军事等方面进行改革，使齐国很快强大起来，奠定了称霸的基础。齐桓公主张"尊王攘夷"，在尊重周王室的同时，广泛地与其他诸侯结盟，最终确立霸主地位，成为春秋时期第一个称霸的国军。

宋襄公

宋襄公（？—前637），姓子，名兹甫，春秋时期宋国君主，春秋五霸之一。前650年，他任用其庶兄目夷为相，行"东宫图治"，其领导核心成员还有弦高、华元、华椒和乐祁等。前642年，宋襄公帮助齐国平定内乱，拥立齐孝公，因此小有名气。宋襄公在平定齐乱后想继承齐桓公的霸业。前638年，宋、楚两国在泓水开战，结果宋军大败。第二年，宋襄公因伤重而卒。

晋文公

晋文公（前697—前628），名重耳，春秋时期晋国国君，春秋五霸之一。因其父献公立幼子为嗣，重耳曾流亡国外十九年，后在秦国援助下回国继位。实行"通商宽农"、"明贤良"、"赏功劳"等政策，整顿内政，任用赵衰、狐偃等人，发展农业、手工业，加强军队，国力大增，出现"政平民阜，财用不匮"的局面。因平定周室内乱，接襄王复位，获"尊王"美名。城濮之战，大败楚军，最终成为霸主。

秦穆公

秦穆公（？—前621），嬴姓，名任好，春秋时期秦国国君，春秋五霸之一。他是秦德公之少子，秦宣公、秦成公之弟。秦穆公重视人才，在百里奚、蹇叔等贤臣的辅佐下，击败晋国，俘获晋惠公，并帮助晋文公夺取王位。崤之战中，秦军败于晋军，转而向西发展，他曾出兵攻打蜀国等国，称霸西戎。秦穆公对秦的发展和古代西部的民族融合都作出了一定的贡献，是有所作为的政治家。

楚庄王

楚庄王（？—前591），又称荆庄王，熊氏，名旅（一作吕、侣），郢都（江陵纪南城）人，春秋时期楚国国君，春秋五霸之一。他于前614年即位，登位三年，终日郊游围猎，不理政事，后来在苏从的劝谏下，罢淫乐，亲理朝政。他极力整顿内政，任用贤才，厉行法治，加强兵备，使楚国逐渐走上了国富兵强的道路。前594年冬，楚、鲁、许、秦、宋等十四国结盟，正式推举楚庄王为盟主，楚庄王遂成为称雄中原的霸主。

勾践

勾践（生卒年不详），又名菼执，春秋末期越国国君。勾践曾败于吴，屈服求和，去吴国给夫差做奴仆，最终骗得夫差的信任，三年后被释放回越国。勾践回国后卧薪尝胆，发愤图强，终使越国成为强国。前482年，勾践趁夫差北上黄池争霸，乘虚而入，攻入吴都姑苏，杀吴太子，夫差返国后被迫向勾践求和。勾践不久再次攻打吴国，前473年，越军围困吴都三年后终于破城，吴灭亡。

秦孝公

秦孝公（前381—前338），嬴姓，名渠梁，战国时期秦国国君，秦献公之子，即位时只有二十一岁。当时秦国的实力并不强，秦孝公上台后，就求贤招兵，广揽人才，命群臣献富国强兵之策。前359年，秦孝公重用卫人公孙鞅，开始变法，奖励耕战。前350年，秦孝公迁都至咸阳，进一步推行变法，加强中央集权，建立县制，大开阡陌，促进农业生产，自此国力日强，为秦统一全国奠定了基础。

齐威王

齐威王（？—前320），妫姓，田氏，名因齐，战国时期齐国国君，前378年继位。

齐威王初即位，日事酒色，不理政事，以致韩、魏、鲁、赵等国都来入侵，出现了"诸侯并伐，国人不治"的局面。但他虚心纳谏，立即振作起来，加紧整顿朝政，改革政治。前353年和前341年，齐国出兵救赵救韩，进行了历史上著名的桂陵战役和马陵战役，两次打败了强大的魏国，开始称雄于诸侯。

燕昭王

燕昭王（？—前279），名职，战国时期燕国第39任君主。他本在韩国做人质，燕王哙死后，被立为燕昭王。他登位之初，决心要使燕国强大起来，故四处寻找治国的良才。因礼待老臣郭隗，筑宫而敬以为师，结果各国群贤聚集燕国。前284年，燕国联合赵、楚、韩、魏诸国攻齐，派乐毅伐齐国，连克七十余城，是燕国最辉煌的时期。

赵武灵王

赵武灵王（前340—前295），嬴姓，赵氏，名雍，战国中后期赵国国君。赵武灵王在位时，力排众议，大力推行"胡服骑射"政策。他以身作则，带头穿胡服、习骑马、练射箭，并亲自训练士兵，使赵国日益强盛，相继灭中山国，打败林胡、楼烦二部族，辟云中、雁门、代三郡。

冒顿单于

冒顿单于（？—前174），姓挛，匈奴部落联盟的首领。前209年，冒顿杀父政变，登上匈奴单于宝座。这时正值中原楚、汉之争，遂乘机壮大了自己的势力。前200年，刘邦率军北击匈奴，冒顿用计诱使汉兵深入，把汉高祖围困于白登。汉高祖无力还击匈奴，只好运用和亲政策来改善匈、汉关系。冒顿先后灭掉附近二十六国，形成"诸引弓之民，并为一家"的局面。

刘恒

刘恒（前202—前157），汉朝的第三位皇帝，即汉文帝。惠帝死后，吕后立非正统的少帝为帝。吕后死后，吕产、吕禄企图发动政变夺取政权。周勃、陈平等人诛灭了诸吕势力后拥立刘恒为帝。他在位期间，继续实行与民休息和轻徭薄赋的政策。他在位的二十三年间，国家安定繁荣，很好地从初定过渡到繁荣昌盛时期。

刘启

刘启（前188—前141），西汉第四位皇帝，即汉景帝。刘启是汉文帝刘恒第五子，母亲窦姬（窦太后）。他上台后，平定了七王之乱，稳固皇权；在政治上清净恭俭，轻徭薄赋。汉景帝在西汉历史上占有重要地位，他继承和发展了其父汉文帝的事业，与父亲一起开创了"文景之治"；又为儿子刘彻的"汉武盛世"奠定了基础，完成了从文帝到武帝的过渡。

刘彻

刘彻（前156—前88），幼名彘，是西汉的第五位皇帝，即汉武帝。汉武帝即位后，对内一改汉初盛行"黄老之学"无为而治的政策，大兴儒术。对内实行削藩，广置郡县，巩固皇权，任用酷吏整顿官场，禁杀贪官，同时重用桑弘羊等人改革财政，使得国库充足；对外任用卫青、霍去病等北击匈奴，命张骞通西域、击大宛，又南征夷越，开疆拓土，开创了中国历史上一个光辉时代。

苻坚

苻坚（338—385），字永固，略阳临渭（今甘肃秦安）人，氐族，十六国时期前秦的皇帝，即前秦宣昭帝。357年，苻坚杀了暴虐的厉王苻生，自称大秦天王，即位太极殿，改元永兴。他在位二十九年，是一位很有作为的天王，任用王猛为中书侍郎，"劝课农桑，革除弊政"，统一中国北方，国力一度超过东晋数倍。他在淝水之战失败后，为姚苌所俘，被缢死。

刘义隆

刘义隆（407—453），小字车儿，南北朝时期宋的第三位皇帝，即宋文帝。424年，刘义隆即位，在文治上，他征召雷次宗在京城鸡笼山开设"儒学馆"讲学，与玄、文、史三学合为"四学"。军事上，刘义隆继续北伐的政策，曾乘北魏与柔然交战之际征讨河南。453年，太子刘劭与其弟刘濬共谋，杀害了宋文帝即皇帝位。宋文帝在位三十年，在其统治期间，有"元嘉之治"之称。

李世民

李世民（599—649），陇西成纪（今甘肃静宁）人，唐朝第二个皇帝，史称唐太宗。626 年，李世民发动玄武门之变，杀死李建成、李元吉，逼唐高祖李渊退位，自己称帝。他在位期间，推行府兵制、租庸调制和均田制，并积极推行科举制。李世民平衡群臣，恩威并施，刚柔相济，身边有许多贤臣良将为他尽忠效命，开创了"贞观之治"之局面，并有"千古圣君"的美誉。

李治

李治（628—683），字为善，唐朝第三位皇帝，即唐高宗。631 年，他被封为晋王。太宗去世，李治即位，于 650 年改元永徽。即位之初，在李勣、长孙无忌、褚遂良的共同辅政下，他继续执行太宗制定的各项制度，善于纳谏，并爱民如子，每日都引刺史入阁，询问百姓疾苦；训令崇俭，所以永徽年间，边陲安定，百姓富裕，有贞观之遗风，史称"永徽之治"。

李隆基

李隆基（685—762），又称唐明皇。即位前，他曾与太平公主发动宫廷政变杀韦后，拥其父睿宗即位，被立为太子。712 年，他受禅即位，改元为"开元"。即位之初，他励精图治，任用姚崇、宋璟等为相，鼓励生产，发展经济，革除弊害，史称"开元之治"。晚年因骄奢淫逸，又重用李林甫、高力士和安禄山等人把持朝政，引发了"安史之乱"，唐朝从此由盛转衰。

柴荣

柴荣（921—959），又名郭荣，五代时期后周皇帝，史称后周世宗。954 年，他即位，上台后立刻下令招抚流亡，减轻赋税，整顿吏治，使后周政治清明，百姓富庶，经济走向繁荣，对外则积极开拓疆土。柴荣是五代十国时期最英明的君主，为北宋统一中国奠定了基础。

赵光义

赵光义（939—997），本名赵匡义，太祖登基后改称赵光义，即位时又改名赵炅，北宋第二位皇帝，即宋太宗。他是北宋开国君主宋太祖赵匡胤的胞弟。宋太宗治政有为，但不善武功。979 年，赵光义移师幽州，试图一举收复燕云十六州，

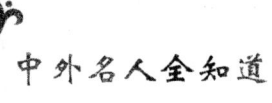

宋辽两军在高粱河（今北京西直门外）展开激战，宋军大败，宋太宗中箭后乘驴车逃走。

完颜雍

完颜雍（1123—1189），原名乌禄，金朝皇帝，女真完颜部人。皇统时期，被封葛王，为兵部尚书。天德间，历官留守、府尹。1161年，完颜雍在辽阳即位，改元"大定"。即位后，下诏废海陵王，并进据中都（今北京）。他在位期间，力求争取各族贵族、臣僚支持，发展经济，被称为金朝全盛时期。

完颜璟

完颜璟（1168—1208），小字麻达葛，金朝皇帝，即金章宗，女真完颜部人。他很喜爱汉文，并善于书画。他在1178年被封为金源郡王，1186年拜尚书右丞相，1189年即位。他在登基后，进一步采用汉族礼仪服饰，提倡与汉族通婚，促进了民族之间的融合。1206年，完颜璟派遣仆散揆、完颜匡等击败了宋军，迫使宋朝杀了韩侂胄求和。金章宗时期天下富庶，史家评为"宇内小康"。

朱允炆

朱允炆（1377—1402），明朝第二位皇帝，史称明惠帝。1398年朱元璋驾崩后，朱允炆以皇太孙即位，年号建文，称建文帝。他即位后，任用贤能，重视农业生产，实施了一系列惠民政策，减少租赋，赈济灾民等等。采纳齐泰、黄子澄的建议，实行削藩，加强了中央集权。1399年，朱棣以"清君侧，诛齐黄"为名举兵反叛。1402年，京师被攻陷，朱允炆在宫中自焚而死。还有一说他改换僧装，流浪各地。

朱棣

朱棣（1360—1424），明朝第三位皇帝，史称明成祖。由于建文帝朱允炆实行削藩，朱棣于1399年发动靖难之役，1402年攻入南京，夺取了皇位。第二年改年号为永乐。朱棣即位后政绩斐然，疏通大运河；营建并迁都北京；编纂百科全书《永乐大典》；设立奴儿干都司，以管理东北少数民族；明成祖朱棣可谓功绩累累的一代雄主。

爱新觉罗·福临

爱新觉罗·福临（1638—1661），清朝入关的第一位皇帝，史称顺治帝。1643年，继承父位时，年仅六岁。第二年改元顺治，自盛京迁都北京。1650年，摄政王多尔衮死，世祖开始亲政。在母亲孝庄文皇后的帮助下，他励精图治，注重农业生产，整顿吏治，减免苛捐杂税，提倡节约，网罗人才，广开言路，在各方面取得了显著成就。1661年，他于养心殿去世。他开创了清王朝走向强盛的新局面，为康乾盛世的出现打下了基础。

爱新觉罗·玄烨

爱新觉罗·玄烨（1654—1722），清朝入关第二帝，史称康熙帝。他即位时只有八岁，十六岁开始亲政。康熙大帝在位六十一年，勤于政事，崇尚节约。在他的努力下，开启了"康乾盛世"的繁荣景象，巩固发展了中国多民族统一的局面，开创了我国历史上封建王朝中的一个黄金时代。

爱新觉罗·胤禛

爱新觉罗·胤禛（1678—1735），清朝入关第三帝，史称雍正帝。他在位期间，整顿吏治，创立军机处，在西南少数民族地区实行改土归流，平定少数民族的叛乱，维护了统一，还实行摊丁入亩的赋税改革。同时大兴文字狱，强化了君主专制。通过一系列卓有成效的改革，使大清帝国逐渐走向鼎盛，也为"康乾盛世"起了承前启后的作用。

爱新觉罗·弘历

爱新觉罗·弘历（1711—1799），清朝入关第四帝，史称乾隆帝。他于1736年即位，在位期间，以"宽猛相济"理念施政，先后讨平西北、西南，抗击廓尔喀入侵，迎接土尔扈特回归。经济上，鼓励垦荒，兴修水利。思想上，颁布禁书令，大兴文字狱。文化上，开四库全书馆，编纂《四库全书》等。晚年，他自号"十全老人"，陶醉于文治武功，导致和珅专权，日益腐败，盛极一时的清王朝开始走向衰落。

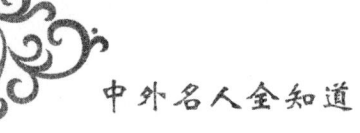

昏庸暗弱

我国历史上有许多皇帝以为政残酷、暴虐、荒淫、无为而著称于世。他们有的天生智力低下，有的沉醉于权势，有的耽溺于声色犬马，还有的是受制于人的傀儡。他们的昏庸暗弱，往往导致一个王朝众叛亲离、动荡不安、分崩离析，甚至是走向毁灭。

夏桀

夏桀（生卒年不详），又名癸、履癸，夏朝第十七任君主。他是我国历史上著名的暴君，荒淫暴虐，宠信妹喜，不问政事，以酷刑残杀忠良，导致商汤起兵。夏桀与商汤在鸣条一战，夏桀战败，被流放至南巢（今安徽巢县）而死。

商纣

商纣（生卒年不详），姓子，名受、受德，号帝辛，是我国商朝末代君主，史称"纣王"。纣即位初期，能够选贤任能，励精图治。到统治后期，纣开始变得刚愎自用、荒淫无道，建鹿台、设炮烙、杀妻弃子、宠妲己、凿池储酒、饮酒作乐，最后导致众叛亲离。

周厉王

周厉王（生卒年不详），姬姓，名胡，西周第十位国王。他在位期间，暴虐无道，横征暴敛，实行残暴的"专利"政策，奴役百姓，将社会财富和资源垄断起来。他还不断地入侵其他部落，使得各地不堪承受压榨，奋起反抗。百姓怨声载道、民不聊生，于是在前841年聚众起义，冲进王宫，试图杀掉厉王，史称"国人暴动"。厉王仓惶出逃，死于彘。

周幽王

周幽王（约前795—前771），姓姬，名宫，周宣王之子，西周第十二代王。周幽王宠爱褒姒，并废其正室申后与太子宜臼，改立褒姒为后，以其子伯服为太子。

为取悦她,数举骊山烽火,失信于诸侯。另外,幽王又任用佞臣虢石父,使国人埋怨。由于幽王废申后与太子之事触怒了申后的父亲申侯,他联合缯国与西夷犬戎进攻幽王。此时幽王再举烽火求救,却没人来救他。最后,幽王被杀,西周灭亡。

楚怀王

楚怀王(?—前296),熊氏,名槐,战国时期楚国国君。楚国本来是六国中的强国,拥有强大的国力,但楚怀王贪婪成性,任用佞臣令尹子兰、上官大夫靳尚,宠爱南后郑袖,排斥三闾大夫屈原,致使国事日非。前313年,秦国张仪欺骗怀王要其以断绝与齐国之交来换取秦国割让六百里商于之地,怀王中计,与齐国断交后只得六里地。楚国本是齐国的坚定盟友,怀王却背齐投秦,耗尽楚国的国力,最终身死异国。

刘协

刘协(181—234),字伯和,东汉最后一位皇帝,即汉献帝。189年,董卓立9岁的刘协为皇帝,挟天子而令诸侯。董卓死后,刘协联合杨奉流亡,并于196年被曹操迎到许昌称帝,改元建安,但他依然是一个傀儡皇帝。曹操死后,他的儿子曹丕于220年逼迫刘协禅让,自己称帝,建立了魏国。刘协被封为山阳公。

刘禅

刘禅(207—271),字公嗣,小名阿斗,刘备的长子,三国时期蜀汉第二任皇帝,即蜀汉后主。长坂坡之战时,他是被赵云从乱军中救出的。刘备称帝后,刘禅被立为皇太子。在继位初期,军政大事全由丞相诸葛亮处理。诸葛亮死后,他"自摄国事",废除了丞相制。他宠信宦官黄皓。263年,他投降曹魏,蜀汉灭亡。后被封为安乐公,移居洛阳,"乐不思蜀"地度过了余生。

萧宝卷

萧宝卷(483—501),字智藏,南齐的第六代皇帝,被认为是中国历史上最为昏庸荒淫的皇帝之一。499年,萧鸾死后,萧宝卷即位。他在位期间,昏庸残暴,每次出游都一定要拆毁民居、驱逐居民,并且兴建仙华、神仙、玉寿诸殿,而且他还杀害了不少大臣。由于他的昏暴,导致各地不断起兵叛乱,最终萧宝卷在萧衍发兵进攻建康的动乱中,被将军王珍国所杀。

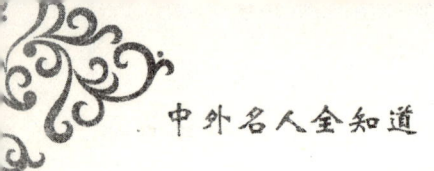

杨广

杨广（569—618），是隋朝的第二个皇帝，史称隋炀帝。隋炀帝于604年弑父登上皇位，上台后，耗用800万民力修建大运河、长城和洛阳城，可谓劳民伤财，并征集百万军队攻打高句丽。浩大的工程和连年的战争使民生不堪重负，引发大规模的叛乱。618年，隋炀帝被宇文化及缢死。很多人认为隋炀帝是我国历史上最差的皇帝之一。

陈叔宝

陈叔宝（553—604），字元秀，南北朝时期陈朝末代皇帝，史称陈后主。583年即位，年号至德、祯明。588年隋军进攻陈朝时，陈叔宝认为长江天险，不足为患，依旧吃喝享乐。589年，隋军分道攻入建康，陈叔宝被俘，陈灭亡，长达400多年的魏晋南北朝分裂时代结束了。

赵佶

赵佶（1082—1135），号宣和主人、教主道君皇帝、道君太上皇帝，宋代第八位皇帝，即宋徽宗。1100年，赵佶即位，在位期间重用蔡京、高俅、童贯、杨戬等奸臣把持朝政，并且穷奢极侈，荒淫无度，大肆搜刮民财，用于享乐。1125年，金军进攻宋，赵佶传位给赵桓（钦宗），自称太上皇。1127年，他与钦宗一同被金兵俘掳，受折磨而死。虽然他在治国上毫无建树，但其艺术才能颇高。书法称"瘦金体"，并有《芙蓉锦鸡》《池塘晚秋》等画作传世。

朱厚照

朱厚照（1491—1521），明朝第十位皇帝，即明武宗。他宠信宦官刘瑾等人，屡兴大狱；骄奢淫逸，建豹房，纵情声色，并大兴土木，扩建皇庄，掠夺农民的土地。他还多次出游，沿路骚扰，人民逃匿山谷。1519年，因群臣谏阻南巡，廷杖大臣100余人，打死了11人。这一时期，阶级矛盾激化，最终爆发了刘六、刘七农民起义，在统治集团内部，安化王朱寘鐇、宁王朱宸濠也起兵反叛，这些都加速了明王朝的衰落。

李煜

李煜（937—978），或称李后主，原名从嘉，字重光，号钟山隐士、钟峰隐者等，为南唐的末代君主。961年，李璟迁都南昌并立李煜为太子监国。李璟死后，李煜在金陵登基即位。李煜笃信佛教，凡事都以佛事为凭。975年，金陵被攻克，南唐灭亡，李煜被北宋俘虏。

朱由校

朱由校（1605—1627），明朝第十五代皇帝，即明熹宗。他即位后令东林党人主掌内阁、都察院及六部。后来宠信宦官魏忠贤，使其入掌司礼监并统领东厂。他对木匠活有着浓厚的兴趣，以致不理政事，任由魏忠贤与乳母客氏勾结，掌管朝政，屡兴大狱，诬杀东林党人。他在位期间，土地兼并严重，苛捐杂税繁重，社会矛盾激化，并爆发了农民起义，明代统治濒临灭亡。

朱由检

朱由检（1611—1644），明朝末代皇帝，即明思宗。1622年封为信王。1627年，其兄熹宗朱由校驾崩无子，遗诏传位给朱由检，改次年为崇祯元年。面对危机四伏的政治局面，他力图振作，勤于政务，事必躬亲，并起用袁崇焕、洪承畴等人，但收效甚微。由于朱由检生性多疑，刚愎自用，驭下苛刻寡恩，日益倚仗宦官，政治更为腐败。1644年，李自成领导的起义军攻克北京，朱由检在煤山自缢，明朝灭亡。

爱新觉罗·载淳

载淳（1856—1875），清朝皇帝，即清穆宗。1861年，咸丰帝病逝于热河行宫，由六岁的载淳即位，年号为祺祥，后改同治，习称同治帝，并由载垣、端华、肃顺等大臣辅佐。由于载淳年幼，由慈安和慈禧两太后垂帘听政，从此慈禧掌握了政权。他在位期间，重用湘军、淮军，借助洋人兵力，镇压了各地的起义。设立同文馆，招生员学习外语。1875年病逝。

爱新觉罗·溥仪

溥仪（1906—1967），字浩然，清朝末代皇帝，伪"满洲国"皇帝。1908年，溥仪登基，年号宣统。1912年中华民国成立，溥仪颁布《退位诏书》，但不废帝号，仍可在宫中居住。张勋复辟帝制时，恢复宣统年号，但溥仪只做了十二天皇帝就被迫退位。1932年，他当上伪"满洲国"执政。1934年，他成为伪"满洲帝国"皇帝，并改元康德。新中国成立后，溥仪被关押在抚顺战犯管理所，接受改造。1959

年被特赦。

铁马金戈

乱世之中，战争是解决民族矛盾和阶级矛盾的主要手段与重要方式。战争也造就了千千万万叱咤风云的枭雄。他们不甘于平庸和寂寞，厉兵秣马，步步为营。在战火纷飞的年代，涌现出了许多杰出的人物，身处乱世，他们造就了一段又一段传奇。

吴起

吴起（？—前381），左氏（今山东定陶西）人，战国初期军事家、政治家。原为鲁将，后入魏为大将军。吴起任魏西河郡守期间，创建了一支训练有素的部队，这支部队与诸侯国作战数十次，战绩非常卓著。后吴起遭大夫王错陷害被迫投奔楚国，在楚国主持变法，吴起针对楚国积弊，剥夺旧贵族特权，裁减冗员冗费。仅一年时间就使楚国兵威四方。楚悼王死后，旧贵族乘机杀害吴起。

庞涓

庞涓（？—前342），战国时期魏国名将，曾经为魏国打过很多胜仗。他曾与孙膑一起学习兵法。前354年，他率军攻赵，孙膑采用计谋诱使魏军兼程赶回应战，魏军在桂陵（今河南长垣西北）中埋伏后大败。前342年，魏军攻韩，次年齐又救韩，孙膑采用计谋直趋魏都大梁，又立即退兵以诱使魏军兼程追击，结果魏军在马陵（今河南范县西南）中埋伏后又一次大败，庞涓自刭而死。

田忌

田忌（生卒年不详），字期，又曰期思，战国初期齐国将领。他很赏识孙膑的军事才能，并向齐威王举荐孙膑，使威王任孙膑为军师。他还在孙膑的帮助下，取得了桂陵之战和马陵之战的胜利。他与齐相邹忌不和，被邹忌用计陷害，于前340年逃奔楚国。齐宣王即位后，他又受召回国复职。

廉颇

廉颇（生卒年不详），战国后期赵国将领。他向蔺相如"负荆请罪"的故事被传为美谈。他为将刚勇，用兵持重，有勇有谋，曾多次率军击败齐、魏等国。前283年，他率军攻打齐国，获得胜利。长平之战前期，他率军阻击秦军的进攻。赵悼襄王时，他不得重用，后出奔魏国。赵国屡遭秦军攻击，廉颇急欲回国效力，但被权臣从中作梗，未能遂愿。

蒙恬

蒙恬（？—前210），秦朝名将。前215年，他统军三十万抗击匈奴入侵，击退匈奴军队七百余里。他借鉴战国时期的防御经验，连接燕、赵、秦的旧长城，形成了从榆中到阴山的五千多里城塞，为秦朝构筑了北方的防御线。蒙恬兵威远扬，使匈奴不敢轻易进犯。胡亥继位后，蒙恬被赵高诬陷身亡。历史上有蒙恬造笔的传说，他以枯木为管、以鹿毛为柱、以羊毛为被制成毛笔。

项羽

项羽（前232—前202），名籍，字羽，下相（今江苏宿迁）人，秦末重要的反秦领袖之一。秦末时，他被楚怀王熊心封为鲁公。在前207年的决定性战役巨鹿之战中，他率领楚军大破秦军。在秦朝灭亡后，他自封为"西楚霸王"，统治黄河及长江下游的梁楚九郡等地。在楚汉战争中，他败给汉高祖刘邦，在乌江（今安徽和县）自刎而死。

李广利

李广利（？—前88），中山（今河北定县）人，汉武帝宠姬李夫人之兄，汉代将领。前104年，他奉汉武帝之命率数万人前往大宛贰师城取良马，行军至郁威城，由于死伤甚多，不得不回朝。武帝大怒，又派他率兵十余万前往，他终于取到善马而归，并被封为海西侯，食邑八千户。前90年，他率七万骑攻打匈奴，兵败投降，翌年遭人诬陷，被单于所杀。

卫青

卫青（？—前106），字仲卿，河东平阳（今山西临汾西南）人，西汉军事家、将领。他的姐姐嫁给汉武帝后，卫青始受重用。他能征善战，身先士卒，号令严明，能够与将士同甘共苦，得到将士的拥护。他一生七次率兵抗御匈奴，屡建奇功。他是历史上为人熟知的常胜将军，为西汉王朝北部疆域的开拓作出了杰出的贡献。

李广

李广（？—前119），陇西成纪（今甘肃静宁西南）人，西汉名将。汉武帝即位后，他担任中央宫卫尉。前129年，他以骁骑将军领兵抗击匈奴，战败被俘，后诈死逃脱。漠北之战中，他跟随卫青出塞，任前将军，受命迂回包抄匈奴单于侧翼，但因迷路而没有及时参战，愤而自尽。他曾率兵与匈奴交战七十余次，骁勇善战，匈奴人称其为飞将军。

霍去病

霍去病（前140—前117），河东郡平阳县（今山西临汾西南）人，卫青的外甥，西汉军事家。他勇猛果断，用兵灵活，注重策略，曾留下"匈奴未灭，何以家为"的千古豪言。前123年，他跟随卫青出击匈奴，战于漠南。前121年，他两次率兵进攻占据河西地区的匈奴部；并奉命迎接率部降汉的匈奴浑邪王部顺利归汉。前119年夏，他率五万兵马出击匈奴，大败左贤王部。

窦固

窦固（？—88），字孟孙，扶风平陵（今陕西咸阳）人，东汉名将。72年，汉明帝任命他为奉车都尉，率军屯驻凉州。第二年，东汉分四路反击北匈奴。四路军中只有窦固一路战绩辉煌，取得了天山之战的胜利。他与耿秉等人合兵，与北匈奴再战天山，大胜，并控制了西域的咽喉要地。为了打击西域的北匈奴势力，他派遣班超出使西域。

典韦

典韦（？—197），陈留己吾（今河南宁陵）人，东汉末年曹魏将领。他擅使大双戟，为人壮猛侠义。曹操征讨吕布于濮阳时，他奋力击战，杀退吕布，为曹操重用，后来成为曹操的近侍，迁为都尉。曹操与张绣交战时，他负责驻守曹操大寨，奋力抗敌，终因铁戟被盗，受围攻而死。

徐晃

徐晃（？—227），字公明，河东杨县（今山西洪洞）人，为曹操"五子良将"之一。他原是杨奉的部下，曾保护汉献帝东行，后投靠曹操。他治军有方，追随曹操四处征战，曾多次参加重大战役，屡建战功：率兵击杀文丑于文津，官渡之战劫烧袁绍粮草，大败蜀将陈式，击败刘备于上庸。

夏侯惇

夏侯惇（？—220），字元让，沛国谯（今安徽亳县）人，三国时期魏国将领。他骁勇善战，曾追随曹操讨伐黄巾军。202年，他受命追击刘备，遭遇刘军伏兵，结果战败。217年，他跟随曹操征讨孙权，回来后被委任留守居巢，防卫孙权。219年，曹操驻扎摩陂时，召他一同乘车，并允许他不经通传，就可进入曹操的卧室，后升他为前将军，统领诸军返回寿春，改屯于召陵。

黄盖

黄盖（生卒年不详），字公覆，零陵泉陵（今湖南零陵）人，三国时期吴国名将。他早年是乡间小吏，后被举"孝廉"。孙坚起兵时，他开始追随孙坚；在孙坚死后继续追随孙策、孙权。他惯战能征，有谋有勇，一生屡立战功。赤壁之战时，黄盖提出用火攻，被周瑜采纳。后来，长沙、益阳等地被山越人攻占，黄盖率军平定，因功被封为偏将军。

张辽

张辽（169—222），字文远，雁门马邑（今山西朔城）人，三国时期魏国著名将领，官至前将军、征东将军、晋阳侯。与乐进，于禁，张郃，徐晃并称曹魏的"五子良将"。他是著名的战术家。使用长枪、金戟，武功高强，又谋略过人，多次建立奇功。还有着武将少有的突出的语言才能。开始追随丁原、董卓、吕布等人，吕布败亡后归曹操，随曹军征讨，战功累累。赤壁之战后，孙权进兵魏境，张辽率队迎击，差点活捉孙权，威震天下，升任征东将军。后病逝于江都。

鲁肃

鲁肃（172—217），字子敬，临淮东城（今安徽定远）人，三国时期吴国将领。他乐善好施，率部属投奔周瑜。周瑜将他推荐给孙权，孙权十分敬重鲁肃。208年，曹操率军南下攻吴，鲁肃主张迎战，并提议与刘备联合抗曹。孙权采纳了鲁肃的建议，并任命他为赞军校尉，协助周瑜在赤壁大破曹军，史称赤壁之战。周瑜死后，孙权以鲁肃接替周瑜领兵。

吕蒙

吕蒙（178—220），字子明，汝南富陂（今安徽阜南）人，三国时期吴国将领。他胆气过人，曾多次因军功而得到升迁。他计擒郝普，合淝之战时奋勇抵抗魏军的追袭，以功除左护军、虎威将军。随后，他代替鲁肃镇守陆口，设计袭取荆州，打败了蜀汉关羽，升至南郡太守，被封为孱陵侯，受勋殊隆。"士别三日，当刮目相待"、"吴下阿蒙"等典故都出自他的身上。

关羽

关羽（？—219），字云长，本字长生，河东解县（今山西运城）人，三国时期蜀国将领。200年，他被曹操擒获，拜其为偏将军。在官渡之战中，他担任先锋，斩杀袁绍大将颜良，被封为汉寿亭侯，不久重投刘备。208年，他参加赤壁之战，大败曹军。此后他负责镇守荆州。219年秋，他出兵进攻襄阳、樊城，因曹操遣兵增援，吴将吕蒙乘虚袭取江陵，关羽败走麦城，后被吴军擒杀。

张飞

张飞（？—221），字翼德，涿郡（今河北涿州）人，三国时期蜀国将领。他早年跟随刘备起兵，曾参与镇压黄巾起义，破吕布后，升为中郎将。208年，刘备兵败长坂，仓皇之中抛弃妻子而逃。张飞只身率二十骑断后，拆长坂桥，勒马横矛，使曹军疑惧，不敢前进，刘备才得以脱险。张飞作战勇猛，指挥果断，立有无数战功。221年，奉命攻吴，出发前，被部将刺杀。

赵云

赵云（？—229），字子龙，常山真定（今河北正定）人，三国时期蜀国大将。他早年跟随公孙瓒，后投靠刘备。刘备当阳长阪坡失败后，他单枪匹马，七次杀入重围，救出甘夫人和刘禅。刘备得益州后，他被任命为翊军将军。228年，赵云从诸葛亮攻关中，分兵拒曹真主力，终因寡不敌众，退守汉中。他有勇有谋，辅佐刘备建立蜀汉，功勋卓著。

魏延

魏延（？—234），字文长，义阳（今河南信阳）人，三国时蜀国名将。他早年追随刘备作战，战功显赫，深得刘备的信任，历任汉中太守、征西大将军等职，曾跟随诸葛亮北伐，在后期受到诸葛亮的倚重。但是由于他性格孤傲，不懂得处理官场上的人际关系，与杨仪势同水火。诸葛亮死后，他擅自违背诸葛亮撤兵的遗令，率军绕回栈道、攻击杨仪。最后被冤枉谋反，遭受"夷三族"的处置。

姜维

姜维（202—264），字伯约，天水冀县（今甘肃甘谷）人，三国时期蜀国将领。诸葛亮攻魏途中病亡军中，姜维等人秘不发丧，退军时仍打着诸葛亮的帅旗，以此摆脱了司马懿的追兵，从容退回汉中。从238年到262年，姜维共进行了十一次大规模的北伐行动，和魏国互有胜败。

羊祜

羊祜（221—278），字叔子，泰山南城（今山东莱芜）人，西晋将领。269年，他出任尚书左仆射、卫将军等职，负责都督荆州等地军事。他垦田兴学，积蓄力量。272年，他率兵迎接投降的吴国叛将步阐。他力主伐吴，曾举荐王濬担任益州刺史，兼督梁州、益州的军事，并督造战舰，凭借长江之险直捣建业。但是他的伐吴主张遭到反对派的阻挠。278年，他推荐杜预继任其职，并再次力陈伐吴的策略。

谢玄

谢玄（343—388），字幼度，陈郡阳夏（今河南太康）人，谢安之侄，东晋将领。他有经国才略，善于治军。他在年少时就受到了谢安的器重，二十一岁时成为桓温的部将，后官至都督七州诸军事。377年，经谢安引荐，他担任建武将军、兖州刺史等职，监督江北军事。383年，在淝水之战中，他担任前锋都督，取得了以少胜多的辉煌战果。

尉迟恭

尉迟恭（585—658），字敬德，朔州善阳（今山西朔州）人，唐初将领。他出身行伍，隋末在高阳从军，以勇武善战著称。617年，刘武周起兵后，收尉迟恭为偏将。620年，尉迟恭在柏壁之战中投降唐军，任右一府统军，后追随秦王李世民。626年发生了玄武门之变,他协助李世民夺取帝位,因功授予右武侯大将军公。在晚年时,他迷信方术,闭门不出。

秦琼

秦琼(？—638),字叔宝,齐州历城(今山东济南)人,唐初将领。在隋末,他曾率兵镇压卢明月、李密等起义军。后来他归附李密,出任帐内骠骑。李密兵败后,他又投靠王世充。619年,他投降唐军,跟随李世民作战,屡建军功,深受李世民器重。626年,他参与玄武门之变,协助李世民夺取帝位,因功授予左武卫大将军。

程咬金

程咬金(？—665),后改名知节,唐初大将。在隋朝末年,他曾组织了一支数百人的武装队伍保卫乡里。他投奔李密后,受到重用,出任内军骠骑。李密战败后,他被王世充俘获,并任命为将军。619年,因鄙夷王世充为人狡诈,他与秦叔宝等人一起投唐,并追随秦王李世民,屡立战功,被封为鲁国公。

薛仁贵

薛仁贵(614—683),名礼,龙门(今山西河津)人,唐代名将。他骁勇善战,长于骑射。他在贞观末年应募从军。唐军攻打高句丽时,在安市城(今辽宁海城南)阻击援军,他身着白衣勇猛杀敌,并获胜,受到唐太宗的器重。他有勇有谋,建功无数,敌人对他也很畏惧。682年,突厥阿史那元珍反唐,他领兵出战,突厥被唐军追击溃败。

郭子仪

郭子仪(697—781),华州郑县(今陕西华县)人,唐代将领。安史之乱时,他担任朔方节度使,在河北打败史思明。唐代宗时,仆固怀恩叛变,引吐蕃、回纥联兵攻唐。他奉命迎击,采取结盟回纥、打击吐蕃的策略,最终战胜敌人。他戎马一生,屡建奇功,在朝中的威望极高,直到84岁的高龄才告别沙场。

李光弼

李光弼（708—764），契丹人，柳城（今辽宁朝阳）人，唐代将领。756年，他经郭子仪推荐被任命为河东节度副使，率兵参与平定安史之乱，收复河北十多座城池。757年，他以不足万人的兵力大败蔡希德，歼其部众七万，保住了太原。759年，他被任命为天下兵马副元帅，在平叛叛军的过程中，屡立战功。764年，因受朝廷的猜忌，他忧郁而死。

杨延昭

杨延昭（958—1014），原名延朗，人称六郎，杨业之子，太原（今山西太原）人，北宋将领。他自幼跟随父亲驻守边关，屡胜辽军。999年，辽军攻宋，他率领三千兵力和城中百姓死守遂城（河北徐水西）。辽军久攻不克，于是引兵南下。他率兵追击，大胜而归。1000年，他在遂城西羊山设伏，再次大败辽军。1004年，他又趁辽军大举南下之机，率部进攻辽境，获胜。他驻守边关期间，遇敌必身先士卒而又不居功，深受军民爱戴。

韩世忠

韩世忠（1089—1151），字良臣，延安（今属陕西）人，南宋抗金将领。他青年时应募从军，智勇兼备，严于治军，善于用兵，在抵抗金兵南侵中建立了许多战功。他重视对兵器的改革和队伍训练，所部号为"韩家军"，与"岳家军"齐名，是南宋初期的抗金劲旅。后因为岳飞入狱，他当面斥责权相秦桧而被迫解职。

岳飞

岳飞（1103—1142），字鹏举，相州汤阴（今属河南）人，南宋抗金将领。他精通韬略，善于用兵，一生率部抗击金兵，他的军队被称为"岳家军"。在他一生中曾亲自参与指挥一百二十六场战役，未尝一败，是名副其实的长胜将军。金朝对岳家军也是闻风丧胆，称"撼山易，撼岳家军难"。1142年，秦桧以"莫须有"的罪名杀害了岳飞。

于谦

于谦（1398—1457），字廷益，钱塘（今浙江杭州）人，明代将领。在土木堡之战中，明军溃败，明英宗被俘，蒙古瓦剌军乘胜进攻北京。于谦力主抗战，反对迁都,并出任兵部尚书,成为军事统帅,率军击败瓦剌军,取得北京保卫战的胜利。他主张以战求和,并多次击败瓦剌军的进攻,迫使其首领乞和,并同意释放英宗。1457年,他遭诬陷被害身亡。

戚继光

戚继光（1528—1588）,字元敬,号南塘,晚号孟诸,山东蓬莱人,明代抗倭将领。他一生征战无数,智勇兼备,多谋善断,练兵有方,在闽、浙、粤等地沿海抗击来犯的倭寇,历十余年大小八十余战,终于扫平倭寇祸患。他也曾在北方练兵御边,使蓟门安然。他的两部兵书《纪效新书》和《练兵实纪》也备受后世兵家的推崇。

袁崇焕

袁崇焕（1584—1630）,字元素,广西藤县人,明代将领。他通兵略、晓边事,1622年被举荐为兵部职方主事,负责戍守辽东边防。在宁远之战中,他采取正确的策略,指挥军民用大炮打败了后金军队;宁锦之战中,又大败皇太极。1629年,皇太极率军进逼北京,他率军在广渠门外重创后金军。

多铎

多铎（1614—1649）,爱新觉罗氏,满族,努尔哈赤第十五子,多尔衮同母弟,清初将领。他在十三岁时开始参与礼部和兵部政事。1641年,他率部参加松锦大战,获大捷。1644年,他随军入关,大败李自成。之后,他又率军攻打河南、陕西等地。1645年,他进攻南明,俘掳弘光帝。1646年,他担任扬威大将军,征讨蒙古苏尼特部腾机思。他一生立下无数战功,被乾隆帝赞为"开国诸王战功之最"。

郑成功

郑成功（1624—1662）,原名森,字明俨,号大木,福建南安人,明清之际军事家。他原是南明隆武帝御营中军的都督,拒绝降清,与他投降清朝的父亲郑芝龙决裂。从1646年开始募兵,在福建、厦门等沿海地带抗清。1661年,他率数万将士从厦门出发,登陆台湾禾寮港,经过九个月的苦战,终于击败荷兰殖民者,令殖民者与之签订条约,收复了台湾。他废除了荷兰在台湾的殖民体制,建立了第一个汉人台湾政权,史称明郑时期。

年羹尧

年羹尧（？—1726），字亮工，号双峰，清代将领。他曾历任四川巡抚、四川总督兼管巡抚事、川陕总督等职。他才气凌厉，治事明敏，先后平定蒙古准噶尔部叛乱、青海蒙古台吉和罗卜藏丹津叛乱。他上书朝廷，建议加强对青海等地的统治。他身居高位，恃功骄纵，威权自恣，引起雍正的猜忌，又遭到百官的劾奏，后被勒令自尽。

袁绍

袁绍（？—202），字本初，汝南汝阳（今河南周口西南）人，东汉末期军阀。他出身名门大族，曾官至大将军。东汉末年，宦官专权，他曾率军尽诛宦官。董卓专权时，他为勃海太守。190年，他被推为盟主，讨伐董卓，董卓不久被杀。后袁绍展开了一系列兼并战争，夺取了很多地盘。200年，袁绍率十万大军征讨曹操，与曹操决战于官渡，大败，两年后惭愤而死。

王莽

王莽（前45—23），字巨君，魏郡元城人，新朝的建立者。8年，王莽接受汉朝的刘氏禅让，建立新朝。建国后王莽屡次改变币制，更改官制与官名，恢复井田制，把盐、铁、酒、币制及山林川泽收归国有，试图恢复西周时代的周礼模式。他的倒行逆施激起了人们的反抗，爆发了赤眉及绿林起义。23年，绿林军攻入长安，王莽被杀，新朝灭亡。

刘玄

刘玄（？—25），字圣公，南阳蔡阳（今湖北枣阳县西南）人，汉朝宗室，更始政权的皇帝，史称更始帝。23年，他被绿林军拥立为帝，建元更始，恢复汉朝国号，自称玄汉王朝。刘玄毫无治国之才，他一朝为帝，便沉湎于宫廷生活，并将政事交给他的岳父赵萌，放任其专权。赤眉军进逼长安时，刘玄杀害了许多起义军重要将领。25年，投降赤眉军，后被杀害，更始政权覆亡。

吕布

吕布（？—199），字奉先，五原郡九原县（今内蒙古包头）人，东汉末年群雄之一。他深得董卓的信任和喜爱，被封为都亭侯，后受人拉拢，刺杀董卓。他先后投靠袁术、张扬、袁绍、张邈、刘备等人，曾与曹操多次作战，战绩骄人。198年，曹操部队进攻吕布的驻地下邳，吕布部下侯成、宋宪、魏续叛变，吕布被曹操擒杀于白门楼下。

袁术

袁术（？—199），字公路，汝南汝阳（今河南周口西南）人，袁绍的从弟，东汉末年军阀。他曾官至虎贲中郎将、后将军。193年，袁术进军陈留，与曹操交战，大败，退至扬州九江郡，赶走刺史，并在寿春称帝。他称帝后先为吕布所破，后为曹操所败。在他的统治下，人民生活悲惨，江淮之间还出现人吃人的惨剧。199年，袁术投奔袁绍长子袁谭，后忧愤得病，呕血而死。

刘表

刘表（142—208），字景升，山阳高平（今山东邹城西南）人，东汉末年军阀。汉献帝时，刘表得到蒯越、蔡瑁等当地名士、大族的拥护，还平定了长江中游的反抗力量，徙治襄阳。他实力雄厚，占地数千里，并在全国兼并战争中保地自守。刘表的自守态度也使得荆州地区避免了许多战火，为当地经济和文化的发展提供了条件。208年，刘表病死，他的儿子刘琮投降曹操。

曹操

曹操（155—220），字孟德，沛国谯（今安徽亳州）人，东汉末年军事家、政治家。196年，曹操将汉献帝迎至许昌，取得了"挟天子以令诸侯"的政治优势。他颁布了"屯田令"等，大力发展生产，并任人唯贤，使自己的势力不断壮大。他先后消灭了众多的割据势力，形成了"三分天下有其二"的局面。在208年的赤壁之战中，他败于孙刘联军。

孙坚

孙坚（155—191），字文台，吴郡富春（今浙江富阳）人，吴帝孙权之父，东汉末年将领。184年，黄巾起义爆发，他追随右中郎将朱儁至河南镇压，他作战勇猛，后因军功封乌程侯。190年，关东诸侯起兵讨伐董卓，孙坚也带兵参战。他在征讨时善于用人，多次取胜。191年，他打败董卓，攻克洛阳，得到汉帝遗传的国玺。同年，孙坚在攻打刘表时，中箭身亡。

孙策

孙策（175—200），字伯符，吴郡富春（今浙江富阳）人，孙权之兄，东汉末年军阀。194年，他到寿春投奔袁术，但不得志。195年，他率领其父的旧部渡江东，脱离袁术。197年，孙策建立起了自己的武装力量和根据地，得到了其他军阀和东汉朝廷的认可。198年，东汉朝廷拜孙策为讨逆将军，封吴侯。他在战争中逐渐统一了江南，为孙氏割据江东奠定了基础。200年，他被仇家行刺而死。

福康安

福康安（？—1796），富察氏，字瑶林，傅恒之子，清代将领。他曾以暴力镇压过各地起义，因军功任吉林、盛京将军，云贵、四川总督，工、兵两部尚书等职。1791年，他率兵入藏，打败入侵西藏的廓尔喀（今尼泊尔）军队，迫使廓尔喀求和。

司马昭

司马昭（211—265），字子上，河内温县（今河南温县西）人，三国时期魏大臣。他曾任新城乡侯、洛阳典农中郎将、散骑常侍等职。司马昭很有军事才能，屡立战功。260年，魏帝曹髦因司马昭把持朝政，密谋杀他，后事情败露，被杀，司马昭另立曹奂为帝。263年，司马昭发兵灭蜀，被封为晋公，后为晋王。265年，司马昭逝世，他死后数月，其子司马炎代魏称帝，建立晋朝。

李克用

李克用（856—908），别号鸦儿，沙陀部人，唐末割据太原的强藩。他因一目失明，又号"独眼龙"。881年，唐朝召李克用镇压黄巢起义军，黄巢军大败后，退出长安。李克用因功被授为河东节度使，从此割据一方，并与占据汴州的朱温常年对峙。885年，他与河中节度使王重荣进犯长安，纵火大掠，唐僖宗出逃。朱温代唐称帝后，李克用以复兴唐朝为名与其争雄。

冯国璋

冯国璋（1859—1919），字华甫，直隶河间（今河北河间）人，直系军阀首领。他曾跟随聂士成参加中日甲午战争，后又协助袁世凯镇压义和团。武昌起义爆发不久，他曾率部镇压"二次革命"。袁世凯死后，冯国璋成为直系军阀首领，被国会选为中华民国代理总统。护法战争期间，冯在皖系军阀段祺瑞等人的威逼下，派直系入湘同护法军作战。1918年，他被皖系驱逐下台。

段祺瑞

段祺瑞（1865—1936），原名启瑞，字芝泉，安徽合肥人，皖系军阀首领。他早年曾留学德国，受过系统的军事教育。回国后，他受到袁世凯的器重，参与北洋新军的创建。中华民国成立后，他一度代理国务总理，调兵镇压"二次革命"。袁世凯死后，他成为府院之争的主角，并与日本签订了丧权辱国的《军事协定》，还批准在《巴黎和约》上签字。

汤玉麟

汤玉麟（1871—1937），字阁臣，奉天阜新（今属辽宁）人，奉系军阀将领。他早年曾做过土匪，后跟随张作霖。东北易帜之后，他出任热河省主席。1931年，在张学良的指挥下，他率领部下参与镇压嘎达梅林起义。1933年，日军进攻热河时，汤玉麟一枪不发，全面撤退，使得日军轻而易举地占领了热河。他率部逃到河北承德地区的滦平，被宋哲元收编。之后汤玉麟寓居天津。

张作霖

张作霖（1875—1928），字雨亭，奉天省海城县小洼村（今辽宁盘锦）人，奉系军阀首领。辛亥革命之后，张作霖左右逢源，逐渐总揽了东三省的军政大权，并取得两次直奉战争的胜利。1927年，他在北京就任北洋军政府陆海军大元帅。在蒋、冯、阎、桂军团的联合进攻下，张作霖被迫退出北京。

靳云鹏

靳云鹏（1877—1951），字翼青，山东邹城人，北洋军阀将领。他十七岁时参加袁世凯在天津小站督练的"新建陆军"，后来得到段祺瑞的赏识，并得以步步高升。他曾代表北洋政府与日本签订《中日陆军共同防敌军事协定》。1919年，他出任国务总理，1921年辞去内阁总理职务后，寓居天津日租界，并在济南等地开办了许多公司。在晚年时，他笃信佛法，1951年在天津病逝。

阎锡山

阎锡山（1883—1960），字百川，山西五台人，掌权山西三十八载的军阀。在北洋军阀混战的年代，他曾联同冯玉祥、李宗仁另组国民政府，引发中原大战。抗战爆发后，他任第二战区司令长官，并指挥太原会战等抗日战争中的许多大小战斗。国共内战期间，阎锡山所辖地区被解放军徐向前部攻占，最后只剩太原及大同两座孤城，最终无奈离开自己的根据地山西，逃往台湾。

孙传芳

孙传芳（1885—1935），字馨远，山东泰安人，直系军阀首领。他在日本期间曾加入同盟会，回国后通过了清政府陆军部考试，被任命为教官。辛亥革命后，他随王占元的第二师驻防湖北，历任第二辎重营营长、第六团团长等职，后又升至湖北暂编第一师师长。在吴佩孚的推荐下，孙传芳出任长江上游总司令，后又任陆军第二师师长，从此成为直系将领。1931年，迁居天津。1935年，被枪杀。

吴佩孚

吴佩孚（1894—1939），字子玉，山东蓬莱人，北洋军阀之一，直系军阀首领。他早年曾中过秀才，后来考入军事学堂，学习并掌握了丰富的军事知识，可谓文武双全，人称"秀才大帅"。辛亥革命后，他参加护国运动，讨伐袁世凯；后又曾讨伐张勋复辟。五四运动爆发后，吴佩孚曾反对在《巴黎和约》上签字，受到舆论的好评。北伐战争时，他的主力部队被歼灭，从此一蹶不振。

傅作义

傅作义（1895—1974），字宜生，山西荣河人，国民党高级将领。他从保定陆军军官学校毕业后，加入阎锡山的麾下，官至旅长，并指挥军队与日军作战多次获胜。抗战期间，他指挥部队与八路军联合抗日。抗战结束后，他奉蒋介石之命，向解放区发起进攻。1949年，他率部起义，使北平和平解放。他的这种义举为革命事业的胜利作出了重大的贡献。

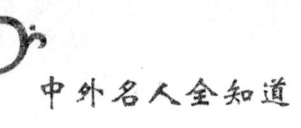

碧血丹心

在我国历史上，涌现出了许多抛头颅、洒热血，为了自己的国家、信仰、追求和自己的事业，献出生命的仁人志士。他们信必守、言必行、行必果，有着坚贞不渝、忠诚守信、"不矜其能，羞伐其德"的高尚情操。面对不平之事，面对国仇家恨，他们见义勇为、锄强扶弱、勇于献身。

文天祥

文天祥（1236—1283），原名云孙，字履善，又字宋瑞，自号文山，吉州庐陵（今江西吉安）人，爱国诗人和政治家。1256年，文天祥高中状元，后官至丞相，封信国公。元军入侵时，他在家乡招集义军，予以坚决抵抗，后不幸被俘。囚禁期间，元世祖以高官厚禄劝降，文天祥宁死不屈，慷慨就义。他在狱中创作很多诗词，其中最著名的就是《过零丁洋》一诗。

关天培

关天培（1781—1841），字仲因，号滋圃，江苏山阳（今淮安）人，清军抗英将领。他曾历任清军游击、参将、副将、总兵等职。在虎门禁烟运动中，他协助钦差大臣林则徐、两广总督邓廷桢严厉打击鸦片走私，收缴大量的鸦片。1840年12月，虎门要塞的沙角、大角炮台均被英军攻陷。1841年，英军又猛攻武山、上横档诸炮台，关天培顽强抗击，身受重伤，为国捐躯。

葛云飞

葛云飞（1789—1841），字雨田，又字鹏起，号凌台，浙江山阴人，清朝将领，定海三总兵之一。英军攻陷定海时，正值葛云飞回籍奔父丧，闻讯后即返前线。1841年9月，英军再次进犯定海，他与总兵郑国鸿、王锡朋等同仇敌忾，血战六昼夜扼守南岸土城。10月1日，英军趁大雾一举登陆，郑、王壮烈牺牲，土城危急。葛云飞身先士卒，持刀冲入敌阵，全身受伤四十余处，英勇殉国。

叶名琛

叶名琛(1807—1859),字昆臣,江苏溧水人,清朝大臣。1835年,他考中进士,授翰林院庶吉士,历任陕西兴安知府、山西雁平道、江西盐法道、云南按察使、湖南布政使、广东巡抚等职。1857年,英法联军大举入侵广州,他仍强作镇静,持"不战不和不守,不死不降不走"的方针。广州沦陷后,他被英法联军抓获,并被押解到印度加尔各答,囚禁在威廉炮台,后绝食身亡。

冯子材

冯子材(1818—1903),字南干,号萃亭,广东钦州(今属广西钦州)人。晚清抗法名将。他嫉恶如仇、不畏强悍,有一身好武艺。起初投奔天地会,旋受招安,积功升至总兵。1884年年近七旬的老将冯子材受命帮办广西关外军务,主持战事,力撑危局。法军进犯镇南关时,他亲自持矛大呼,领兵跃入敌阵肉搏,杀败法军,取得镇南关大捷。使清军在陆上战场的局面转败为胜,转守为攻。1903年奉旨会办广西军务,抱病兼程赴桂,卒于军旅。

丁汝昌

丁汝昌(1836—1895),字禹廷,安徽庐江人,清末海军爱国将领。他早年参加太平军,后叛投湘军,不久改投淮军,官至北洋海军提督。黄海海战中,丁汝昌因指挥失误被革职留任。1895年,在威海卫之战中,他指挥北洋舰队坚持抵抗日军的围攻,并严词拒绝了日本联合舰队司令长官伊东祐亨的劝降和北洋海军洋员美国人马格禄等的逼降,后见援兵无望,服毒自尽。

刘铭传

刘铭传(1836—1895),字省三,安徽合肥人,清末淮军将领。1884年,中法战争开始,他被任命为巡抚督防台湾。法军侵犯基隆时,他率领官兵将其击退。后来法军再次入侵,他指挥清军与之相持八个月。战后台湾建省,他因抗法有功成为台湾第一任巡抚。他在任期间,修筑炮台、搭建电线,并兴建铁路交通,加强台湾防务。1890年,他被加兵部尚书衔,帮办海军军务。1891年,告病辞官。

聂士成

聂士成(?—1900),字功亭,安徽合肥人,清末淮军将领。他是行伍出身,曾随淮军将领刘铭传镇压太平军、捻军，后官至提督。中法战争期间，他率军参与抗法战争。中日甲午战争爆发后，他又随提督叶志超援救朝鲜，因功授直隶提督。清政府创立武卫军，他的三十营被改编为武卫前军，负责驻守芦台。1900年，他率所部守卫天津，抵抗八国联军侵略。他身先士卒，浴血奋战，后壮烈牺牲。

刘永福

刘永福（1837—1917），字渊亭，广东钦州（今属广西）人，清末援越抗法将领。他曾带领部众活动于中越边境，因战旗为七星黑旗，故称黑旗军。法军曾两次入侵越南河内等地，黑旗军援越抗法，都取得胜利，也因此阻止了越南殖民地化的进程，打乱了法国想要入侵中国的计划。中日甲午战争失败后，清政府割让台湾给日本，刘永福联合义军英勇抗击，后来回到厦门，晚年退居家乡。

左宝贵

左宝贵（1837—1894），字冠廷，山东费县人，清末将领。他幼时家庭贫困，后来入江南军营，参与镇压太平军和捻军，升为副将，因治军严明，任高州镇总兵。1894年，中日甲午战争期间，他奉命率军救援朝鲜抗击日军。9月14日夜，日军进攻平壤，清军主帅叶志超欲逃，他派亲兵将叶监守，率军奋勇作战，屡退敌军。虽身负重伤，仍坚持抵抗，后中炮牺牲。

谭嗣同

谭嗣同（1865—1898），字复生，号壮飞，湖南浏阳人，清末维新派政治家、思想家，戊戌六君子之一。1898年，嗣同创办南学会、主办《湘报》，积极宣传变法维新，推行新政，成为维新运动的激进派。6月，光绪帝下诏宣布变法。谭嗣同被推荐，奉召入京，授四品卿衔军机章京，开始参与新政，实行变法。变法失败后，被杀害。

孙中山

孙中山（1866—1925），名文，字德明，号日新，后改号逸仙，广东香山（今广东中山）人，近代民主革命的先行者、革命家、政治家、理论家，被尊称为国父。他创立了兴中会，提出"驱除鞑虏，恢复中华，创立合众政府"的主张。他还是三民主义的倡导者。孙中山曾担任过中华民国临时大总统、中国国民党总理、广州革命政府大元帅。1925年3月12日，因肝癌逝世于北京。

秋瑾

秋瑾（1875—1907），字璿卿，号竞雄，别号鉴湖女侠，浙江山阴（今浙江绍兴）人，清末民主革命家。1896年，秋瑾在湖南依父命嫁人。后来她决心投身救国事业，毅然冲破封建家庭的束缚，于1904年到日本留学。1907年1月，她在上海创办《中国女报》，号召女界为"醒狮之前驱"、"文明之先导"。1907年，因徐锡麟在安庆起义失败，秋瑾遭到牵连被捕，英勇就义。

廖仲恺

廖仲恺（1877—1925），原名恩煦，又名夷白，字仲恺，广东归善（今广东惠州）人，国民革命元勋之一。他早年留学日本，于1905年加入同盟会。他曾奉孙中山之命在国内进行秘密革命活动，并在《民报》上发表《进步与贫乏》《社会主义史大纲》等译作。辛亥革命后，他追随孙中山逃亡日本。因为反对袁世凯，他参加护法运动。1925年，他被暴徒杀害。

冯玉祥

冯玉祥（1882—1948），原名基善，字焕章，安徽巢县人，民国时期军事家，抗日爱国将领。九一八事变后，他积极主张抗日，反对蒋介石的不抵抗政策。1933年，他在张家口组织察哈尔民众抗日同盟军，经过浴血奋战，察省失地全部光复。卢沟桥事变后，他受到蒋介石的排挤而离职，但仍积极从事抗日活动。1948年，冯玉祥回国参加新政治协商会议筹备工作，因船失火不幸遇难。

邹容

邹容（1885—1905），原名绍陶，又名威丹、蔚丹，四川巴县（今重庆）人，清末资产阶级革命派宣传家。1902年，他留学日本，入同文书院，并撰写出《革命军》的初稿。1903年4月，他返回上海，参加了爱国学社，并与章太炎成为莫逆之交。1903年5月，《革命军》在上海出版，章太炎为之作序。1903年，章太炎因"苏报案"被捕，邹容奋起投狱，于1905年死于上海狱中。

张自忠

张自忠（1891—1940），字荩忱，山东临清人，抗日爱国将领。1911年，他在天津法政学堂学习时秘密加入同盟会。1917年，他进入冯玉祥的部队，历任营长、团长、旅长、师长等职。中原大战后，冯玉祥的军队被瓦解，蒋介石收编了张自忠的部众。在枣宜会战中，张自忠率部奋勇抗击日军，给日军以重创。日军以重兵对张自忠将军进行合围后，张将军英勇搏杀，最后身中七弹，壮烈殉国。

宋庆龄

宋庆龄（1893—1981），又名宋庆琳，广东文昌人，近代革命家、政治家。她在美国接受了"欧洲式的教育"，受到民主主义的洗礼。回国后，因为无法施展自己的抱负，她又前往东京，并成为了孙中山的助手。与孙中山结婚后，她开始了长达七十年的革命生涯。她继承、捍卫并发展孙中山的思想和事业，并为新民主主义革命和社会主义革命及建设作出重要的贡献。

杨虎城

杨虎城（1893—1949），原名忠祥，号虎臣，后改为虎城，陕西蒲城人，抗日爱国将领。他曾参加过辛亥革命、护国战争等，1924年加入国民党。1927年，杨虎城被任命为国民革命军联军第十路军总司令，后历任第十七路军军长、陕西省主席、西安绥靖公署主任等职。西安事变后，杨虎城被蒋介石撤职留任，被迫"出洋考察"，回国后遭到囚禁。在重庆解放的前夕，杨虎城被蒋介石下令杀害。

向警予

向警予（1895—1928），原名向俊贤，湖南溆浦人，无产阶级革命家、妇女运动领导人，我国妇女运动先驱。1918年，她参加新民学会，并于次年和蔡和森一同赴法国勤工俭学，两人于1920年在法国结婚。回国后，她加入中国共产党，并领导妇女运动。1923年，她领导上海丝厂和烟厂的女工进行罢工。1928年，向警予因叛徒出卖被捕，后被杀害。

吉鸿昌

吉鸿昌（1895—1934），原名恒立，字世五，河南周口人，抗日爱国将领。1913年，他参加冯玉祥的西北军，曾参加北伐，攻占洛阳等地。中原大战兵败后，他的部众被蒋介石收编。1932年，他策划起义失败后，被蒋介石解职，后出国。1932年，他加入中国共产党。察哈尔民众抗日同盟军建立，他就任第二军军长，连克多伦等多座城池，将日军驱出察境。1934年，吉鸿昌在天津遭暗杀受伤，后被逮捕，在监狱被杀。

张学良

张学良(1901—2001),字汉卿,号毅庵,张作霖之子,辽宁海城人,"民国四公子"之一。张作霖死后,张学良继任为东北保安总司令。1928年年底,他宣布东北易帜。九一八事变后,他奉蒋介石之命,加上自己判断错误,执行不抵抗政策,导致东北三省迅即失守。1936年,他与杨虎城兵谏蒋介石,逼蒋联共抗日,制造了震惊中外的"西安事变",后遭到囚禁,直到1990年才恢复自由。

赵一曼

赵一曼(1905—1936),原名李坤泰,四川宜宾人,抗日女英雄。1926年,她加入中国共产党,后在各地秘密开展党的工作。九一八事变后,她被派往东北地区进行抗日斗争,并先后任满洲总工会秘书、组织部长等职。1935年,赵一曼在掩护部队突围时,身负重伤,后被日军俘虏。日军对她严刑逼供,她宁死不屈,严词痛斥日军侵略罪行。1936年,她被杀害于珠河。

杨靖宇

杨靖宇(1905—1940),原名马尚德,字骥生,河南确山人,抗日英雄。他在开封纺织染料工业学校学习期间,开始接受马克思主义思想。1927年,他加入中国共产党。1929年,杨靖宇被派到东北,领导东北联军进行抗日。杨靖宇带领的东北抗联第一路军,曾牵制了四十多万日本关东军无法入关参战,有效地缓解了正面战场的压力。1940年,杨靖宇所率部队被关东军重兵围困,他在战斗中壮烈牺牲。

赵尚志

赵尚志(1908—1942),辽宁朝阳人,东北抗日联军的创建人和领导人,抗日爱国将领。他早年投身学生爱国运动,于1925年加入中国共产党。1936年,他就任东北抗日联军第三军军长,战斗百余次,挫败了日伪军的重兵"讨伐"。1940年,他被错误地开除了党籍,但仍坚持抗日斗争。1942年,他在袭击鹤岗梧桐河伪警察分所时,负伤被俘,因拒绝医治,壮烈牺牲。

聂政

聂政(?—前397),韩国轵(今河南济源东南)人,战国时期刺客,以"任侠"

著称。他因杀人带着母亲和姐姐逃到齐。韩烈侯时,韩国大臣严遂与侠累争权结怨,听说聂政有侠名,就献巨金为其母庆寿,求他为自己报仇。聂政因为老母在,没有答应。后来聂母病故,聂政诀别严遂,持剑入相府刺死侠累,为了不连累与他长相相似的姐姐,他在死之前毁掉面容,然后自杀。

侯嬴

侯嬴(?—前257),战国时期魏国人。他的生活很清贫,年老时为大梁(今河南开封)的监门小吏。信陵君慕名前去拜访,亲自为他执辔御车,迎为上客。前257年,秦国攻打赵国,并包围了邯郸(今河北邯郸),赵求救于魏。魏王命将军晋鄙领兵十万救赵,中途停兵不进。侯嬴为信陵君献计窃得兵符,夺权代将,终于击退了秦军,保全了赵国。侯嬴感到自己对魏君不忠,自杀而死。

朱亥

朱亥(生卒年不详),战国时期魏国人。他本是一位屠夫,因勇武过人,被信陵君聘为食客,他曾在退秦、救赵、存魏的战役中立下了汗马功劳。后来信陵君派朱亥出使秦国,秦王看朱亥是个人才,想让他为秦国效力,并赐他高官厚禄,但朱亥不同意。秦王就把朱亥囚禁起来,威胁朱亥。朱亥见回国无望,就用头撞柱子,柱断而不死,于是用手扼喉,最后喉断而死。

荆轲

荆轲(?—前227),人称庆卿,战国末期刺客。相传,他原是齐国庆氏的后裔,后来迁居卫国,始改姓荆。他喜欢读书击剑,曾投奔卫元君,不被重用。后来,他游历到燕国,被太子丹尊为上卿,曾派他去刺杀秦王嬴政。前227年,他携带叛秦将军樊於期的头和夹有匕首的督亢地图,作为进献秦王的礼物,觐见嬴政。献图时,图穷而匕首现。但是,荆轲刺杀秦王不中,被杀死。

何淡如

何淡如(1820—1913),名何又雄,字淡如,广东南海(今广东佛山)人,广东四大状师之一。1862年,他考中举人,初任广东肇庆府高要县的教谕。后来,他以学廉在省城(今广州)开办龙津义学,进行讲课授徒,以书文闻名于世。他讲课风趣,时人称之为"幽默大师"。他擅作联语,尤其擅长以粤语写作谐联,不露半点斧凿痕迹,当时极负盛名。

黄飞鸿

黄飞鸿(1847—1924),原名黄锡祥,字达云,南海西樵人。他不仅是岭南武术界的一代宗师,还是位济世为怀、救死扶伤的名医。他五岁时随父习武,得到家传功夫。后跟随铁桥三的爱徒林福成学习铁线拳、飞砣绝技,并在宋辉镗处学得无影脚,武艺日臻精进。1863年,黄飞鸿随父移居广州设馆授徒。1886年,开设跌打医馆"宝芝林"。他曾先后被吴全美、刘永福等人聘请为军中技击教练。

霍元甲

霍元甲(1868—1910),字俊卿,河北东光(今河北沧州)人,清朝末年爱国武术家。他继承家传"迷踪拳"绝技,武艺出众,为人正直侠义。他曾在天津和上海威震西洋大力士,成为家喻户晓的民族英雄。1910年,霍元甲在上海创立了精武体育会,在武馆创立数月后,就被日本人下毒害死。

王子平

王子平(1881—1973),回族,河北沧州人,武术宗师。他出生于武术世家,与佟忠义齐名,号称"沧州二杰"。他早年在关东行商,后投身行伍。有一次,他遇到德国人的挑衅,一气之下举起了一个大磨盘,并因此赢得了"神力千斤王"的美称。随着他不断地打败外国拳师,他的威名也逐渐震动武坛。1918年,他在北京的擂台上,击败了来自俄国的大力士康泰尔。

叶问

叶问(1892—1972),本名叶继问,广东佛山人,一代武术宗师。他在七岁时,便拜陈华顺为师,成为其封门的弟子。十六岁时,他前往香港学习外文,就读于圣士提反学校。同时他又跟随咏春大师梁赞的儿子梁壁学习武术。他的门徒众多,遍及世界各地,其中最著名的弟子是李小龙。他以一人之力,把咏春拳推广到世界各地,对咏春拳术发展作出了杰出的贡献。

治国有方

无论是在哪个年代，都会有一些人担负着定国安邦的重任。在动乱时期，他们要能够带兵作战，运筹帷幄，辅佐君主开创霸业，或是巩固维护王朝统治；在和平年代，他们要凭借自己的头脑和智慧把国家治理得欣欣向荣、井井有条、国泰民安、丰衣足食。

傅说

傅说（生卒年不详），原为一介平民，后成为殷商时期的宰相，政治家、军事家。他辅佐武丁安邦治国，从而开创了"武丁中兴"的辉煌盛世，使殷商政治、经济、文化出现了空前鼎盛的局面；他的《说命》三篇成为了旷世哲言。总之，傅说实现了"嘉靖殷邦"的宏愿，因此被后人尊为"圣人"。

姜尚

姜尚（生卒年不详），姜姓，吕氏，名望，字子牙，也称吕尚、姜尚，俗称姜子牙。他是一个晓民众之意、精文武之道的旷世奇才。他年逾七旬时，借钓鱼之机使巧计赢得了周文王的重用。他协助文王开疆辟壤，辅佐武王伐纣灭商，帮助周公平武庚之乱，辅助成王兴周盛齐。他使老百姓过上了富足安稳的日子。他的奇才大略为后世仰慕，被尊为祖师和武圣。

姬旦

姬旦（？—前1105），又名叔旦，周文王姬昌第四子，周初政治家、军事家。因采邑在周（今陕西宝鸡东北），因此被称为周公。周武王病死，成王尚年幼，故由周公摄政。待成王长大后，周公还政于成王，自己则继续完善各种法规典制。周公是后世为政者的典范。孔子将他的人格作为最高的典范，孔子一生追寻的就是周公的礼乐制度。

姬奭

姬奭，人称召公又作"邵公"，姓姬名奭，西周宗室。周灭商前，他始封于召（今陕西岐山西南），辅助周武王后他又被封于鄚（今河南漯河）。他因最初采邑于召，因此又被称为召公或召伯。周成王时，他担任太保，陕以东的地方属于周公旦的管辖范围，陕以西的地方属于召公的管辖范围。召公任职期间政绩显著，因此辖区及周边的百姓都十分爱戴召公。

管仲

管仲（？—前645），名夷吾，字仲，又称管敬仲，颍上（今属安徽）人，春秋时期齐国政治家。据说他早年从商，后改从政。齐国爆发了内乱，管仲辅佐公子纠，公子纠和小白要回到齐国夺权登位。在中途的争夺战中，管仲射了小白一箭，小白当上齐桓公后不计前嫌，任用管仲为宰相，管仲尽心辅佐。他整顿内政，发展经济，使齐国日渐强大，齐桓公也成为了春秋霸主之一。

文种

文种（生卒年不详），字少禽，楚国郢人，后在越国定居。春秋末期越王勾践的谋臣，文种和范蠡都为越王勾践打败吴王夫差立下汗马功劳。吴被灭后，范蠡引退，文种自觉功高不听劝告继续为臣，却被勾践不容，最后自刎而死，死后葬于越都西山上，所以西山又被命名为"种山"，即如今的绍兴城卧龙山。

范蠡

范蠡（生卒年不详），字少伯，春秋楚人，谋略家。范蠡在刚愎自用的越王执意要伐吴时，提出了高瞻远瞩的战略计谋；他在越王忍辱为奴时，常伴在越王身边；他身处逆境矢志不渝，成功地保护越王归国；他等待了二十年，终于让越王得报会稽之仇；范蠡能把家事、国事都处理得如此完美，堪称后世的楷模。

百里奚

百里奚（生卒年不详），宛（今南阳）人，一说虞（今山西平陆北）人，春秋时期秦国大夫。百里奚自幼家境贫寒，长大后周游列国，都得不到重用，后在虞任过大夫，虞被灭后，百里奚作为陪嫁之臣被送往秦国。秦穆公认为百里奚是个贤士，就授以国政，称其为羖五大夫。任职期间，百里奚与蹇叔等共同辅佐穆公开创霸业。据说他死后，秦国"童子不歌谣，舂者不相杵"，以示对他的尊重和哀悼。

孙膑

孙膑（生卒年不详），本名不详，今山东鄄城人，战国时期著名的军事家，据说为孙武之后，著有《孙膑兵法》。孙膑与庞涓一起学习兵法，庞涓成为魏惠王的将军后，将孙膑骗到魏，然后将其处以膑刑，孙膑因受膑刑而改名为"膑"。后孙膑被齐国使者秘密接回，又被齐威王委任为军师。在马陵之战中，孙膑身居辎车，采用策略大败庞涓。

韩信

韩信（？—前196），淮阴（今属江苏）人，汉初军事家。他自幼刻苦读书，深谙兵法，志向远大。韩信投靠项羽并未受到重用，后经萧何的举荐改投汉王刘邦，拜为大将。他曾指挥汉军平定三秦，打败项羽，帮助刘邦取得天下。蒯通曾以"略不世出"来赞誉这位叱咤风云的军事人物，但韩信的绝世军功也为他惹上了杀身之祸。前196年，韩信被吕后和萧何以谋反之罪杀害。

萧何

萧何（前257—前193），沛（今属江苏沛县）人，西汉初政治家，汉初三杰之一。他原为一个刀笔小吏，后辅佐刘邦起义。项羽称王后，萧何劝刘邦屈身当汉中王，并向刘邦推荐韩信。楚汉战争时，他留守关中，不断地输送士卒粮饷支援前线。他在治国安邦上更是显示出了优秀的才能。他颁布的法规，曹参仍延用，故有"萧规曹随"之誉。高祖死后，他辅佐惠帝。他历经二主，可谓善始善终。

张良

张良（？—前189），字子房，汉初军事家。相传他从黄石老人那里获得了《太公兵法》一书。后来他就行侠仗义，广交豪杰，并慧眼识才辅佐刘邦。在刘邦成就大业的过程中，他智取潼关，破敌于蓝田，逼迫秦王投降。鸿门宴上他巧施妙计，让刘邦全身而退。他还巧施反间计，离间项王君臣，并趁项羽内部力量薄弱之时，果断派兵突袭，从而使刘邦在垓下大获全胜。

陈平

陈平（？—前178），西汉阳武（今河南原阳）人，汉初谋略家。刘邦攻占咸阳后，陈平被刘邦封为护国中尉。楚汉战争中，陈平积极为刘邦出谋划策，使得刘邦反败为胜。西汉建立后，陈平先后被封为户牖侯、曲逆侯等，汉惠帝时任左丞相，吕后监朝时任右丞相。诸吕作乱时，陈平与太尉周勃携手将诸吕杀掉，从而巩固了政权。

晁错

晁错（前200—前154），颍川（今河南禹县）人，西汉初著名的政治家、散文家。少时学习法家，有辩才，被人称为"智囊"。晁错曾经屡次上书建议加强中央集权、削减诸侯封地、重农贵粟。他分析社会经济问题非常有条理，也非常系统，是一位务实的政治家。可惜在七国叛乱时，晁错被景帝错杀，是为国家而牺牲的政治家。

主父偃

主父偃（？—前126），临淄（今山东临淄）人，汉武帝时期大臣。主父偃自幼家境贫寒，后在内廷作为武帝的顾问，他的言论对当时的政治颇有影响。主父偃每次上疏都能切中时弊且被汉武帝采纳，其中尤以"推恩令"最为著名，推恩大大削减了诸侯王的权力。由于主父偃深得武帝的赏识，因此其他大臣纷纷前来贿赂主父偃。早年赵王与主父偃结怨，于是赵王告发主父偃接受诸侯贿金，主父偃被汉武帝诛族。

张昭

张昭（156—236），字子布，彭城（今江苏徐州）人，三国时期孙吴的重要权臣。《三国志》中将张昭与张纮并称为"二张"。张昭自幼好学，博览群书。后来受到陈琳赏识，又与诸葛亮结交。孙策也十分器重张昭，命张昭办理所有文武之事。孙策死时甚至将孙权托付给张昭，张昭尽力帮助孙权。孙权称帝后，张昭以年老多病为由而辞官回家，著有《论语注》。

荀彧

荀彧（163—212），字文若，颍川颍阴（今河南许昌）人，东汉末年曹操的谋臣，杰出的军事家和政治家。荀彧自知有辅佐帝王的贤能，他认为袁绍不能成就大事业，就去东郡投奔曹操，曹操十分欣赏他，并任命荀彧为司马。荀彧还屡次推荐优秀人才给曹操，所以曹操更加器重荀彧，每逢大事必与其商议。但因为曹操难改其猜忌的本性，荀彧受猜忌，后病亡，死后被追谥为敬侯，后又被追赠为太尉。

诸葛瑾

诸葛瑾（174—241），字子瑜，琅琊阳都人。诸葛瑾为避战乱迁到江东，因为人宽厚诚信得到孙权的器重。215年，诸葛瑾奉命出使要刘备归还荆州。219年，他跟随孙权讨伐关羽。221年，他被派往蜀汉前去求和。在缓和蜀汉与东吴的关系上起到了很大的作用。

周瑜

周瑜（175—210），字公瑾，庐江舒县（今安徽庐江）人，著名军事家。周瑜出身士族，自幼与孙策交好。195年，他起兵辅佐孙策占据了江东。198年，他任建威中郎将，转战江淮，为开拓东吴疆域立下了汗马功劳。孙策死后，周瑜以中护军之职辅佐孙权。后来曹操率大军南下，并致书逼迫孙权投降。周瑜深谋远虑，力荐孙权与刘备联合抗曹，结果于赤壁大败曹军，从而奠定了三分天下的局面。

庞统

庞统（179—214），字士元，襄阳（今湖北襄樊）人。他与诸葛亮齐名，人称凤雏。鲁肃和诸葛亮都极力推荐庞统，刘备也赏识其才，于是就委任他为治中从事，与诸葛亮并为军师中郎将。后来刘备入蜀，诸葛亮留守荆州，庞统作为主要谋士随刘备攻打成都。庞统在军政大事上果断仁义，因此刘备总是采纳他提出的建议。214年，庞统率兵攻打雒县（今四川广汉北）时，身中流矢而死。

司马懿

司马懿（179—251），字仲达，河内温县（今河南温县西）人，杰出的政治家、军事家，三国时期魏国权臣，西晋王朝的奠基人。曹丕代汉建魏后，司马懿累迁尚书右仆射、抚军大将军。司马懿还多次率军抵抗诸葛亮。238年，率步骑四万统一辽东四郡。249年，乘齐王曹芳、大将军曹爽出洛阳城谒魏明帝曹叡墓高平陵之机,发动政变,将曹爽兄弟及其党羽全部处死,独揽朝廷大权。

诸葛亮

诸葛亮(181—234),字孔明,琅琊阳都(今山东沂南)人,三国时期著名的谋略家、政治家、军事家。他原以古贤自比,隐居于乡间,后来刘备三顾茅庐请诸葛亮出山,诸葛亮感其诚意决定辅助刘备。他建议刘备占领荆州和益州,联吴抗曹,统一全国。刘备建立蜀国称帝后,诸葛亮任丞相。刘备死后,他辅助刘备之子刘禅,他任人唯贤,赏罚分明,注重农业生产,鼓励少数民族进行大开发。

徐庶

徐庶(?—约232),字元直,颍川(今河南禹州)人。徐庶自幼爱好击剑,在荆州时与诸葛亮和庞统结交。他辅佐刘备治理新野,并向刘备举荐诸葛亮。后来曹操征讨荆州,徐庶与刘备在南下时,因徐母被曹军所虏,徐庶至孝,只好向刘备辞别并投向曹操。徐母自缢而死,数年后徐庶病逝。他至曹营终生没有给曹操出过一计。

房玄龄

房玄龄(579—648),唐朝开国元勋,贞观时期的著名宰相。他是唐初在位时间最长的宰相。李渊父子起兵之后,他以其敏锐的政治眼光投身于秦王李世民的门下,并成为他的一名谋士,为李世民一统江山立下了汗马功劳。在李氏王朝内部为争权夺势而剑拔弩张的时候,他参与了玄武门事变,并建议秦王铲除太子党,终于协助李世民取得了天下。

魏徵

魏徵(580—643),唐朝名臣。他一生饱经风霜,阅历丰富,素有胆识,以敢于犯颜直谏而著称。隋末农民起义爆发,魏徵毅然投身到瓦岗军的阵营中。瓦岗军起义失败后,他降唐,辅佐太子李建成。"玄武门之变"后,他尽心辅佐李世民。魏徵一生六次易主,但每次都对主子忠心耿耿,鞠躬尽瘁。他以自己的睿智和胆魄开创了我国历史上君"畏"臣的先例,同时也为后人树立了君臣关系的典范。

杜如晦

杜如晦（585—630），字克明，京兆杜陵（今陕西西安东南）人，唐初名相。杜如晦少时被李世民引为秦王府属官，自此常从李世民征伐，参与机密、军政之事。后又入文学馆为十八学士之首。太宗李世民即位后，迁杜如晦兵部尚书，进封蔡国公。杜如晦担任宰相期间，正值唐朝初期，他与房玄龄一同执掌朝政，典章制度都是二人共同制定的。后世谈及唐代良相，首推"房杜"。

长孙无忌

长孙无忌（？—659），字辅机，河南洛阳人，唐代宰相。长孙无忌自幼就与李世民交好，太原起兵后，他常从李世民征伐，他还参与策划了玄武门之变。贞观年间，他历任吏部尚书、尚书右仆射、司空、宰相。后太宗病危，他和褚遂良受命辅政。后来，长孙无忌由于参与反对立武昭仪为后，被人诬告谋反，被流放到黔州（今四川彭水），被迫自缢而死。

张九龄

张九龄（678—740），字子寿，一名博物，韶州曲江（今广东韶关）人。张九龄是一位既有远见、又有胆识的政治家。他为人忠心，直言敢谏，秉公守则，不趋炎附势，不徇私枉法，为"开元之治"作出了巨大的贡献。自张九龄去世后，每荐宰相，唐玄宗总要问"风度得如九龄否？"可见张九龄的显赫地位。此外，张九龄诗歌成就也甚高，独具"雅正冲淡"的风格，有很多名诗留传后世。

牛僧孺

牛僧孺（780—848），字思黯，唐代著名政治家、文学家。牛僧孺自幼丧父，长大后博学多才，机智伶俐，历经唐德宗至宣宗八代，是名噪一时的宰相。穆宗时，牛僧孺任户部侍郎同平章事，文宗时任兵部尚书同平章事。在此期间，牛僧孺曾与李德裕派形成长期"牛李党争"，声誉大兴。此外，他还很喜欢文学，以志怪体例撰著了很多艺文，集名《玄怪录》，其中的三十余篇留传至今。

吕蒙正

吕蒙正（946—1011），字圣功，河南洛阳人。吕蒙正为人宽厚，在朝廷里德高望重，常以正道自持，敢言直谏。他与开国元勋赵普同朝称臣，关系非常融洽。

991年，谏官上疏忤怒太宗，吕蒙正因此受到牵连，被罢黜。淳化四年，又复入为相。吕蒙正为官清廉，有人进献一能照二百里的古镜，蒙正笑道："我脸也就盆子大，怎么能照二百里呢？"听者都无不为之叹服。

寇准

寇准（961—1023），北宋宰相，为人刚正不阿、嫉恶如仇、忠君爱国。他担任宰相期间，正值辽军入侵，在大军压境之际，寇准力排众议，奋力抵抗辽军，他还为建议宋真宗亲自前往澶州督战以壮军威，在他的带领下终于击退了辽军。宋辽议和之后，昏庸的宋真宗听信谗言以莫须有的罪名罢免了寇准的宰相职位。

范仲淹

范仲淹（989—1052），字希文，苏州吴县（今属江苏）人，北宋政治家、文学家。范仲淹自幼家贫但十分好学，宋仁宗时官至参知政事，曾多次上书批评当朝宰相，屡次遭贬。1043年，范仲淹提出"十事疏"，主张建立严谨的官仕制度，减轻徭役，整顿武备，推行法制。宋仁宗陆续推行他的建议，史称"庆历新政"。不久由于保守派强烈反对而停止，范仲淹也被贬为陕西四路宣抚使，病死途中。

韩琦

韩琦（1008—1075），字稚圭，相州安阳（今属河南）人，北宋名将。韩琦出身于世宦之家，其父韩国华累官至右谏议大夫。韩琦三岁时父母双亡，由其兄扶养长大。韩琦为人正直，他担任谏官时期，敢于犯颜直谏。他担任地方官时，治军有方。他担任宰相时，始终关心边事，他曾多次建议在河东、河北和陕西等地"籍民为兵"。此外，韩琦著有《安阳集》流于后世。

王安石

王安石（1021—1086），字介甫，晚号半山，小字獾郎，又称王荆公，宋临川人（今江西东乡）人，北宋时期的政治家、思想家、文学家、改革家，唐宋八大家之一。他从小就受父亲的教诲，胸怀忧国忧民之思。王安石一生与变法维新密不可分，他一直在为实现自己的政治主张而忙碌着。此外，王安石在文学上的成就也十分突出，其诗"学杜得其瘦硬"，其文亦情韵深婉，著有《临川先生文集》。

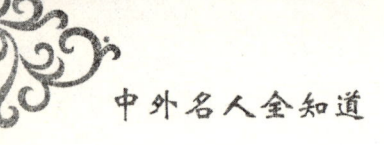

完颜希尹

完颜希尹(？—1140),本名谷神、欢都子,金朝大臣。完颜希尹跟随太祖征伐,战功卓越。后受太祖之命,仿效汉字楷体,合金朝语俗,依契丹文制度,创造出女真文字。他随宗翰袭击辽帝,攻取西京,俘虏徽、钦二位皇帝,回朝后被授予铁券。他曾经上书请立熙宗为储嗣,熙宗即位后,授予完颜希尹左丞相兼侍中,并封其为陈王。完颜希尹还与宗干等一起平定了宗磐、宗隽之乱。

胡广

胡广(1370—1418),江西吉安人,明朝大臣。靖难之后,胡广归降明成祖朱棣。1407年,胡广的好友、内阁首辅解缙被革职,胡广与其解除一切关系,结果得以进翰林学士,接替解缙为内阁首辅。他行事谨慎,心思细密,任内阁首辅十一年间两次随朱棣北征,深得信任。曾进言停止在民间追查建文帝旧臣,平息诸多冤狱,关注百姓疾苦,是永乐年间盛世局面的缔造者之一。1418年病逝,谥文穆,是明朝首位获封谥号的文臣。

张居正

张居正(1525—1582),字叔大,少名白圭,号太岳,湖广江陵(今属湖北)人,故称张江陵,明代政治家、改革家。张居正从小就志向远大,博学多才,机智善谋。二十三岁开始,他的仕途一帆风顺,很快就成为了内阁首辅。张居正为政期间一直把江山社稷和黎民百姓放在第一位。

多尔衮

多尔衮(1612—1650),清朝入关时的摄政王。多尔衮因战绩突出为清太宗器重。1636年,他被封为和硕睿亲王。皇太极死后,多尔衮以镶白、正白两旗优势拥立皇太极九子福临为帝,多尔衮与济尔哈朗辅政。但不久,多尔衮就独揽大权。1644年,多尔衮在山海关之战中大败李自成,正式统一了全国。在其摄政时期,仿照明制,广泛网罗人才,为清朝的建立奠定了基础。

苏克萨哈

苏克萨哈(？—1667),姓纳喇,额驸苏纳之子,满洲正白旗人,清代大臣。苏克萨哈原本依附多尔衮,顺治帝临终前,委派四位辅政大臣,苏克萨哈是其中之一。苏克萨哈因斩杀郑芝龙而深得康熙的信任。索尼死后，苏克萨哈上疏请辞，实则暗示鳌拜还政于康熙。后鳌拜威胁康熙将苏克萨哈处死，最后苏克萨哈被处绞刑。

林则徐

林则徐（1785—1850），字少穆，福建侯官（今福州）人。林则徐曾与龚自珍、黄爵滋、魏源等人提倡经世之学。他任江苏巡抚期间，兴修白茆和浏河。1838年，林则徐任湖广总督期间严禁鸦片，取得了很好的效果，所以他又被任命为钦差大臣，赴广东查禁鸦片。林则徐编成《四洲志》，主张将外商和禁烟分别对待。

曾国藩

曾国藩（1811—1872），字伯涵，号涤生，湖南湘乡人，湘军的统帅，清朝军事家、理学家、政治家。他从小就受到祖父曾玉屏的言传身教，立志成为一个功高盖世、名垂青史的人。在从政期间，曾国藩仍孜孜不倦，终于总结出了自己独特的学术思想。曾国藩不仅文韬过人，而且也极富武略。他率湘军大败太平军，被誉为"中兴第一名臣"。

左宗棠

左宗棠（1812—1885），字季高、朴存，号上农人，湖南湘阴人，中兴名臣。左宗棠在镇压太平天国运动中为清朝立下汗马功劳，被任命为闽浙总督。后又历任陕甘总督、钦差大臣、督办陕甘军务，镇压捻军及西北的回民起义。此外，左宗棠在经济上也眼光过人，他曾设马尾造船厂，办制呢局，客观上促进了近代洋务运动的发展。左宗棠的胆识和功绩广为后人称道。

李鸿章

李鸿章（1823—1901），字子黻、渐甫，号少荃、仪叟，安徽合肥人，清朝末期权臣，淮军的创始人及统领，洋务运动的倡导者之一。李鸿章曾多次率兵与太平军作战，历任两江总督、直隶总督、北洋通商事务大臣等职，他大力发展洋务，统领北洋水师。甲午战争爆发后，李鸿章下令北洋舰队避战，致使中国丧失了关键的制海权，旅顺、威海等海军基地相继失守，北洋舰队覆灭。

爱新觉罗·奕䜣

奕䜣（1832—1898），号乐道堂主人，爱新觉罗氏，道光帝第六子，咸丰帝异母弟，晚清大臣。咸丰帝病逝后，奕䜣联合慈禧太后密谋发动辛酉政变。奕䜣对外妥协，对内镇压农民起义。兴办洋务新政后，奕䜣与慈禧太后发生权力之争，于1865年和1884年先后两次被罢免职务。

张之洞

张之洞（1837—1909），字孝达，号香涛，又号香严，晚年自号抱冰老人，直隶南皮（今属河北）人，清末洋务派首领，清流派重要成员。中法战争期间，张之洞在广东筹办近代工业，操练军兵并设立水师学堂。戊戌变法时期，张之洞多次资助维新派。当新旧斗争日趋激化后，提出"中学为体，西学为用"，开始宣传洋务主张，反对变法维新。义和团运动爆发后，张之洞严加镇压。遗著编为《张文襄公全集》。

徐世昌

徐世昌（1855—1939），字卜五，号菊人，浙江宁波鄞县人。徐世昌的曾祖父和祖父都是天津的盐商。清末民初，徐世昌是北洋政府的官僚。冯国璋任代理大总统后，徐世昌在安福国会支持下，被选举为第二任中华民国大总统。徐世昌国学功底甚为深厚，他不但著书立言，而且书法工于山水松竹，被称为"文治总统"。退休后，他曾多次拒绝日本人的劝诱，不供伪职。

黎元洪

黎元洪（1864—1928），字宋卿，祖籍江西南昌，湖北黄陂人，曾任中华民国总统。1883年，黎元洪考入北洋水师学堂。1888年，在海军服役。1894年，参加中日甲午海战。战后黎元洪投奔两江总督张之洞。袁世凯去世后，黎元洪继任总统，与国务院总理段祺瑞有过"府院之争"。1922年，黎元洪在直系军阀的支持下复任总统。黎元洪在晚年转向实业投资。

变节求荣

我国历史上可谓英雄辈出，然而也不乏苟且偷生、变节求荣的无耻之人。他们为了私利，把民族大义和国家荣誉抛在一边，勾结、投靠敌人，出卖国家和民族的权益。

石敬瑭

石敬瑭（892—942），又名石绍雍，太原沙陀人，五代时后晋的建立者，936年至942年在位。后唐末帝李从珂即位后，任命石敬瑭为节度使。936年，石敬瑭起兵造反。后唐派兵征讨叛军，石敬瑭被围困，于是他以割让燕云十六州、每年献帛三十万匹、称臣称儿的条件，向契丹求救。后唐军被契丹军打败后，石敬瑭接受契丹的册封为大晋皇帝，认契丹国主耶律德光为父皇帝，自称儿皇帝，而后进军洛阳，灭亡后唐。

洪承畴

洪承畴（1593—1665），字彦演，号亨九，福建南安人，明末降清大臣。他是万历朝进士，历任兵部尚书、蓟辽总督等职。在与清军的松山、锦州之战中，洪承畴被困于松山城。城陷后，他投降清朝，隶属汉军镶黄旗。1644年，他跟随清军入关，奉命招抚江南各省，迫害抗清义士。他采用讨伐和招降并用的策略，平定了江南抗清义军、南明政权；并长期围剿南明永历政权所属的抗清力量。

刘良佐

刘良佐（？—1667），字明辅，大同左卫（山西大同）人，明末清初降臣。刘良佐原是李自成的农民军部下，后来投降明朝，官拜总兵。弘光帝即位后，封其为广昌伯，负责驻守颍州，为江北四镇之一。1645年，他率部投降清军，并将弘光帝挟持到芜湖，交给清军。他隶属汉军镶黄旗。他还曾到江阴劝降阎应元，结果被痛斥一番。1666年，刘良佐因病辞官。

吴三桂

吴三桂（1612—1678），字长白，辽东人，祖籍高邮，明末清初降臣。吴三桂以父荫继承了军官，在明崇祯帝时出任辽东总兵，并被封为平西伯，负责镇守山海关。1644年，他投降清朝，并将清军引入关，因功被封为平西王。1673年，康熙下令撤藩，吴三桂闻讯后又背叛清朝，发动三藩之乱。1678年，吴三桂在湖南衡阳称帝，国号"大周"，建元昭武，他本人也开始蓄发，并穿戴明朝衣冠。同年病死长沙。

琦善

琦善（约1790—1854），博尔济吉特氏，字静庵，满洲正黄旗人，清朝大臣。历任刑部员外郎、山东巡抚、直隶总督等职。他曾多次派兵镇压农民起义。1839年，他还曾破坏禁烟运动。鸦片战争爆发后，他代表清朝与英军谈判，同意议和，并诬蔑、陷害林则徐。1841年，他擅自签订《穿鼻草约》，承诺割让香港，赔偿六百万银元等。道光帝因他擅自割让香港，下令将他锁拿解京问罪。

耆英

耆英（1790—1858），爱新觉罗氏，字介春，满洲正蓝旗人，清朝大臣。历任盛京将军、广州将军、杭州将军等职。他曾先后代表清政府与英国签订了《南京条约》和《虎门条约》；与美国、法国签订了《望厦条约》、《黄埔条约》。广州人民反对英军入城，耆英奉行"抑民奉外"的政策，做出英方两年后可以进入广州城的承诺。第二次鸦片战争期间，他奉命赴天津与英法联军交涉，结果他擅自返京，后被迫自尽。

曹汝霖

曹汝霖（1877—1966），字润田，上海人，清末民初政治家、卖国亲日分子。他曾在袁世凯的授意下，代表政府与日本签署了"二十一条"，损害我国主权；他还曾代表段祺瑞政府签订了"西原借款"。1918年中，他在兼任段祺瑞财政总长期间，曾数次向日本借款，充作军饷。五四运动时，学生游行队伍前进到赵家楼附近，把章宗祥误认为曹汝霖，将其痛打一顿，并火烧曹宅，史称火烧赵家楼事件。

张敬尧

张敬尧（1881—1933），字勋臣，安徽霍丘人，皖系军阀，亲日分子。他毕业于保定军官学校，历任江西南昌镇守使、第七师师长、湖南督军兼省长等职。他在湖南任期内横征暴敛，遭到湖南人民的驱赶，被迫退出湖南。他先后投靠张作霖、吴佩孚、张宗昌等人以及伪满政府，为日本和伪满充当暗探，曾受命潜入北平，策动内乱并与流氓勾结为日军攻城做内应。1933年，在六国饭店被刺身亡。

梁鸿志

梁鸿志（1882—1946），字众异，一字仲毅，晚号迂园，福建长乐人，亲日分子。他曾先后任职袁世凯政府、段祺瑞政府，是安福系的骨干分子。七七事变后，他卖国投敌，在日本的策动下，曾先后组织成立了上海维新政府、南京伪"中华民国维新政府"，并与日本签订了一系列卖国条约。他曾在汉奸组织的"大民会"担任总裁。抗战胜利后，国民党政府将其逮捕归案，并以叛国罪判处死刑。

汪精卫

汪精卫（1883—1944），本名汪兆铭，字季新，笔名精卫，祖籍广东省佛山市，亲日汉奸。他早年以推翻腐朽的清政府为己志，曾刺杀摄政王载沣。但是，在抗战爆发后，他在越南发表"艳电"公开投降日本，沦为汉奸。在伪"国民党第六次代表大会"上，他提出"反共睦邻"的主张。他还曾与日本签订《日华新关系调整纲要》，出卖国家领土和主权。汪伪国民政府成立后，他出任伪"行政院长"兼"国府主席"。

孙殿英

孙殿英（1889—1947），乳名金贵，字魁元、科元，河南永城人，亲日分子。他早年曾先后投在胡景翼、张宗昌军下。他在蒋介石的策动下，接受改编，出任第六军团第十二军军长。1928年，他率领工兵营炸开慈禧的陵墓，又挖掘乾隆的陵墓，从墓中搜刮宝物无数。1943年，孙殿英率军队投降日军，充当汉奸。日本投降后，孙殿英又向蒋介石投降，跟随蒋介石打内战。1947年，他被解放军俘虏，后病死。

陈公博

陈公博（1890—1946），广东南海人，亲日分子。1921年，他加入广州共产主义小组，并参加了中国共产党的第一次全国代表大会。他投靠军阀陈炯明，于1923年被开除党籍。1925年，他加入国民党，历任国民党中央执行委员、国民政府实业部长等职。抗战爆发后，陈公博追随汪精卫投降日本，并历任汪伪政府"立法院长"、"主席"兼"行政院长"等职。抗战胜利后他逃亡日本，后被押解回国处死。

何应钦

何应钦（1890—1987），字敬之，贵州兴义人，国民党将领。他早年曾加入同盟会，并担任黄埔军校的总教官。宁汉分裂时，他支持蒋介石，并参与四一二政变。1930年，他出任军政部部长，参与"剿匪"，均以失败告终。在对日问题上，他主张妥协、投降。1933年他签订了丧权辱国的《塘沽协定》。1941年，他又制造了震惊中外的皖南事变。抗战胜利后，他又支持蒋介石打内战。

石友三

石友三（1891—1940），字汉章，吉林农安人，国民党将领。他一生中曾先后投靠和背叛冯玉祥、阎锡山、蒋介石、汪精卫、张学良、日本和中国共产党，时人戏称他为"倒戈将军"。1940年，石友三在冀南战斗中被八路军击败，损失惨重，开始与日本勾结，签订互不侵犯协议，并计划在消灭八路军之后投降日军。石友三的部下不愿做汉奸，于是将石友三绑架后活埋在黄河岸边。

李守信

李守信（1892—1970），字子忠，蒙古族，热河卓索图盟（今辽宁朝阳、阜新）土默特右旗人，亲日汉奸。他早年曾参加地方武装、组织土匪，后来投靠张作霖。日军进犯开鲁县时，他率部投降日本，导致热河沦陷。日本利用他的伪军逐渐迫使中国军队撤出察哈尔省。他历任蒙古军总司令、"蒙疆联合自治政府"副主席等伪职。1949年，他与德王发起"西蒙自治运动"，失败后潜逃蒙古国，后被遣送回国。

周佛海

周佛海（1897—1948），本名周福海，湖南沅陵人，亲日汉奸。他原是中国共产党早期领导人之一，曾参加过党的一大，后来叛党成为国民党的高级官员。在抗战时期，他是汪伪政府的领导人之一，鼓吹投降主义。汪精卫病情恶化时，周佛海曾前往名古屋探视，然后又到东京拜访日本首相、军令部长、参谋总长等人，商讨对重庆国民政府的诱降及汪精卫死后的人事安排等问题。后死于狱中。

川岛芳子

川岛芳子（1906—1948），爱新觉罗氏，名显玗，字东珍，又名金诚三、金梦芝、金璧辉、川岛良子、川岛良辅等，清末肃亲王第十四女。她自幼被父亲送给日本浪人川岛浪速做养女，并在日本接受教育，十七岁时改作男装打扮。她为关东军效力，从事间谍活动，曾参与皇姑屯事件、九一八事变、"满洲独立"、一二八事变等重大卖国行动。

胡兰成

胡兰成（1906—1981），字蕊生，浙江嵊县人，亲日汉奸。上海沦陷后，他在香港《南华日报》担任编辑期间，撰写卖国社论《战难，和亦不易》一文，受到陈璧君的赏识，被提拔为《中华日报》的总主笔。从此，他开始用笔杆为汪精卫的亲日伪政权服务，历任汪伪宣传部常务副部长、法制局长等职。此外，他在文学、书法等领域也取得了极高的成就，代表作有《今生今世》《山河岁月》等。

史林巨匠

"汗青"是史册、史书的意思。在古代,历史是由史官记录下来的。史官主要负责每天随时随地记录下皇帝的一言一行和施政得失。在我国历史上,史官制度由来已久。为了记录下真实的历史,留给后人一部伟大的史学著作,史官往往要付出极为惨痛的代价。但是,他们不屈不挠、秉笔直书,为历代传诵。除了史官,还有以撰写历史著作为职业的人,可以称之为史学家。史学家遵循规律,对历史人物、事件予以客观的叙述和评价,不隐瞒、不夸大,真实地反映实际情况,为我们留下了确凿可信的历史资料。

董狐

董狐(生卒年不详),名狐,也称"史狐",春秋时期晋国的太史。据说现今山西省翼城县东五十里的良狐村,就是他的故里。董督(监督管理)典籍,故称董狐。他作为晋国的史官,不畏权贵,据理斥责正卿,敢于直陈事实,这种据事直书的精神是十分可贵的。孔子曾称赞他:"董狐,古之良史也,书法不隐。"他秉笔直书的事迹,开创了我国史学的直笔传统。

左丘明

左丘明(生卒年不详),姓左丘,名明,鲁国人,春秋末期史学家。他是一名盲史官,主要负责以口耳相传的方式,记诵、讲述古代的历史和传说,以此来补充和丰富文字的记载。他知识渊博,品德出众,曾编撰了第一部编年体史书《左传》和现存最早的一部国别体史书《国语》,成为史家的开山鼻祖。这两本著作都具有相当高的史料价值。

司马迁

司马迁(前145—前90),字子长,夏阳(今陕西韩城)人,西汉史学家。他继承父亲司马谈的职位,出任太史令,并大量阅读、整理史料,进行实地考察,完成了《太初历》的编纂，并着手编写《史记》。他为投降匈奴的李陵辩护，而被汉武帝下狱，并施以腐刑。他在狱中忍辱负重，继续撰写《史记》。直到前91年，他终于完成了我国第一部纪传体通史《史记》的编撰，共历时十六年。

班固

　　班固（32—92），字孟坚，扶风安陵（今陕西咸阳东北）人，班彪之子，东汉史学家。班彪死后，他动手整理父亲的遗稿，并在《后传》的基础上，开始编写《汉书》。他曾历任郎官、玄武司马等职，备受重用，章帝曾多次召他入宫侍读。89年，窦宪率军征讨匈奴，班固被任命为中护军同行，并参与谋议。

刘向

　　刘向（前77—前6），原名更生，字子政，沛县（今属江苏）人，西汉经学家、目录学家。他历任仕宣帝、元帝、成帝三朝，曾任散骑谏大夫、散骑宗正、光禄大夫等职。他曾多次上书弹劾宦官、外戚专权。汉成帝时，他受诏命负责典校古籍，包括经传、诸子和诗赋等。撰有《别录》，是我国目录学的开山之作。

陈寿

　　陈寿（233—297），又作长寿，字承祚，巴西安汉（今四川南充）人，西晋史学家。他曾师从谯周，以才学成名，善于叙事。西晋建立后，他广泛收集三国时期的材料，著成《三国志》，平行叙述魏蜀吴三国史事，条理清晰明朗，在断代史中自创一格。后人把《三国志》与《史记》《汉书》《后汉书》并称为四史。此外，他还著有《古国志》《益部耆旧传》等。

裴秀

　　裴秀（223—271），字季彦，河东闻喜（今山西闻喜）人，西晋地图学家。他曾官至司空。他编绘的十八篇《禹贡地域图》，是我国迄今可考的最早的历史地图集。他绘制的《地形方丈图》，是缩编的晋国地图，但现已佚失。在《禹贡地域图序》中所提出的制图六体，为我国传统的地图绘制奠定了理论基础，影响我国地图制图长达一千七百多年。

荀勖

荀勖（？—289），字公曾，颍川颍阴（今河南许昌）人，魏晋时期目录学家。在曹魏时，他曾出任中郎、廷尉正等职，后追随司马昭。入晋后累迁侍中、中书监、光禄大夫，官至尚书令，负责掌管机密事务，制定律令等。他依照《魏中经簿》编成了《晋中经簿》，全书共十四卷，分群书为甲、乙、丙、丁四部，略合经、子、史、集之序。

范晔

范晔（398—445），字蔚宗，顺阳（今河南淅川东）人，南朝宋史学家。他聪敏好学，博览经史，善为文章，工隶书，通音律。424年，他因事触怒刘义康，被贬为宣城太守。他在任职期间不得志，于是专心著史。他参考了各家关于东汉的史作，自定体例，订讹考异，删繁补略，博采众家之长，写成《后汉书》。该书受到历代史学家的重视，与《史记》《汉书》《三国志》并称四史。

刘知几

刘知几（661—721），字子玄，彭城（今江苏徐州）人，唐代史学家。他历任著作佐郎、左史、凤阁舍人等职。他自幼笃爱史籍，入仕后数入史馆，得以博览群籍，又洞悉史馆利弊。他一生著述颇丰，有《刘氏家乘》《刘氏谱考》《睿宗实录》《刘子玄集》等。他所著的《史通》二十卷，是我国古代第一部史学理论专著，在史学史上影响深远。

杜佑

杜佑（735—812），字君卿，京兆万年（今陕西西安）人，唐代史学家。他生于世宦之家，历事玄宗至宪宗六朝，居官任相多年，对当时的政治、经济、军事状况比较了解，对朝政弊端也有所认识。他曾以三十六年的功力，博览古今典籍和历代名贤的论议，考溯各种典章制度的源流，撰成二百卷的巨著《通典》，开创了典章制度专史的先河，被列为"十通"之一。

李延寿

李延寿（生卒年不详），字遐龄，相州人（今河南安阳），唐代史学家。他历任东宫典膳丞、崇贤馆学士、御史台主簿，兼直国史符玺郎、兼修国史等职。他在修史上作出的贡献很大，曾参加了唐代官修史书《隋书》《五代史志》《晋书》和当代国史的修撰工作。他还独自撰写了《太宗政典》《南史》和《北史》等。

吴兢

吴兢（670—749），汴州浚仪（今河南开封）人，唐朝史学家。武则天执政时，他以"有史才"之名，被推荐入史馆，编修国史。他秉笔直书，常不顾个人安危直陈政事。他从事修史工作长达四十多年，著有纪传体《唐书》、编年体《唐春秋》。他晚年还继续修史的工作，撰写的《贞观政要》，后来成了历朝皇帝推崇和必修的功课。

欧阳修

欧阳修（1007—1072），字永叔，号醉翁、六一居士，吉州吉水（今江西吉安）人，北宋史学家。他曾历任翰林学士、枢密副使、参知政事等职。他支持范仲淹改革，要求在政治上有所革新，后被诬贬为滁州知州。他的史学成就尤伟，曾与宋祁合修《新唐书》，共二百五十卷。

宋祁

宋祁（998—1062），字子京，雍丘（今河南杞县）人，宋代史学家、文学家。他曾历任尚书工部员外郎、翰林学士、史馆修撰等职。在政治上，他颇具见地，曾针对当时"三冗"、"三费"、国库空虚的现实状况，呈进《三冗三费疏》，主张精兵简政、厉行节约。他在史学上的主要成就，是与欧阳修等合修的《新唐书》，历时十年，写成一百五十卷列传。

洪迈

洪迈（1123—1202），字景卢，号容斋，饶州鄱阳（今江西波阳）人，洪皓之子，南宋史学家。他曾任起居舍人、秘书省校书郎，兼国史馆编修官、吏部员外郎等职。1184年，他入史馆后参与修撰《四朝帝纪》。他著书颇丰，有志怪笔记小说《夷坚志》，以及《万首唐人绝句》、笔记《容斋随笔》等，都流传至今。

司马光

司马光（1019—1086），字君实，号迂叟，世称涑水先生，陕州夏县（今属山西）

人，北宋史学家。他反对王安石的新法，于是自请外任，在洛阳闲居十五年，六任闲职，开始一心编纂《资治通鉴》，直到1084年书成。他知识渊博，除史学之外，在音乐、律历、天文、术数等方面无所不通。

欧阳玄

欧阳玄（1283—1357），字元功，号圭斋，浏阳（今属湖南）人，元代史学家。他精通史学，曾任翰林院直学士，负责泰定帝、明宗、文宗、宁宗"四朝实录"的编修，受到朝野上下的好评。此外，他还编有《辽史》《金史》《宋史》等史书，后又编成《太平经国》《至正条格》《经考大典》等史学著作。

宋濂

宋濂（1310—1381），字景濂，号潜溪，明代史学家。他自幼好学，在元朝隐而不仕，潜心著书。朱元璋称帝后，他就任江南儒学提举，并为太子讲经。1369年，他奉命编修《元史》，充任总裁官。他的著作甚丰，其中著名的作品有《王冕传》《李疑传》及《秦士录》。

王祎

王祎（1322—1373），字子充，号华川，义乌来山（今属浙江）人，明代史学家。他官至漳州府通判，曾上疏建言"忠厚以存心，宽大以为政"、"浙西既平，课敛当减"。1369年，他参与编修《元史》，与宋濂同任总裁官。他学识渊博，所做文章醇朴宏肆，浑然天成，条理明晰。著有《大事记续编》《王忠文公集》及《重修革象新书》等。

谈迁

谈迁（1593—1657），字仲木，号射父，马桥人，汴梁（今属河南）人，明末清初史学家。他自幼家贫，聪颖好学，精于诸子百家。他立志编纂翔实可信的明史，并历时二十余年，完成了编年体的明史，名为《国榷》。后因手稿被窃，他又历经四年，完成了新稿。《国榷》以《明实录》为本，共一百零八卷，是研究明史的重要著作。

陈廷敬

陈廷敬（？—1712），初名敬，字子端，号说岩，泽州（今山西晋城）人，清代史学家。他曾历任内阁学士、礼部侍郎、入值南书房、工部尚书等职。他很有才华，在工部尚书任内曾受命出任总裁官，修辑三朝《圣训》《政治典训》《一统志》《方略》《明史》等书。康熙朝时，他曾多次上疏论钱法、风俗吏治等。著有《三礼指要》《老姥掌游记》《尊闻堂集》等。

梁启超

梁启超（1873—1929），字卓如，号任公，又号饮冰室主人、中国之新民等，广东新会人，维新派代表人物、启蒙思想家、史学家。梁启超在学术上的研究较为广泛，在文学、史学、法学等诸多领域均有建树，尤其在史学研究上成绩显著。他一生著述丰富，著作有《中国史叙论》《新史学》《清代学术概论》《先秦政治思想史》等。

王国维

王国维（1877—1927），字静安，又字伯隅，晚号观堂，浙江海宁人，国学大师。他是中国新学术的开拓者，连接中西美学的大家，在文学、美学、史学、哲学、古文字、考古学等领域成就卓著，是"甲骨四堂"之一。他的一生著述颇丰，有《海宁王静安先生遗书》《红楼梦评论》《宋元戏曲考》《人间词话》《古史新证》《观堂集林》《曲录》《殷周制度论》《流沙坠简》等。

陈寅恪

陈寅恪（1890—1969），江西义宁（今江西修水）人，陈三立之子，现代历史学家、古典文学研究家。他少时就读于家塾，聪敏好学，博览历史、哲学典籍。1926年，他被聘为清华研究院的导师。他开创以诗证史、以史解诗的学术方法，继承了钱谦益"以诗证史"的方法，代表作有《柳如是别传》《隋唐制度渊源略论稿》《唐代政治史述论稿》等。

胡适

胡适（1891—1962），原名嗣穈，学名洪骍，字希疆，安徽绩溪人，现代学者、历史学家。他早年曾赴美国留学，提倡白话文，是五四运动的核心人物、新文化

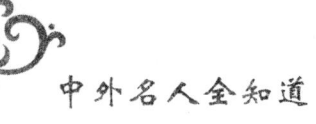

运动领袖。他的兴趣广泛,在文学、哲学、史学、考据学、教育学、伦理学、红学等诸多领域都有深入的研究,著述丰硕,著有《尝试集》《中国中古思想史长编》等。

郭沫若

郭沫若(1892—1978),原名郭开贞,字鼎堂,我国唯物史观史学的先锋、古文字学家、考古学家,"甲骨四堂"之一。他是新文化运动的重要旗手,在流亡日本期间,他开始着手研究甲骨文、金文,并著有《中国古代社会研究》《甲骨文字研究》等重要学术著作。另著有历史剧《屈原》《虎符》《王昭君》《蔡文姬》等。

顾颉刚

顾颉刚(1893—1980),原名诵坤,字铭坚,江苏苏州人,现代古史辨学派的创始人,历史民俗学和历史地理学的开创者。他主张用大胆疑古的精神和历史演进的观念,用近代西方社会学、考古学等方法来研究我国古代的历史和典籍。他一生著述颇丰,除所编《古史辨》之外,还有《汉代学术史略》《中国疆域沿革史》等,是在我国近代学术发展史上有着极其重要影响的一位学者。

钱穆

钱穆(1895—1990),字宾四,江苏无锡人,现代历史学家。他曾在燕京、北京、清华、四川、齐鲁、西南联大等校任教。在历史研究上,他很重视我国历史发展的特殊性和传统性,在通史、思想史、文化史、史学理论与方法等诸多领域都有深入研究,享誉海内外。他的一生著述丰富,有八十种以上的专著,代表作有《中国近三百年学术史》《国史大纲》《中国文化史导论》等。

傅斯年

傅斯年(1896—1950),字孟真,山东聊城人,现代历史学家,中央研究院历史语言研究所的创办者。他在历史学研究方面,较为注重考古材料在历史研究中的作用,同时主张将语言学等其他学科的观点和研究方法应用于历史研究,在学术上取得了较高的成就。他的主要著作有《东北史纲》(第一卷)《性命古训辨证》《古代中国与民族》(稿本)等。

萧一山

萧一山(1902—1978),原名桂森,字一山,号非宇,江苏铜山(今江苏徐州)人,现代历史学家。他幼承家学,有志于清史研究。他十九岁时考入北京大学,师从梁启超,立志以新方法为史学研究开拓新境界。课余期间,他埋首著作,撰成《清代通史》,文笔自然流畅,史料翔实全备。另著有《太平天国丛书》《太平天国诏谕》《太平天国书翰》《近代秘密社会史料》等书。

沈从文

沈从文(1902—1988),原名沈岳焕,湖南凤凰人,现代历史文物研究家。他十四岁时就投身行伍,在湘川黔边境地区辗转。1924年,他开始进行文学创作。抗战爆发后,他在西南联大任教。他在历史研究、考古研究上取得了一定的成就,尤其对我国古代服饰的研究精深。

吴晗

吴晗(1909—1969),原名吴春晗,字辰伯,浙江义乌人,现代历史学家。1934年他从清华大学毕业,之后历任云南大学、西南联合大学教授,清华大学教授、系主任、文学院院长等职。1943年,他参加中国民主政团同盟,积极从事民主救国运动。他一生致力于中国古代史研究,在明史上的成就较高。著有《朱元璋传》和历史剧《海瑞罢官》等。

诗情雅韵

诗歌作为一种语言艺术形式，具有节奏性、韵律感及很强的感情色彩等特点，也是世界上最为古老、悠久，同时也最为基本的文学形式之一。

我国是诗歌的王国，从远古到近现代，诗人们更是数量众多，异彩纷呈，鸢飞鱼跃，凤翔鹤集。如此多的优秀诗人，如灿烂繁星一般镶嵌在文学的天空中。

屈原

屈原（前340—前278），名平，字原，楚国人，湖北秭归（今属湖北）人，我国已知最早的诗人、政治名家。他早年任左徒兼三闾大夫，主张选平，任贤能，彰明法度，联齐抗秦。但是他遭到了排挤，楚怀王听信谗言，将他放逐江南。《离骚》《九章》《九歌》是屈原的主要代表作。

王粲

王粲（177—217），字仲宣，山阳高平（今山东金乡）人，汉魏间诗人，建安七子之一。他出身于大官僚世家，天资聪颖，少有才名。《文心雕龙》中说："仲宣溢才，捷而能密，文多兼善，辞少瑕累，摘其诗赋，则七子之冠冕乎。"他曾投靠刘表，但未受重用，后归附曹操，被任为丞相掾，官至魏国侍中。他以诗赋见长，代表作有《登楼赋》《七哀诗》《从军诗》等。

曹植

曹植（192—232），字子建，沛国谯县（今安徽亳州）人，三国时期魏国诗人。他自幼聪颖好学，十岁时就能诵读诗、文、辞赋数十万言，出言为论，下笔成章，深受曹操的宠爱。曹丕和曹叡先后继位后，曹植受到了防范和限制，曾多次被迁封，最后被封于陈。曹植的文学成就很高，今存《曹子建集》十卷。《洛神赋》是他的浪漫主义名篇。

谢朓

谢朓（464—499），字玄晖，陈郡阳夏（今河南太康）人，南朝齐诗人，"竟陵八友"之一。他家世显贵，少时颖慧好学，以文学知名，为南齐藩王所重。他初任太尉豫章王萧嶷行参军，后在随王萧子隆幕下任功曹、文学等职，颇得赏识。他促进了山水诗的发展，《隋书·经籍志》有《谢朓集》十二卷，《谢朓逸集》一卷，均散佚。后人收集遗佚，有《四部丛刊》影明抄本。

徐陵

徐陵（507—583），字孝穆，东海郯（今山东郯城）人，南朝梁陈间诗人、骈文家。他在宫体和骈体上的成就较高，是南朝后期重要的文学家。他早年就以诗文闻名，梁武帝时就任东宫学士，常出入宫禁，是当时的宫体诗人，与庾信齐名，并称"徐庾"。入陈后，他历任尚书左仆射、中书监等职，继续宫体诗创作，诗文皆以轻靡绮艳见称。现存《徐孝穆集》。

薛道衡

薛道衡（540—609），字玄卿，河东汾阳（今山西万荣）人，隋代诗人。他曾历仕北齐、北周，入隋后官至司隶大夫。他自幼好学，在隋代诗人中艺术成就很高，他的作品脍炙人口，代表作有《昔昔盐》《人日思归》等。有诗集三十卷，已佚，现存《薛司隶集》。《先秦汉魏晋南北朝诗》录存其诗二十余首，《全上古三代秦汉三国六朝文》录存其文八篇。

王勃

王勃（650—676），字子安，绛州龙门（今山西河津）人，唐代诗人，初唐四杰之一。他以神童之誉而授朝散郎，在沛王李贤的王府当侍读，后因作《檄英王鸡》一文被高宗逐出王府，在巴蜀等地游历。他在文学上的造诣很深，现存诗八十余首，多为五言律诗和绝句，代表作为《送杜少府之任蜀州》。此外，今存九十余篇赋、序、表、碑、颂等文，多为骈体，其中《滕王阁序》备受推崇。

卢照邻

卢照邻（约637—约680），字升之，自号幽忧子，幽州范阳（今河北涿州）人，唐代诗人，初唐四杰之一。他博学能文，擅长诗歌、骈文。其长篇歌行《长安古意》，借古讽今，词句清丽，委婉顿挫，是初唐的佳作。其集今存《卢升之集》《幽忧子集》，均七卷。由于政治上的失意和长期病痛折磨，自投颍水而死。

骆宾王

骆宾王（？—约684），字观光，婺州义乌（今属浙江）人，唐代诗人，初唐四杰之一，又与富嘉谟并称"富骆"。他才华横溢，曾任御史、临海县丞等职。684年，他随徐敬业起兵征讨武则天，兵败后下落不明。代表作有长篇歌行《帝京篇》，五律《在狱咏蝉》《送郑少府入辽》，绝句《于易水送人》《在军登城楼》，骈文《代李敬业传檄天下文》等，流传广泛。

杨炯

杨炯（650—？），华阴（今属陕西）人，唐代诗人，初唐四杰之一。659年，他举神童，二十六岁时授校书郎。他的诗歌今存三十三首，其中以五律居多。杨炯的边塞诗较著名，气势轩昂，风格豪迈，如《从军行》《出塞》《战城南》等。另存赋、序、表、碑、铭、志、状等五十篇。

贺知章

贺知章（659—744），字季真，一字维摩，号石窗，会稽永兴（今浙江萧山）人，唐朝诗人，吴中四士之一。他曾任太常少卿、集贤院学士、礼部侍郎、秘书监等职，于744年辞官还乡。在少时，他即以诗文知名，他的《回乡偶书》可谓千古传诵的名篇。

陈子昂

陈子昂（661—702），字伯玉，梓州射洪（今属四川）人，唐代诗人。因他曾担任右拾遗一职，世称"陈拾遗"。他在青少年时乐善好施，慷慨任侠。中进士后，他曾上书论政，得到武则天的重视。他主张扭转六朝以来绮靡纤弱的诗风，恢复《诗经》的"风、雅"传统，强调比兴寄托，提倡汉魏风骨。代表作为《登幽州台歌》《感遇》等。

张若虚

张若虚（约660—约720），扬州（今属江苏）人，唐代诗人，吴中四士之一。

他擅长作诗,尤工七言诗,其诗仅存两首。他的诗歌描写细腻,音节和谐,清丽澄澈,富有情韵,他的诗风上承齐梁,下开盛唐,在初唐诗风的转变中起到了继往开来的过渡作用。代表作为《春江花月夜》。

王之涣

王之涣（688—742），字季凌,晋阳（今山西太原）人,唐代诗人。他的性格豪放不羁,常击剑悲歌,才华横溢,名动一时,常与高适、王昌龄等相唱和,其诗以善于描写边塞风光著称。他的诗用词朴实自然,意境极为深远,令人置身诗中,回味无穷。代表作《登鹳雀楼》《凉州词》等最为脍炙人口。

王昌龄

王昌龄（约690—约756），字少伯,京兆长安（今陕西西安）人,唐代边塞诗人。他擅长七言绝句,人称"七绝圣手"。他早年生活贫困,年近不惑才考中进士。因他善写场面雄阔的边塞诗著称,而有"诗家夫子王江宁"（王昌龄曾任江宁丞）之誉。他的边塞诗从多方面表现征戍者的生活和内心世界,呈现出豪迈与悲壮、昂奋与凄怆相交融的深沉风格。其代表作有《出塞》《从军行》等。

李白

李白（701—762），字太白,号青莲居士,陇西成纪（今甘肃静宁）人,唐代浪漫主义诗人。他是继屈原以来的积极浪漫主义诗歌的新高峰,被誉为"诗仙"。他的诗风豪放飘逸洒脱,想象丰富,语言流转自然,音律和谐多变。他今存诗达九百余首,代表作品有《将进酒》《蜀道难》《梦游天姥吟留别》等。

王维

王维（701—760），字摩诘,太原祁（今山西祁县）人,唐代诗人。他诗、书、画都很有名,多才多艺。他以五言律诗和绝句著称。他的诗有两种风格,前期的诗大都反映现实,后期则多是描绘田园山水,是唐代山水田园派的代表人物,与孟浩然并称"王孟"。他的诗现存不足四百首,代表作有《终南山》《山居秋暝》等,意境开阔,风格雅致清淡、闲适幽静。

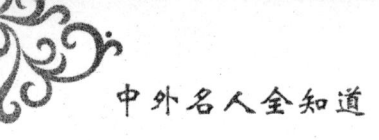

高适

高适（702—765），字达夫，沧州（今河北景县）人，唐代诗人。他的诗题材广泛，内容多表达现实生活，以边塞诗的成就最高，与岑参同为边塞诗人，并称"高岑"。他的诗作题材广泛，内容丰富，感情深挚，现实性较强。诗风笔力雄健有力，气势奔放，代表作有《燕歌行》《蓟门行五首》《塞上》《蓟中作》《九曲词三首》等。

刘长卿

刘长卿（709—约780），字文房，宣城（今安徽宣州）人，唐代诗人。他由于生平坎坷，所以作品大多是感伤身世之作，但也有些反映了当世离乱情况的诗。他的诗作以五、七言近体为主，尤其擅作五言律诗，自号"五言长城"。代表作有《疲兵篇》《新年作》《逢雪宿芙蓉山主人》等。

杜甫

杜甫（712—770），字子美，号少陵野老、杜陵野老、杜陵布衣，巩县（今河南巩义）人，唐代现实主义诗人。他曾任左拾遗、检校工部员外郎，世称"杜拾遗"、"杜工部"等。他在诗歌上的成就极高，被后世尊为"诗圣"，与李白合称"李杜"。他的诗题材广泛，寄意深远，大多反映政局。其诗多涉笔社会动荡、政治黑暗、人民疾苦的现实社会，被称为"诗史"。代表作有"三吏"、"三别"等。

岑参

岑参（约715—770），荆州（今湖北江陵）人，唐代边塞诗人。他虽少年孤贫，但刻苦读书，曾在西北边塞生活八年，这一段时间是他诗歌创作的高峰时期。他的诗想象丰富，夸张大胆，意境新奇，气势磅礴，风格峭拔，色彩绚丽，具有浪漫主义特色，大大开拓了边塞诗的创作题材和艺术境界。代表作有《走马川行奉送出师西征》《轮台歌奉送封大夫出师西征》《白雪歌送武判官归京》等。

韦应物

韦应物（737—792），长安（今陕西西安）人，唐代诗人。唐代宗、德宗时期，他曾出任过洛阳丞、京兆府功曹参军、苏州刺史等职。他是山水田园诗派诗人，山水诗描绘清静幽美的山水田园景色，表达恬淡自适和幽远独寂的意境，风格恬淡、意境远逸、气韵温润、言辞洗练，为山水田园诗的创作开创出新面貌。代表作有《寄全椒山中道士》《滁州西涧》等。

孟郊

孟郊（751—814），字东野，湖州武康（今浙江德清）人，唐代诗人。他早年贫困，曾游两湖、广西，无所遇合，屡试不第；直到四十六岁时才中进士。他专写古诗，并反映现实，用语刻琢而不尚华丽，不蹈袭陈言，不嵌用典故，擅长用白描的手法，以短篇居多。代表作《征妇怨》《感怀》《游子吟》《择友》等。

刘禹锡

刘禹锡（772—842），字梦得，彭城（今江苏徐州）人，唐代诗人，世称"诗豪"。他一生曾多次遭贬谪却没有自甘沉沦，反而以一种积极乐观的精神进行诗歌创作。他的诗歌题材广泛，汲取民歌含蓄宛转、朴素优美的特色，反映民众生活和风土人情，清新自然，健康活泼，充满生活情趣。晚年的诗歌风格趋于含蓄内敛，讽刺而不露痕迹。代表作为《西塞山怀古》等。

李绅

李绅（772—846），字公垂，润州无锡（今属江苏）人，唐代诗人。他十五岁时在惠山读书，同情农民终日劳作却不得温饱的境况，写成千古传诵的《悯农》诗，思想性较强，深刻揭露了社会现实，被誉为"悯农诗人"。他与元稹、白居易共倡新乐府运动，作有《乐府新题》二十首，惜已散佚。他的作品流传至今的有《追昔游诗》三卷、《杂诗》一卷。

贾岛

贾岛（779—843），字阆仙，一作浪仙，范阳（今北京）人，唐代苦吟诗人。他早年因家贫，落发为僧，法名无本；十九岁时他开始云游四海，并结识了孟郊、韩愈等。他的诗大多是写自然景物和闲居情致，以清奇凄苦著名，大多是写自然景物和闲居情致。作诗刻苦求工，诗风清淡朴素。代表作有《寻隐者不遇》《剑客》《题李凝幽居》《雪晴晚望》等。

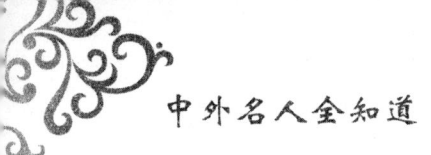

白居易

白居易（772—846），字乐天，号香山居士，下邽（今陕西渭南东北）人，唐代诗人、世称"诗魔"。他在文学上积极倡导新乐府运动，提出"文章合为时而著，歌诗合为事而作"的文学主张。他是现实主义诗人，写下了不少感叹时世、反映人民疾苦的诗篇。他一生作诗很多，可以分为讽喻、闲适、感伤和杂律四类，其中以讽喻诗最为著名。代表作为《长恨歌》《琵琶行》。

元稹

元稹（779—831），字微之，别字威明，河南（今河南洛阳）人，唐代诗人。他与白居易齐名，并称"元白"，是新乐府运动的倡导者。他在文学上的造诣很深，其中以诗歌的成就最大，代表作《乐府古题》十九首和《新题乐府》十二首。他还作有传奇《莺莺传》。另有《元氏长庆集》，收录诗赋、诏册、铭谏、论议等共一百卷。

李贺

李贺（790—816），字长吉，福昌（今河南宜阳）人，唐代诗人。他是宗室后裔，尽管家道中落，但志向远大，才华出众，名动京师。他的一生愁苦抑郁，以诗为业。他的诗作多是讽刺黑暗政治和不良社会现象之作，有的直陈时事，有的是借古刺今。他善于运用丰富的想象力来驾驭语言和素材，构造出怪奇的诗境。代表作有《李凭箜篌引》《雁门太守行》等。

杜牧

杜牧（803—852），字牧之，京兆万年（今陕西西安）人，唐代诗人，人号"小杜"，与李商隐并称"小李杜"。他在文学创作方面很有成就，诗、赋、古文都造诣颇深。他的古体诗受杜甫、韩愈的影响，题材广阔，笔力峭健。他的近体诗则以文辞清丽、情韵跌宕见长。他最擅长长篇五言古诗，气骨遒劲。代表作有《早雁》《九日齐山登高》等。

李商隐

李商隐（约813—约858），字义山，号玉溪生，又号樊南子，怀州河内（今河南沁阳）人，唐代诗人。他的诗歌创作博采众家之长，多创作政治诗、咏史诗、写景咏物诗和爱情诗等。他的诗反映民生疾苦，批判藩镇割据、宦官擅权，揭露统治集团的糜烂政治。代表作有《行次西郊作一百韵》《登乐游原》等。

温庭筠

温庭筠（约812—866），本名岐，字飞卿，太原祁（今山西祁县）人，唐代诗人、词人。他能文善诗，精通音律，善鼓琴吹笛。他的诗写得清婉精丽，备受时人推崇，代表作有《商山早行》等。他的词多写花间月下、闺情绮怨，是花间派词的鼻祖。他的词内容偏重闺情，以华丽的词藻和浓艳的色彩构成了独具特色的"香而软"的风格。词集有《握兰集》《金荃集》等，已佚失。

韦庄

韦庄（约836—910），字端己，长安杜陵（今西安东南）人，唐末五代诗人、词人。由于他生逢唐末大混战时期，所以他的诗歌主要反映了唐末动荡的社会面貌。代表作为长篇叙事诗《秦妇吟》，全诗共一千六百六十六字，是现存最长的一首唐诗。他还是花间派中成就较高的词人，其内容大多是男欢女爱、离愁别恨。今存诗集有《浣花集》和《又玄集》。

冯延巳

冯延巳（903—960），字正中，五代广陵（今江苏扬州）人。他生于唐末，在南唐担任过宰相，生活富足、舒适。他受到花间词的影响，词作多写男女相思、离别之情。但是他的诗词语言清新流转，文人的气息较浓，对北宋初期的词人产生了较大的影响。代表作为《鹊踏枝》。

李煜

李煜（937—978），字重光，初名从嘉，号钟隐、莲峰居士，世称李后主，江苏徐州人，五代词人。他即位后偏安一方，对北宋称臣纳贡，在位期间不修政事，纵情享乐，穷奢极欲。他能书善画，洞晓音律，工于诗文，尤以词为五代之冠。他前期的词反映宫廷享乐生活，内容空虚柔靡；在变为囚徒后，他的词风也发生了显著的变化，主要反映亡国之痛，如名作《虞美人》和《浪淘沙》。

柳永

柳永（约987—约1053），原名三变，字耆卿，世称柳七、柳屯田，崇安（今属福建）人，北宋词人。他一生致力于作词，自诩"奉旨填词柳三变"、"白衣卿相"。他在词史上产生了较大的影响，不仅扩大了词境，开拓了词的创作题材，而且写作了大量的慢词。他的词委婉曲折，善用铺叙的手法，语言通俗易懂。词作多反映男女恋情、闲愁别恨。代表作有《雨霖铃》等。

晏殊

晏殊（991—1055），字同叔，抚州临川（今属江西）人，北宋词人。他的一生仕途平坦，虽政绩平平，但是他在文坛上却很有建树。他的词最负盛名，今存词全为小令，无慢词。他的词作内容多取四季景物、男女恋情、欢愉情趣等题材。他受到冯延巳的影响，语言婉丽，音韵和谐，意境清新。今存《珠玉词》。代表作有《浣溪沙》《蝶恋花》等。

梅尧臣

梅尧臣（1002—1060），字圣俞，宣城（今安徽宣州）人，北宋诗人。他一生官小俸薄，但在诗文上却享有盛名，兼工今体诗和古体诗，尤以五言擅长，与欧阳修、苏舜钦齐名，并称"梅欧"、"苏梅"。他主张诗歌革新，反对浮艳空虚，对宋代诗风的转变影响很大。他所作的诗大多反映社会现实和民生疾苦，如《田家语》《猛虎行》等。

苏舜钦

苏舜钦（1008—1048），字子美，梓州铜山（今四川中江）人，北宋诗人。他曾历任大理评事、集贤殿校理、监进奏院等职，被贬谪后隐居不仕。他是北宋诗文革新运动中的重要作家，与欧阳修、梅尧臣齐名，时称"欧苏"或"苏梅"。他前期创作的诗文内容多与政治活动相关，如《庆州败》等。后期则多是寄情山水之作。散文有《沧浪亭记》，诗文集有《苏舜钦集》等。

苏轼

苏轼（1037—1101），字子瞻，号东坡居士，眉州眉山（今四川眉山）人，北宋诗人，唐宋八大家之一。他在诗、词、散文上的成就很高，对后世影响很大。

他的诗词以抒发个人情感和歌咏自然景物的篇章最多,其诗《送鲁元翰少卿知卫州》《有美堂暴雨》等诗篇最能代表苏诗的艺术成就。最能代表他的词风的作品有《水调歌头》《念奴娇》等。

李之仪

李之仪(1038—1117),字端叔,自号姑溪居士,沧州无棣(今属河北)人,北宋词人。他曾任枢密院编修官、通判原州等职。他既善诗词,又能属文,尤工尺牍。他擅长作词,小令更擅长淡语、景语、情语。他主张词的立意和造语等学民歌、古乐府,强调即景生情、即事喻理。他的词清婉峭隽,代表作为《卜算子》。

晏几道

晏几道(约1040—1112),字叔原,号小山,抚州临川(今属江西)人,晏殊之子,北宋词人。他的性格孤傲,清狂磊落,晚年家境中落。他好藏书,能诗擅词,尤以词著称于世。他的词风哀感缠绵、清壮顿挫,与其父齐名,世称"二晏"。但是,在思想内容上,他的词作比晏殊的词要深刻得多。著有《小山词》。

黄庭坚

黄庭坚(1045—1105),字鲁直,号山谷道人,洪州分宁(今江西修水)人,北宋诗人。他曾以校书郎出任《神宗实录》检讨官,后因修实录失实,被贬谪。他是苏门四学士之一,是江西诗派的开山祖师,在诗名上与苏轼并称"苏黄"。他的词风则流宕豪迈。著有《豫章黄先生文集》《山谷琴趣外篇》等。

秦观

秦观(1049—1110),字少游,号邗沟居士,高邮(今属江苏)人,北宋词人。他曾历任秘书省正字、兼国史院编修官等职。他在政治上倾向旧党,后遭贬谪。秦观工诗、文,以词著称,颇负盛名,是苏门四学士之一。在词风上,他属于婉约作家,他的词大多是描写男女的思恋爱慕、悲欢离合,语言淡雅清丽。代表作《满庭芳》(山抹微云)、《望海潮》(梅英疏淡)等,皆幽婉动人。

贺铸

贺铸(1052—1125),字方回,号庆湖遗老,卫州(今河南汲县)人,北宋词人。

他是宋太祖孝惠皇后的族孙,曾任泗州、太平州通判等职,晚年退居苏州。他于诗、词、文皆善,他的词刚柔兼济,以深婉浓丽之作为多,较为著名的是《青玉案》(凌波不过横塘路),因词中有"梅子黄时雨"句,世称他为"贺梅子"。他的诗也被时人所重,曾自编《庆湖遗老诗集》。

周邦彦

周邦彦(1056—1121),字美成,号清真居士,钱塘(今浙江杭州)人,北宋词人。他历任太学正、庐州教授等职。他在宋神宗时,曾写了一篇《汴都赋》,赞扬新法。他精通音律,曾创作过不少新词调。他的作品内容多是描写闺情、羁旅,也有咏物之作。他的词作格律谨严,语言精雅曲丽。他创作长调时尤善铺叙,被后来的格律派词人效仿。著有《清真居士集》。

范成大

范成大(1126—1193),字致能,号石湖居士,平江(今江苏苏州)人,南宋诗人。他做过一些地方官,并当过两个月的副宰相,后在石湖隐居。他善写绝句,诗风清丽精致。他的诗作题材广泛,多反映社会现实,如《青远店》《州桥》《双庙》等,反映了北方人民的痛苦生活和他们的民族感情。其《催租行》《后催租行》等,表现了对人民苦难的同情。

陆游

陆游(1125—1210),字务观,号放翁,越州山阴(今浙江绍兴)人,南宋诗人、词人。他的仕途比较坎坷,屡有变迁。他能文善诗,尤其以诗的成就最高,与尤袤、杨万里、范成大并称"南宋四大诗人"。他自称"六十年间万首诗",今存诗九千多首,是我国现有存诗最多的诗人。他的许多诗篇都是抒写抗金杀敌的豪情,风格奔放雄奇,悲壮沉郁,富有爱国主义情怀。著有《剑南诗稿》《放翁词》等。

杨万里

杨万里(1127—1206),字廷秀,号诚斋,吉州吉水(今属江西)人,南宋四大诗人之一。他曾历任太常博士、广东提点刑狱、尚书左司郎中、太子侍读等职。因奸相专权,他毅然辞官,后忧愤而死。他的诗作构思新巧,语言通俗流畅,自成一家,时称"诚斋体"。他的词作风格清新、自然,与诗相近。著有《诚斋集》。

党怀英

党怀英（1134—1211），字世杰，冯翊（今陕西大荔）人，金朝词人、书法家。他曾历任汝阴令、国史院修撰官、翰林待制、同修国史等职。他工诗善文，其中以词作最为有名，是一时的文坛盟主。他的作品不尚虚饰，因事遣词。著有《竹溪集》，今佚。现仅有数首词作因元好问《中州集》而得以流传于世。他也是著名的书法家，擅长隶书，自成一家，时号第一。

辛弃疾

辛弃疾（1140—1207），字幼安，号稼轩，济南历城（今山东济南）人，南宋爱国词人、抗金英雄。他积极主张抗金，并曾参加抗金斗争。他的词作题材多是反映国家、民族的现实问题，以豪放著称，具有很强的感染力，表现了恢复祖国统一的豪情壮志。他善于用典，与苏轼并称"苏辛"，被誉为"词中之龙"。著有《稼轩长短句》《稼轩词》等。

赵秉文

赵秉文（1159—1232），字周臣，号闲闲老人，磁州滏阳（今河北磁县）人，金代诗人。他二十七岁时中进士，官拜礼部尚书。他于诗、文、书、画方面无所不精，可谓多才多艺。在党怀英死后，他成为又一任文坛盟主。他的诗歌创作宗法唐人，擅长七言长篇，笔势纵放，律诗壮丽，小诗精致，多反映时事。著有《闲闲老水釜水文集》等。

王若虚

王若虚（1174—1234），字从之，号慵夫、滹南遗老，金藁城（今属河北）人，金末诗人。他历任国史院编修官、应奉翰林文字、直学士等职，曾编修《宣宗实录》。金亡后，他隐而不仕。王若虚在经、史、文、礼等方面无所不精，他反对文章一味追求古意，主张著文唯文史、实录"不可失体"。他在论文、论诗等领域都有独到的见解，著有《诗话》《文辨》等。

元好问

元好问（1190—1257），字裕之，号遗山，太原秀容（今山西忻州）人，金代文学家、史学家。他曾历任国史院编修、南阳令等职。金亡后，他潜心著述，在诗、词、文、曲、小说和文学批评等领域都有较高的造诣，尤以诗歌成就最高。他的诗词题材广泛，内容丰富，感情真挚，语言优美。著有《遗山集》等。

吴文英

吴文英（1212—1272），字君特，号梦窗，四明（今浙江宁波）人，南宋词人。他一生都未中第，以游幕终身，与很多达官贵人相识。他晚年在越州客居，先后在浙东安抚使吴潜、嗣荣王赵与芮门下做客卿。他精通乐理，自度了许多腔调，如《古香慢》《霜花腴》《莺啼序》等。著有词集《梦窗甲乙丙丁稿》。

周密

周密（1232—1298），字公谨，号草窗，吴兴（今浙江湖州）人，南宋词人。他曾任义乌县令，入元后隐居不仕。他是宋末格律词派的代表作家，擅诗画音律，一生著述颇丰。他的词作远祖清真，近学姜夔，讲究格律，风格秀润清雅，与吴文英并称"二窗"。著有词集《𬞟洲渔笛谱》《草窗词》等。

张养浩

张养浩（1270—1329），字希孟，号云庄，山东济南人，元代散曲作家。他曾担任过东平学正、监察御史、翰林学士、礼部尚书等职。他的散曲作品内容广泛，有的描写宦海风波、世态炎凉，如《朱履曲》《警世》等，内容真实深刻；有的描写退隐田园的生活和感受，悠闲轻松的心情跃然纸上。其中以《山坡羊·潼关怀古》最为有名。著有散曲集《云庄休居自适小乐府》传世。

揭傒斯

揭傒斯（1274—1344），字曼硕，龙兴富州（今江西丰城）人，元代诗人、"元诗四大家"之一。他曾担任修辽、金、宋三史的总裁官。在当时，他被称为一代才子。他的文章简洁严整，诗歌清婉丽密，并善书法。当时朝廷的典册、元勋铭辞，多出自他的手下。他一心忧国忧民，曾写了不少关注社会现实的诗篇。著有《文安集》等。存世书迹有《千字文》等。

钱谦益

钱谦益（1582—1664），字受之，号牧斋，江苏常熟人，明末清初文学家、诗人，江左三大家之一。他早年曾参加东林党，仕清以后为礼部侍郎管秘书院事，充《明史》馆副总裁。他才学兼资，博览子、史、文籍、佛藏。他作诗广泛取法唐宋各名家，不拘一格，开创了清朝的诗风。尤其是明亡后所作诗篇，哀叹世道，感慨身世，独有特色。著有《初学集》《有学集》等。

纳兰性德

纳兰性德（1655—1685），本名成德，字容若，号楞伽山人，满洲正黄旗人，清代词人。他曾做过康熙的侍卫，深得宠信。他在诗、文、词方面都有作品，但以词著称。他的词作以五代、北宋为宗，擅长小令，词风与李煜相近，所作多是描写个人的相思离别和哀感闲愁的，反映现实内容的很少。著有《通志堂集》。

沈德潜

沈德潜（1673—1769），字确士，号归愚，长洲（今江苏苏州）人，清代诗人、诗论家。他热衷功名，曾先后十七次参加科举考试。1739 年，他终于考中进士。他主张诗歌创作要为封建政治服务，鼓吹儒家传统"诗教"，所以他的诗受到乾隆帝的赏识，在当时影响很大。著有《说诗晬语》《古诗源》《唐诗别裁集》等书，至今仍有参考价值。

袁枚

袁枚（1716—1797），字子才，号简斋，钱塘（今浙江杭州）人，清代诗人。他在任江宁县令时，颇有政绩。他去官后，于江宁小仓山筑"随园"，广集书籍，创作诗文，悠闲度日。他以诗名重于世，提倡"性灵说"，反对拟古和形式主义，革新了诗坛风气。著有《小仓山房文集》《随园诗话》《子不语》《祭妹文》等。

周济

周济（1781—1839），字保绪，一字介存，号未斋，晚号止庵，江苏荆溪（今江苏宜兴）人，清朝词人、词论家。他是嘉庆年间的进士，官至淮安府学教授。他的主要著作有《味隽斋词》《词辨》《介存斋论词杂著》《晋略》等。另编有《宋四家词选》。

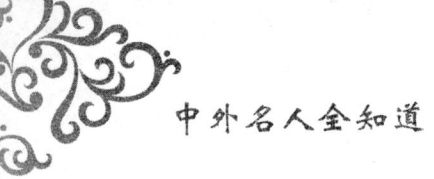

项鸿祚

项鸿祚（1798—1835），原名继章，后改名廷纪，字莲生，钱塘（今浙江杭州）人，清代词人。他本是富家子弟，后来家道中落。1832年，考中举人。他的词风与纳兰性德相近。所作之词多表现抑郁、感伤之情。他与龚自珍齐名，合称为"西湖双杰"。著有《忆云词甲乙丙丁稿》等。

龚自珍

龚自珍（1792—1841），字尔玉，号定盦，浙江仁和（今浙江杭州）人，清末文学家、诗人。他出生于官宦世家，学识渊博，钻研金石、目录学，涉及诗文、地理、经史百家等。他在诗文上自成一格，号称"龚派"。他晚年辞官南归，并在途中写成了三百多首短诗，命名为《己亥杂诗》，是其思想的精华。他的诗风奇肆瑰丽，今存八百余首。

苏曼殊

苏曼殊（1884—1918），原名戬，字子谷，法名博经，法号曼殊，笔名印禅、苏湜，广东香山（今广东中山）人，近代诗人、翻译家。他于1903年留学日本，回国后任上海《国民日报》的翻译，不久在惠州出家为僧。他多才多艺，他的诗歌清艳明秀，独树一帜，在当时影响很大。他的诗作现存约百首，大多是七绝。他的创作多是感怀之作，诗风凄恻幽怨。此外，他还翻译过《拜伦诗选》等。

徐志摩

徐志摩（1897—1931），原名章垿，字槱森，浙江海宁人，现代新月派诗人。他在英国剑桥留学期间深受欧美浪漫主义和唯美派诗人的熏陶和影响。1921年，他开始从事新诗创作。回国后，他在报刊上大量发表诗文。他的诗歌字句清新，韵律和谐，想象丰富，比喻新奇，意境优美，具有鲜明的个性特征。著有《志摩的诗》。

闻一多

闻一多（1899—1946），原名闻家骅，字友三、友山，新月派代表诗人。他喜读古代诗集、诗话、史书、笔记等。1916年，他开始进行旧体诗创作。1920年，他发表了第一首新诗《西岸》。1921年，他写成了《律诗底研究》，致力于新诗格律化理论的系统化研究。抗战期间,他在西南联大任教,并蓄胡明志。著有《红烛》《死水》《七子之歌》等。

冯雪峰

冯雪峰(1903—1976),原名福春,浙江义乌人,现代诗人、文艺理论家。他早年在浙江第一师范学校学习,曾参加朱自清等人组织的晨光社,并尝试写作新诗。1922年,他与汪静之等人组织湖畔诗社,并出版诗集《湖畔》。他的主要著作有《真实之歌》《雪峰的诗》等。另有杂文集《乡风与市风》《有进无退》,寓言集《今寓言》《雪峰寓言》等。

臧克家

臧克家(1905—2004),山东诸城人,近代诗人、作家、编辑家。1929年,他在青岛《民国日报》上第一次发表了新诗《默静在晚林中》。他的许多诗篇都反映了旧中国农民的悲苦生活,如《难民》《老马》等;他早期诗歌的代表作《罪恶的黑手》,则揭露了帝国主义的凶残和伪善的面目,成为现代诗中的经典之作。他为纪念鲁迅而作的《有的人》更是脍炙人口。

艾青

艾青(1910—1996),原名蒋正涵,号海澄,笔名莪加、克阿、林壁等,浙江金华人,现代诗人。他曾留学法国,回国后加入左翼美术家联盟,因反对国民党统治而入狱。在狱中,他坚持诗歌创作,并以《大堰河——我的保姆》一举成名。他的诗歌朴素凝练、意象独特、想象丰富、讲究哲理,擅长以深沉、激越、奔放的笔触来诅咒黑暗,讴歌光明。著有《北方》等。

戴望舒

戴望舒(1905—1950),笔名有戴梦鸥、江恩、艾昂甫等,浙江杭州人,现代诗人,我国现代象征派诗歌的代表人物。他早年在上海大学、复旦大学就读,曾因宣传革命而被捕。他最为著名的诗篇就是《雨巷》,并成为传诵一时的名作,人称"雨巷诗人"。他的诗歌对我国新诗的发展产生了深远的影响。著有《我的记忆》《望舒草》《望舒诗稿》等诗集。

姑妄言之

在春秋战国时期，小说家被归于诸子百家之一，指的是记录民间街谈巷语的人。虽然小说家自成一家，却是"民间不入流的著作"，姑妄言之，姑妄听之。民国初年，梁启超力倡"小说界革命"，小说甚至被奉为"国民之魂"、"正史之根"、"文学之最上乘"，已不再是无足轻重的"街谈巷语"、"琐屑之言"。

裴启

裴启（生卒年不详），一作名荣，字荣期，河东闻喜（今山西运城）人，东晋小说家。他著有志怪小说《语林》，并以此蜚声文坛，形成了风靡一时的"裴氏学"。《语林》是一部关于汉魏至两晋的知名人物精彩应对的记录。裴启笔下的人物栩栩如生，反映了魏晋时期的时代特点和社会风貌，具有很高的史料价值。

干宝

干宝（生卒年不详），字令升，新蔡（今属河南）人，东晋小说家。他曾担任过著作郎一职，著有《晋纪》，惜已佚失。他的最主要著作是志怪小说《搜神记》，全书共二十卷，共记载了四百多个故事，所记载的故事多为神灵怪异故事，也有部分民间传说。其中《干将莫邪》《李寄》《董永》等，可谓家喻户晓。

刘义庆

刘义庆（403—444），彭城（今江苏徐州）人，南朝宋小说家。他曾任荆州刺史等官职，在政八年，政绩颇佳。他自幼才华出众，爱好文学，在宗室诸王中颇为出色，撰有《世说新语》。书中记载了自汉魏至东晋的遗闻逸事，内容非常丰富，广泛地反映了当时士族阶层的生活方式、精神层面，以及清谈放诞的世风，对后世笔记小说的发展影响很大。

李公佐

李公佐(生卒年不详),字颛蒙,陇西(今甘肃东南)人,唐代小说家。他举进士,曾在宪宗年间任江南西道观察使判官。813年春,他罢职离任,专心著述。今存传奇作品有《南柯太守传》《谢小娥传》《庐江冯媪传》《古岳渎经》四篇。《全唐文》录有《谢小娥传》《直斋书录解题》"杂史类"中著录有《建中河朔记》,惜今已不传。

李朝威

李朝威(约766—820),陇西人,唐代传奇作家。他著有传奇小说《柳毅传》和《柳参军传》等传世。《柳毅传》想象丰富,情节曲折,结构严整,在晚唐时已广为流传,并成为后代戏曲家选用的题材。鲁迅认为《柳毅传》与元稹的《莺莺传》可相提并论,李朝威也被后世的一些学者称之为传奇小说的开山鼻祖。

施耐庵

施耐庵(约1296—1370),名子安,一说名耳,苏州(今江苏苏州)人,元末明初小说家。1331年,他高中进士,与刘伯温同榜。他曾做了几年的钱塘县尹,由于与当权者不和,他愤而辞官还乡。元朝末年战乱,他带着亲人和门人罗贯中避居兴化白驹,专心著《水浒传》。他将生活中结识的农夫和盐民作为创作素材,进行再创造,完成了《水浒传》的创作。

罗贯中

罗贯中(约1330—约1400),名本,字贯中,号湖海散人,施耐庵弟子,山西太原府祁县(今山西祁县)人,元末明初小说家、戏曲家,我国章回小说的鼻祖。他一生著作丰硕,主要作品有《赵太祖龙虎风云会》《三平章死哭蜚虎子》等剧本,以及小说《残唐五代史演义》《隋唐两朝志传》《三遂平妖传》等,其最著名的代表作是《三国演义》,是我国古典四大文学名著之一。

吴承恩

吴承恩(1500—1582),字汝忠,号射阳山人,淮安山阳(今江苏淮安区)人,明代小说家。他自幼勤奋好学,精于绘画,擅长书法,爱好填词度曲,以文闻名。他曾做过浙江长兴县丞,后因被诬告,两年后辞官归隐,晚年生活贫困,以卖文为生。他在五十岁左右开始创作《西游记》,历时七年之久。《西游记》全书共一百回，约六十余万字，是我国古典四大文学名著之一。

许仲琳

许仲琳（约1567—1620），也作陈仲琳，号钟山逸叟，应天府（今江苏南京）人，明代小说家。他著有《封神演义》一书，约成书于隆庆（1567—1572）、万历（1573—1620）年间。全书篇幅巨大，依托于商灭周兴的历史背景，以武王伐纣为时空线索，从女娲降香开书，到姜子牙封三百六十五位正神结束，充满了奇特的幻想。

冯梦龙

冯梦龙（1574—1646），字犹龙，号姑苏词奴、墨憨斋主人等，别署龙子犹，长洲（今江苏苏州）人，明代通俗小说家、戏曲家。他幼时文采出众，博学多识，为同辈所钦佩。但他屡试不中，落魄奔走，最后以坐馆教书为生。他的作品比较强调感情和行为，其中以《喻世明言》《警世通言》《醒世恒言》最为著名，合称"三言"，另著有《古今谭概》《太平广记钞》等。

凌濛初

凌濛初（1580—1644），字玄房，号初成，别署即空观主人，乌程（今浙江湖州）人，明末小说家。他自幼聪明好学，十二岁入学，十八岁补廪膳生，后因科场不顺，最后转向著述。他一生著作颇丰，在小说和戏剧创作方面成就较高。他曾编写了拟话本小说集"二拍"，即《初刻拍案惊奇》和《二刻拍案惊奇》；杂剧有《虬髯翁》《颠倒姻缘》《北红拂》等。

蒲松龄

蒲松龄（1640—1715），字留仙，别号柳泉居士，世称"聊斋先生"，山东淄川（今山东淄博）人，清代小说家。他少时即有文名，能诗文，善作俚曲，但屡应省试皆不第，七十一岁时才成为贡生。代表作《聊斋志异》，共有十二卷四百九十余篇，该书在民间广为流传，历久不衰。此外，还有《聊斋文集》《聊斋诗集》等。

刘璋

刘璋（1667—?），字于堂，号介符，又号烟霞散人、樵云山人等，阳曲（今山西太原）人，清代小说家。他出身清寒，学识渊博，工于书法绘画、琴韵棋艺，是当时的奇才。他从青年时代开始就从事小说创作，并在二十多岁时就写成了最著名的代表作——讽刺小说《斩鬼传》。他还致力于才子佳人小说的创作，如《幻中真》《凤凰池》《巧联珠》《飞花艳想》等。

吴敬梓

吴敬梓（1701—1754），字敏轩，号粒民，安徽全椒人，清代小说家。他出身于名门，幼时天资聪慧，十八岁考取秀才，但之后考场一直不顺遂。后来，他渐渐对虚伪的人际关系深感厌恶，无意再考取功名。他的代表作《儒林外史》中，充满了对清代社会的辛辣批评，是我国古典讽刺文学的典范。此外，他还著有《诗说》《文木山房集》等。

夏敬渠

夏敬渠（1705—1787），字懋修，号二铭，江苏江阴人，清代小说家。他喜好游历，足迹遍及大江南北。他十分崇信程朱理学，并以道学家的观点创作了被称为天下"第一奇书"的小说《野叟曝言》。这部小说是封建社会的百科全书式的作品。夏敬渠也因此被鲁迅誉为"以小说见才学者"之首。另著有《纲目举正》《浣玉轩诗文集》《唐诗臆解》《医学发蒙》等。

曹雪芹

曹雪芹（？—1764），名霑，字梦阮，号雪芹、芹圃、芹溪，满族，辽阳（今辽宁辽阳）人，清代小说家。他出身没落的官僚家庭，自幼能诗会画，擅长写作。他"披阅十载，增删五次"，终于写成了现实主义文学巨著——《红楼梦》，是我国古典四大文学名著之一，可惜只写了八十回，曹雪芹就因病去世了。

高鹗

高鹗（约1738—约1815），字兰墅，号红楼外史，汉军镶黄旗人，铁岭（今辽宁铁岭）人，清代文学家。他是乾隆时期的进士，嘉庆朝时历任顺天乡试同考官、江南道御史、刑科给事中等职。他是《红楼梦》后四十回的续写者。另有《高兰墅集》《月小山房遗稿》《吏治辑要》等。

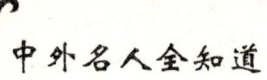

李百川

李百川(生卒年不详),江南人,清代小说家。他喜欢谈鬼说怪,并四方游历,搜集材料。他在旅途中,前后共用了九年的时间,终于写成了《绿野仙踪》。《绿野仙踪》融神魔小说、世情小说、历史小说为一体,曾被人誉为"说部中之极大山水也"。李百川用笔老辣大气,颇富幽默感,人物描写生动精彩。郑振铎把《绿野仙踪》《红楼梦》《儒林外史》三部小说并列为清中叶三大小说。

李汝珍

李汝珍(约1763—约1828),字松石,号松石道人,大兴(今属北京)人,清代小说家。他博学多才,不仅精通文学、音韵等,而且还精于围棋,经历了清乾隆、嘉庆、道光三朝,一生仕途不得意。他用了近二十年的心血,三易其稿,终于完成了小说《镜花缘》的创作,全书共一百回。此外,他还写有音韵学著作《李氏音鉴》、棋道著作《受子谱选》等。

俞万春

俞万春(1794—1849),字仲华,号忽来道人,浙江山阴(今浙江绍兴)人,清代小说家。他出身官吏家庭,中过秀才。他在青年时,曾随父亲到广东的任所,并参加镇压农民武装起义。他创作的小说《荡寇志》,就是站在封建统治阶级的立场上创作的,目的是对人民群众实施思想上的镇压。这部书可算得上是反动文学的代表作之一。

吴沃尧

吴沃尧(1866—1910),字小允、茧人,后改趼人,笔名我佛山人,广东南海人,清末谴责小说家。他出身于没落的仕宦之家,移居上海后,他经常为报刊撰写小品文,并在《新小说》上先后发表《九命奇冤》《二十年目睹之怪现状》等作品。《二十年目睹之怪现状》专以揭露和谴责社会上的丑恶现象而轰动一时,是晚清"四大谴责小说"之一。

李宝嘉

李宝嘉(1867—1907),字伯元,别号南亭亭长,江苏武进(今江苏常州)人,

清末谴责小说家。他爱好文学、诗词，精于书画篆刻，才华横溢。他在上海先后创办了《指南报》《游戏报》《世界繁华报》，还担任过《绣像小说》半月刊的主编。他的著作《官场现形记》是"晚清四大谴责小说"之一。另著有《庚子国变弹词》《活地狱》《海天鸿雪记》《南亭笔记》等。

曾朴

曾朴（1871—1935），原名曾朴华，字太朴，笔名东亚病夫，清末民初小说家、出版家。他热心国事，曾参与维新变法筹措活动。1904年，他与徐念慈等人创立小说林书社，翻译了雨果、福楼拜、左拉等人的名著，成为介绍法国文学的先驱。1927年，他与长子曾虚白在上海开设真美善书店，创办《真美善》杂志。他的代表作《孽海花》，在"晚清四大谴责小说"中成就是最高的。

鲁迅

鲁迅（1881—1936），原名周树人，字豫才，浙江绍兴人，现代小说家、翻译家，新文学运动的奠基人。他曾赴日学医，后弃医从文，致力于以文字改变国民的精神。1918年，他以"鲁迅"为笔名发表第一篇白话小说《狂人日记》。他的创作以小说、杂文为主，代表作有小说集《呐喊》《彷徨》《故事新编》等。

叶圣陶

叶圣陶（1894—1988），原名叶绍钧，字圣陶，笔名叶圣陶，现代小说家。中学毕业后，他在小学任教，并从事文学创作。早在1914年，他就已经用文言文创作短篇小说。五四运动前，他参加新潮社，并改用白话写作小说。1921年，他和茅盾、郑振铎等人联合组织发起文学研究会，并陆续创作了《火灾》《线下》《隔膜》《城中》《未厌集》《抗争》《四三集》等作品。

林语堂

林语堂（1895—1976），原名和乐，改名玉堂、语堂，笔名毛驴、宰予、岂青等，福建龙溪（今福建漳州龙海）人，现代小说家。他早年出国留学，回国后在北京大学等校任教，并为《语丝》等刊物撰稿。1935年，他创办了《宇宙风》，提倡小品文创作"以自我为中心，以闲适为格调"。他的一生著述颇丰，著有小说《京华烟云》《风声鹤唳》《啼笑皆非》等。

张恨水

张恨水(1895—1967),原名张心远,安徽潜山人,现代小说家。他先后担任《皖江报》《世界日报》《立报》的编辑或主笔。他从 1917 年开始发表作品,他的主要作品有《春明外史》《金粉世家》《啼笑因缘》等。他还写有很多抗战小说,其中最受人瞩目的是长篇小说《八十一梦》和《魍魉世界》。

郁达夫

郁达夫(1896—1945),原名郁文,浙江富阳人,现代小说家。他早年留学日本,回国后参加创造社,并在北京大学、中山大学任教,担任《创造》《洪水》《奔流》《大众文艺》《白华》等期刊的编辑。1930 年,他加入"左联"。1937 年,他参加抗日宣传工作,后被日军所杀。著有小说《沉沦》《茑萝集》等,散文有《钓台的春昼》《移家琐记》《寂寞的春潮》等。

庐隐

庐隐(1898—1934),原名黄淑仪,又名黄英,笔名庐隐,福建闽侯人,现代小说家。她与冰心、林徽因齐名,并称为"福州三大才女"。1921 年,她加入文学研究会。1925 年,她出版了个人的第一本小说集《海滨故人》。后来,她又陆续出版作品集《灵海潮汐》《曼丽》等,以及书信集《云欧情书集》。

老舍

老舍(1899—1966),原名舒庆春,字舍予,笔名老舍,满族,北京人,现代小说家。新文化运动时期,他醉心于新文艺。1922 年,他发表了第一篇短篇小说《小铃儿》。之后,他前往伦敦大学东方学院任教,并广泛阅读外国文学作品,先后发表了《老张的哲学》《赵子曰》《二马》等讽刺长篇小说。

茅盾

茅盾(1896—1981),本名沈德鸿,字雁冰,笔名玄珠、方璧等,浙江嘉兴人,现代小说家,新文化运动的先驱者。国共合作破裂之后,他开始小说创作,写成了处女作《蚀》三部曲和《虹》。参加"左联"期间,他又写了长篇小说《夜月》、短篇小说《林家铺子》和"农村三部曲"。抗战爆发后,他在香港、延安、重庆等地辗转,又先后完成了长篇小说《腐蚀》《霜叶红似二月花》《锻炼》等的创作。

冰心

冰心（1900—1999），原名谢婉莹，福建福州人，现代小说家。"五四"时期，她投身于学生爱国运动，并于1921年加入文学研究会。她崇尚"爱的哲学"，所以她的作品多以母爱、童真、自然为主旋律。她开创了多种"冰心体"的文学样式，同时一直进行着文学现代化的实践。著有小说集《超人》、诗集《繁星》等。

柔石

柔石（1902—1931），原名赵平复，化名少雄，浙江海宁人，现代小说家。1928年，他在上海从事革命文学运动，担任《语丝》的编辑，并与鲁迅创办了朝花社。1930年，他加入"左联"，并担任重要职务。1931年，他被国民党反动派杀害。鲁迅曾写有文章《为了忘却的纪念》，悼念他和其他死难的同志。柔石著有小说《为奴隶的母亲》等。

巴金

巴金（1904—2005），原名李尧棠，字芾甘，四川成都人，现代小说家。他早年留学法国，并以"巴金"为笔名发表了长篇小说《灭亡》。回国后，他开始从事创作和翻译，主要创作了《家》《萌芽》《新生》《雾》《雨》《电》等中长篇小说。他的丰硕成果和独特风格令人瞩目，鲁迅称他为"一个有热情的有进步思想的作家，在屈指可数的好作家之列的作家"。

施蛰存

施蛰存（1905—2003），原名施青萍，笔名青萍、安华等，现当代小说家。1929年，他发表了小说《鸠摩罗什》，这是国内第一次运用心理分析进行创作的小说，他也因此成为现代小说的奠基人。他担任《现代》杂志主编期间，将现代主义思潮引入，在当时影响广泛。他的小说注重心理分析，着重描写人物的意识流动。另著有《上元灯》《将军的头》《李师师》《梅雨之夕》等。

赵树理

赵树理（1906—1970），原名赵树礼，山西沁水人，现代小说家。他在青年时代外出求学，并受到新文学和左翼文学的影响。他的作品富有浓厚的乡土气息，有种清新活泼的大众化风格，形成了一种文学流派，即"山药蛋派"。代表作有《小二黑结婚》《李有才板话》等。

冯铿

冯铿（1907—1931），又名岭梅，广东潮州人，现代小说家。1925年，她开始发表作品，写的多是一些抒情小诗。加入"左联"后，她的创作逐渐扩大到革命题材，关注现实事件，她的作品讴歌战士、群众。她极为关注妇女命运，曾创作《一个可怜的女子》《月下》等小说。另著有短篇小说《遇合》《小阿强》等、中篇小说《重新起来》等。

萧军

萧军（1907—1988），原名刘鸿霖，笔名三郎、田军、萧军，辽宁凌海人，现当代小说家。1929年，他以"酡颜三郎"为笔名，在《盛京时报》上发表了第一篇白话小说《懦……》。1934年，他出版了长篇小说《八月的乡村》，立即震动文坛，成为"东北作家群"的代表人物。他在生前写下"但得能为天下雨，白云原自一身轻"的诗句，可以说是他自己的精神写照。

周立波

周立波（1908—1979），原名周绍仪，字凤翔，湖南益阳人，现代小说家。他在长沙省立第一中学学习期间，受到徐特立等人的影响，追求进步思想，喜爱新文学。他加入"左联"后，积极从事左翼文艺运动，翻译了《被开垦的处女地》《秘密的中国》等书，译著近百万字。代表作有长篇小说《暴风骤雨》《铁水奔流》《山乡巨变》等。

钱锺书

钱锺书（1910—1998），原名仰先，字默存，号槐聚，江苏无锡人，现当代小说家、文学研究家。他十九岁时考入清华大学，深研史学、哲学、文学经典等，同时研究西方新旧文学、哲学、心理学等，著有大量享有声誉的学术著作。他在小说和散文方面的成就卓越，尤其是长篇小说《围城》，是一部家喻户晓的现代文学经典。另有短篇小说《人兽鬼》影响也很大。

端木蕻良

端木蕻良（1912—1996），原名曹汉文、曹京平，辽宁昌图人，现当代小说家。他在清华大学历史系学习期间,加入"左联",并发表了小说处女作《母亲》。1935年,他完成了长篇小说《科尔沁旗草原》的创作,成为"东北作家群"的代表人物。抗战期间,他开始从事进步文化工作,并投身文学创作,代表作有长篇小说《大江》《大时代》《上海潮》《科尔沁旗草原》第二部等。

孙犁

孙犁(1913—2002),原名孙树勋,河北平安人,现当代小说家,被誉为"荷花淀派"的创始人。他从1927年起开始进行文学创作。抗战期间,他积极参加抗日工作。1944年,他在延安发表短篇小说《荷花淀》《芦花荡》等,风格自然清新,引起了文艺界的关注。他的小说被称为"诗体小说"。著有长篇小说《风云初纪》、散文集《白洋淀纪事》、中篇小说《铁木前传》等。

张爱玲

张爱玲(1920—1995),本名张瑛,河北丰润人,现当代小说家。1932年,她在学校的校刊上发表了处女作短篇小说《不幸的她》。1942年,她迫于生计辍学,并开始从事文学创作,为英文报刊撰写影评等。1943年开始,她陆续发表了多篇极为轰动的中短篇小说,如《沉香屑第一炉香》《倾城之恋》等,在上海轰动一时。代表作有《红玫瑰与白玫瑰》《半生缘》《色·戒》《小团圆》等。

戏梦人生

　　戏曲是我国传统的戏剧表演形式，它的历史悠久，起源于原始社会歌舞。经过八百多年的漫长发展，戏曲艺术不断地丰富、创新，逐渐形成了较为完整的艺术体系。到了近代，中国传统的戏曲和说唱艺术又与外来的电影相结合。随着时间的推移、社会的进步，梨园界、电影界涌现了一大批表演名家。他们浓妆淡抹，粉墨登场，给观众带来听觉和视觉的双重享受。

董解元

　　董解元（生卒年不详），姓董，"解元"是当时读书人的通称，金代戏曲作家。他以元稹的《莺莺传》为基础，创作了长篇讲唱文学《西厢记诸宫调》，世称《董西厢》。元代杂剧《西厢记》就是以他的《西厢记诸宫调》为蓝本，改编、创新而成的。

睢景臣

　　睢景臣（生卒年不详），一作睢舜臣，字景贤，江苏扬州人，元代散曲家。他曾撰有杂剧《屈原投江》《千里投人》《牡丹记》等三部作品。《嘉庆扬州府志》中还曾著录《睢景臣词》一卷，现已不传，今仅存套曲三首。他的《高祖还乡》(《般涉调·哨遍》) 散套，是元代散曲中的优秀名篇。作品结构紧凑，人物形象生动，具有极高的艺术成就。

关汉卿

　　关汉卿（约1220—约1300），号已斋（也作一斋），大都（今北京）人，元代杂剧作家。贾仲明的《录鬼簿》中称他为"驱梨园领袖，总编修师首，捻杂剧班头"，可见他在元代剧坛上的地位是非常之高。据文献记载，关汉卿编作的杂剧有六十七部，现存十八部。代表作有《窦娥冤》《救风尘》《拜月亭》《望江亭》《单刀会》《鲁斋郎》《调风月》等。

白朴

白朴（1226—约1306），初名恒，字太素，号兰谷，隩州（今山西河曲）人，元代戏曲作家。他终生不仕，专心创作。他一生作有杂剧十六种，今存《唐明皇秋夜梧桐雨》《裴少俊墙头马上》《董月英花月东墙记》等三种，其中以《梧桐雨》最为著名。他的词作今传百余首，今存《天籁集》词二卷。另有散曲存小令三十七首、套曲四首，收录于《全元散曲》中。

马致远

马致远（约1250—约1324），字千里，号东篱，大都（今北京）人，元代戏曲作家、散曲家。他著有杂剧十五种，今存《破幽梦孤雁汉宫秋》《西华山陈抟高卧》《江州司马青衫泪》《吕洞宾三醉岳阳楼》等七种，其中以《汉宫秋》最为著名。他的作品《双调夜行船》套曲、《天净沙》等历来被认为是元代散曲中的极品。

郑光祖

郑光祖（生卒年不详），字德辉，平阳襄陵（今山西临汾）人，元代杂剧作家。他声望很高，作品数量众多。周德清在《中原音韵》中，将他与关汉卿、白朴、马致远三人并称为"元曲四大家"。郑光祖的剧作共十八种，现存八种，代表作《倩女离魂》，是根据唐代陈玄祐的传奇小说《离魂记》改编而成。他的剧作词曲优美，深受明代一些曲家的称赞。

高明

高明（生卒年不详），字则诚，自号菜根道人，浙江瑞安人，元代戏曲作家。1345年，他以《春秋》考中进士，历任处州录事、江浙行省丞相掾、福建行省都事等官职。他为官清廉，曾审理四明冤狱，被百姓赞为"神明"。他在《赵贞女蔡二郎》的基础上创作了南戏《琵琶记》，这是他名扬后世的代表作，堪称戏文中的"绝唱"。

阮大铖

阮大铖（约1587—约1646），字集之，号圆海，安徽怀宁人，明末戏曲家。他曾依附于阉官魏忠贤，为人奸诈猾贼，被人称为小人中的小人。福王在南京即位后，马士英执政，他被起用，晋升为兵部尚书。阮大铖虽然品格卑劣，但他很有才华，尤善词曲。所作传奇戏曲今存《春灯谜》《双金榜》《燕子笺》《牟尼合》四种，合称"石巢传奇四种"。

王实甫

王实甫（1260—1336），名德信，大都（今北京）人，元代杂剧作家。他是位不得志的落拓文人，长期混迹于教坊、行院之中，与艺伎为伍。他编撰的杂剧有十三种，现存《西厢记》《吕蒙正风雪破窑记》《丽春堂》三种；而《韩彩云丝竹芙蓉亭》《苏小郎月夜贩茶船》两剧各存一曲词；另存散曲数首，对元杂剧和后来戏曲的发展有较大影响。

吴炳

吴炳（？—1650），字石渠，号粲花主人，江苏宜兴人，明代戏剧作家。1619年，他考中进士，历任江西提学副使、兵部右侍郎、户部尚书、东阁大学士等职。他在年少时就喜好戏曲，与阮大铖齐名，《新传奇品》对他的评价是"如道子写生，须眉毕现"。著有《绿牡丹》《画中人》《西园记》《疗妒羹》《情邮记》五种，流传于世的还有《曲录》。

李渔

李渔（1610—1680），原名仙侣，字谪凡，号天徒，浙江兰溪人，明末清初剧作家、戏剧理论家。他自幼聪颖，学识渊博，才华横溢，擅长古文诗词，兼及杂艺，尤其以小说、戏曲见长。他的一生著述颇丰，戏曲有《笠翁十种曲》，诗文杂著合编为《笠翁一家言全集》。他还著有小说《无声戏》和《十二楼》《合锦回文传》《肉蒲团》等，以及《闲情偶寄》等书。

黄周星

黄周星（1611—1680），字景虞，号九烟，上元（今江苏南京）人，明末清初剧作家、戏剧理论家。他是崇祯时期的进士，官至户部主事。入清后，他隐而不仕，以授徒为生。他善诗文，通音律，擅长作戏曲。康熙年间，他拒绝应博学鸿词试，投钱塘江自尽。他的主要著作有戏曲理论《制曲枝语》，传奇《人天气》，杂剧《惜花报》《试官述怀》等。

洪昇

洪昇（1645—1704），字思，号稗畦，浙江钱塘人，清代戏曲作家、诗人。他少时就爱好文学，才思敏捷，学问渊博，特别擅长诗词散曲。他于1668年成为国子监生。1689年，他在"国丧"期间表演所著《长生殿》，而被国子监除名。他以词曲著名，除《长生殿》外，还有杂剧《四婵娟》等，另有《稗畦集》《续集》。

孔尚任

孔尚任（1648—1718），字聘之，又字季重，号东塘，别号岸堂，孔子的六十四世孙，山东曲阜人，清初戏曲作家。他自幼聪慧，熟读经史，好诗文，通音律。他虽博学多识，但却屡试不中，后受到康熙的赏识，破格授为国子博士。1699年，他完成了传奇剧本《桃花扇》的创作。他的主要作品有和顾采合著的《小忽雷传奇》及诗文集《湖海集》等。

吕履恒

吕履恒（1650—1719），字元素，号坦庵，河南新安人，清代戏曲家。1694年，他考中进士，官至户部侍郎。他工诗，著有《冶古堂文集》五卷，《梦月岩诗集》二十卷，末附诗余二十四首，撰有传奇四种，今存《洛神庙》一种。

边汝元

边汝元（1653—1715），字善长，号渔山，别署桂岩啸客，河北任丘人，清代戏曲家。他屡试不第，于是绝意仕途。他能诗文，工画，长于音律。主要著作有杂剧《鞭督邮》《傲妻儿》《羊裘钓》等，另有《桂岩草堂诗古文》。

万树

万树（生卒年不详），字花农，一字红友，江苏宜兴人，清初戏曲文学作家。他才思敏捷，学识明达，工词善曲。总督两广吴兴祚，因爱其才，邀请到幕府做幕僚，一切奏议皆由其执笔。他著有戏曲二十余种，仅存传奇《风流棒》《空青石》《念八翻》三种，合刻为《拥双艳三种曲》；诗文集《堆絮园集》《花浓集》也已失传，仅存《璇玑碎锦》《香胆词》传世；另编纂了《词律》二十卷。

朱素臣

朱素臣（生卒年不详），吴县（今江苏苏州）人，清初戏曲作家。他与朱佐朝、李玉等交往甚密。他工于作曲，著有传奇十九种，有《振三纲》《一著先》《未央天》《锦衣归》《狻猊璧》《忠孝闾》《万年觞》《通天台》等。他还与朱佐朝合作《四奇观》，与李玉合作《埋轮亭》和《一品爵》等。《曲海总目提要》和《新传奇品》中对他的评价是："如少女簪花修容自爱"。

孔传志

孔传志（1678—1731），字振文，号西铭，又号蝶庵，别署补闲斋、也足园叟，山东曲阜人，孔子的第六十八代裔孙，清代戏曲家。他学赡才敏，工书画，精篆刻，与孔尚任、顾彩交等人往来密切。他著有《补闲集》二卷、《清涛词》二卷。另撰有传奇《软羊脂》《软锟铻》《软邮筒》三种，均流传于世。

张坚

张坚（1681—1763），字齐元，号漱石，又号洞庭山人，别署三崧先生，江宁（今南京）人，清代戏曲家。他虽博学多才，但却屡试不中，曾作《江南一秀才歌》自嘲，时人称为"江南一秀才"。他工诗，晓音律，雅嗜昆曲，文章诗赋脍炙人口。他作有传奇《梦中缘》《梅花簪》《怀沙记》《玉狮坠》，总名《玉燕堂四种曲》。

唐英

唐英（1682—1756），字隽公，号陶人，晚号蜗寄老人，人称古柏先生，辽宁沈阳人，属汉军正白旗，清代戏曲作家。他十六岁供奉内廷，勤奋治学，与戏曲家蒋士铨、董榕交好，诗、书、曲自成一家。他的戏曲著作很多，今存《笳骚》《芦花絮》《佣中人》《梁上眼》等十七种，总题《古柏堂传奇》，又名《灯月闲情》。另有《旗亭饮》《野庆》两种，已佚失。

魏良辅

魏良辅（1489—1566），字师召，号此斋、尚泉、上泉、玉峰等，新建（今江西南昌）人，清代戏曲音乐家、戏曲革新家。历任刑部员外郎、广西按察司副使、山东左布政使等职。他通晓音律，初学北曲，后又钻研南曲，将当时流行的余姚腔、海盐腔和江南民歌小调融于一体，对昆山一带流行的戏曲唱腔进行加工整理，形成了一种唱法细腻、格调新颖的水磨腔，即昆腔。后世奉其为"昆曲之祖"，被尊称为"曲圣"。

魏长生

魏长生（1744—1802），字婉卿，四川金堂人。在家中排行第三，人称魏三，清代秦腔旦角演员。他十三岁到西安学戏，曾多次在京城演出，终于在1779年演出《滚楼》时，一举成名。1802年，他在京城演完《背娃进府》一剧后，死于后台。魏长生常演出两类剧目，一是花旦、彩旦、武旦戏，如《滚楼》中的苗赛花等；另一是青衣戏，如《背娃进府》中的表大嫂等。据传，魏长生是秦腔旦角化妆"贴片"的始创人。

樊小惠

樊小惠（生卒年不详），名云官，陕西大荔人，清代秦腔表演艺术家，工旦角。樊小惠是西安江东班的台柱，西安剧坛"三绝"之一，以优美的唱腔著称于世。他除了平常在剧场演出之外，还经常出入西安节署，进行表演。正是由于他的演唱技艺超绝于时，从而改变了江浙地区官秦曲家对秦腔的认知和看法，称秦腔为"霓裳羽衣遗响也"。

李文茂

李文茂（？—1858），广东鹤山（今广东高鹤）人，清末粤剧表演艺术家。李文茂工二净，即二花脸的角色，以扮演《芦花荡》张飞、《王彦章撑渡》王彦章等角色著称于世。他技艺精湛，为人乐善好施，得到了粤剧伶人和当地群众的尊敬。1854年，在洪秀全的号召下，李文茂在佛山起义，把粤剧班中会武功的人，编为三军，反抗清朝统治。起义军骁勇善战，后来占据广西，李文茂在桂平建立大成国，自称平靖王。

余三胜

余三胜（1802—1866），名开龙，字启云，堂号"胜春"，湖北罗田人，清代京剧表演艺术家，与程长庚、张二奎并称"京剧老三鼎甲"。余三胜的嗓音醇厚，声调优美。在京剧形成中，他在吸收二黄腔调的基础上，又融入昆曲、秦腔的艺术特点，创造出抑扬婉转、流畅动听的"二黄反调"的新腔。当时余三胜以擅长唱"花腔"著称。余三胜擅长剧目以唱、做并重的为多，如《定军山》《秦琼卖马》

《战樊城》等。

程长庚

程长庚（1811—1880），名椿，谱名程闻檄，一名闻翰，字玉山（一作玉珊），号荣椿，乳名长庚，安徽怀宁人，清代京剧表演艺术家，工文武老生。程长庚于道光初年随父北上入京，这才以演出《文昭关》《战长沙》等剧目崭露头角，逐渐成为三庆班首席老生演员，曾任三庆、四喜、春台三班的总管，在"三鼎甲"中名列首位。程长庚为京剧艺术的发展作出了极大的贡献，后世称之为徽班领袖、京剧鼻祖。

张二奎

张二奎（1814—1864），名士元，字子英，河北衡水人，清代京剧表演艺术家。张二奎嗓音宽阔洪亮，唱功动听、响亮，表演朴素自然，当时备受观众好评。他的唱功纯朴有力，浑厚平稳，不擅用花腔。他的扮相雍容端肃，擅长演王帽戏，以饰演帝王贵族最为出名。代表剧目有《金水桥》《打金砖》《回笼鸽》《五雷阵》《取荥阳》《四郎探母》等。

王九龄

王九龄（1818—1885），字艳芳，号荣斋，安徽桐城人，清代京剧表演艺术家。王九龄的戏路宽广，可谓文武全才，唱功、做功俱佳。他的嗓音清亮，字正腔圆，唱法干净，多汲取余三胜的长处，同时也吸收了"奎派"实大声洪的特点。王九龄成名要略晚于"老三鼎甲"，但在艺术上颇具独特风格，故将他们并称为"老四派"。代表剧目有《定军山》《战太平》《阳平关》《战蒲关》《除三害》等。

龚云甫

龚云甫（1862—1932），名瑗，又名世祥，北京人，京剧表演艺术家，工老旦。龚云甫扮相清癯，貌似老妪，嗓子又脆又亮，具有"雌音"，故工老旦。从龚云甫开始，老旦才成为一个独立的行当发展起来。他创造了一套完整的老旦唱腔，树立了老旦的曲调系列，他还吸收了旦行的退步、蹉步、甩发等技巧来加强老旦的表演，被后人称为"龚派"。代表剧目有《钓金龟》《六月雪》《望儿楼》等。

成兆才

成兆才（1874—1929），艺名东来顺，河北滦县人，评剧作家，评剧表演艺术家。1909 年，成兆才在唐山组织发起了庆春班，并与余钰波、月明珠等人共同创造了平腔梆子戏，奠定了评剧艺术的发展基础。成兆才在演出之余，共整理、改编、创作了近百个优秀的评剧剧本。代表剧目有《占花魁》《杜十娘》《珍珠衫》等。

陈雨农

陈雨农（1880—1942），名嘉训，号雨农，乳名德儿，陕西长安人，秦腔表演艺术家、教育家。陈雨农在加入易俗社后，不仅放弃做班主，而且向易俗社无偿捐赠了大量的服装、道具、化妆品等，价值逾百金。他还培养出了一大批优秀的秦腔旦角演员，享誉西北。在易俗社期间，陈雨农共导演了近三百出戏，《夺锦楼》《一字狱》《三滴血》《软玉屏》等影响较大，他也被誉为"秦腔王瑶卿"。

傅小山

傅小山（1880—1934），名恒泰，满族，京剧表演艺术家。傅小山自幼参加北京民间的"香会"组织，擅长演练"五虎棍"，身体轻捷灵活；后拜师学艺，工武丑。他的武丑戏中常有让人生畏的跌扑特技。傅小山曾参加杨小楼的剧团演出，初期表演二路角色；后来开始担当头路武丑角色。此外，他也参加了杨小楼的新戏的排练演出，如《闹花灯》《野猪林》《山神庙》等。他的嗓音略微沙哑，所以他只演过《打渔杀家》这出文戏。

裘桂仙

裘桂仙（1881—1933），原名荔荣，北京人，京剧表演艺术家。初学铜锤花脸，后改业琴师，在嗓音好转后复登台献艺。裘桂仙继承了何桂山古朴苍劲、厚重结实的艺术特色，兼收了金秀山的戏路，并借鉴谭派、余派的老生表演艺术，促进了花脸表演艺术向讲究韵味方向的前进。裘桂仙的嗓音并不洪亮，但是他用"水磨功夫"，唱功坚实浑朴，不用鼻音，不走软腔，听来既浑厚又富韵味。

黎民伟

黎民伟（1893—1953），广东四会人，中国电影之父。黎民伟早年追随孙中山参加革命，曾充当战地记者，用影片的形式记录了日军侵华的事实。1913年，他在香港组建"华美"电影公司，并拍摄了第一部由香港出品的故事短片《庄子试妻》。1923年，他创办了香港的第一间电影制片公司——民新影片公司。他曾拍摄了一系列记录国民革命的纪录片，如《中国国民党第一次全国代表大会》《孙中山北上》等，被誉为"中国纪录片之父"。

梅兰芳

梅兰芳（1894—1961），名澜，字畹华，又字浣华，江苏泰州人，京剧表演艺术家，工旦。梅兰芳是"梅派"艺术的创始人，他出身于梨园世家，九岁时开始学青衣，十一岁时第一次登台，十八岁时与谭鑫培同台演出。梅兰芳擅演青衣、花旦、刀马旦等各种角色，他是第一个将"古装"扮相的服饰运用到古装戏中的人。代表剧目有《宇宙锋》《贵妃醉酒》《霸王别姬》《洛神》《生死恨》《穆桂英挂帅》等。

侯喜瑞

侯喜瑞（1892—1983），字霭如，回族，河北衡水人，京剧表演艺术家，工架子花脸。侯喜瑞十一岁时入戏班学习，他在表演上，注重身段的矫健灵活，力感强；讲究唱功，吐字功力深厚，略微偏重沙沉、宽厚，独具风韵。他对人物的刻画也极其精细，善于区分不同类型人物角色。他建立了"侯派"花脸艺术表演体系。代表剧目有《战宛城》《连环套》《芦花荡》《挑滑车》等。

周信芳

周信芳（1895—1975），名士楚，艺名麒麟童，浙江慈溪人，京剧表演艺术家，工老生，"麒派"的创始人。周信芳六岁开始练功学戏，七岁登台；曾与谭鑫培、金秀山等名角同台演出，演技日趋成熟。他的唱功取法孙菊仙、汪桂芬等前辈，嗓音略微沙哑，唱腔朴直苍劲，念白清晰，善于运用"膛蟒"、"甩袖"、"抖髯"等表演技巧。周信芳非常爱国，曾演出《宋教仁》《学拳打金刚》《洪承畴》《徽钦二帝》等剧目。

荀慧生

荀慧生（1900—1968），原名才，又名秉超，字慧声，艺名白牡丹，河北阜成人，京剧表演艺术家，工旦。荀慧生是"荀派"的创始人，他善于塑造天真、活泼、热情的少女形象，并将河北梆子的唱腔、唱法精华溶入到京剧的表演之中。曾与杨小楼、尚小云、谭小培在上海合作演出，荀慧生担任"刀马旦"，人称"三小一白"，名震沪上。代表剧目有《红娘》《红楼二尤》《杜十娘》《钗头凤》等。

程砚秋

程砚秋（1904—1958），满族，原名承麟，改姓程，曾用名菊侬、艳秋，后改为砚秋，改字御霜，北京人，京剧表演艺术家，工旦。程砚秋六岁时开始学戏，工青衣、花衫、刀马旦等，并曾为孙菊仙等配戏。他以独树一帜的发声、吐字、用嗓、润腔等综合技巧，创造了风格含蓄、深邃曲折、亢坠断续的唱腔，塑造了一批遭遇悲惨、外柔内刚的中下层女性形象。代表剧目有《武家坡》《游龙戏凤》《锁麟囊》等。

薛觉先

薛觉先（1904—1956），原名薛作梅，别号平恺，广东顺德人，粤剧表演艺术家，粤剧四大天王之一，号称"粤剧伶王"、"万能老倌"、"万能泰斗"。薛觉先汲取京剧的精华融入粤剧中，并不断加以创新。他不仅长于文武生，而且能反串女角、兼演红生；做工洒脱干净，唱腔优美精练。他突破了格律音调对唱词的限制，创作新腔，世称"薛派"。代表剧目有《梅知府》《姑缘嫂劫》《王昭君》等。

孟小冬

孟小冬（1907—1977），乳名若兰，本名令辉，艺名小冬，北京人，京剧表演艺术家，工老生，被誉为"梨园冬皇"。孟小冬九岁开始学唱老生，十二岁首次登台，三十一岁时成为余叔岩的关门弟子，也是唯一的女弟子。孟小冬的扮相英俊，嗓音苍劲醇厚，高低宽窄皆宜，且无雌音，被公认为"余派真传"。孟小冬与梅兰芳搭档演出，成为轰动剧坛的佳话。代表剧目有《捉放曹》《搜孤救孤》《洪羊洞》等。

阮玲玉

阮玲玉（1910—1935），原名阮凤根，学名阮玉英，广东中山人，我国早期电影演员。阮玲玉十六岁时跨入影坛，二十岁时主演《野草闲花》中的卖花女而一举成名。她一生共主演了二十九部电影，曾饰演过妓女、女工、农村妇女、尼姑、抗日手工艺人、教师等不同阶层的形象。她所主演的电影仅有九部至今仍存拷贝，如《恋爱与义务》《桃花泣血记》《小玩意》《再会吧，上海》等。

赵丹

赵丹（1915—1980），原名赵凤翱，山东肥城人，我国电影表演艺术家。1932年，赵丹出演无声片《琵琶春怨》，开始了他的电影表演生涯。九一八事变后，他加入抗日救亡演剧三队，辗转各地，积极投身抗日救亡宣传演出。在表演上，赵丹主张追求现实主义的创作手法，表演挥洒自如，形神兼备，塑造了一系列脍炙人口的艺术形象。代表作有《十字街头》《马路天使》《乌鸦与麻雀》等。

田汉

田汉（1898—1968），原名寿昌，湖南长沙人，话剧作家、戏曲作家、电影剧本作家，我国现代戏剧的奠基人。他多才多艺，从1920年开始戏剧活动，话剧作品颇多，曾编写了话剧《苏州夜话》《名优之死》等，写有《古潭的声音》《孙中山之死》等诸多剧本。他还是中华人民共和国国歌《义勇军进行曲》的词作者。

夏衍

夏衍（1900—1995），本名沈月熙，字端轩，浙江杭州人，电影、戏剧作家。他早年接受马克思主义思想，从事进步电影工作，是我国左翼电影运动的开拓者、组织者和领导者之一。1929年，他与郑伯奇等人组织创办上海艺术社，并第一个提出"普罗列塔利亚戏剧"的主张，进行无产阶级戏剧创作活动。创作有电影剧本《狂流》《春蚕》，话剧《秋瑾传》《上海屋檐下》等。

翰墨琳琅

"翰墨"的原意指的是文字、文辞或文章。如张衡在《归田赋》中这样说:"挥翰墨以奋藻,陈三王之轨模。"元稹《酬翰林白学士代书一百韵》:"翰墨题名尽,光阴听话移。"在古代,我国文人有一种"寄身于翰墨,见意于篇籍"的情结,从汉赋四大家到唐宋散文八大家,他们共同创造了光彩夺目、绚烂璀璨的古典文学。

贾谊

贾谊(前200—前168),洛阳(今河南洛阳东北)人,西汉政论家、散文家。历任长沙王太傅、梁怀王太傅等职。他多次上疏陈述政见,这些政论观点和政治见解集中反映在《治安策》《过秦论》中。他的文章分析深透,严密,文笔犀利、流畅,历来是传诵的名篇。著有《贾子》《鹏鸟赋》等。

枚乘

枚乘(?—前140),字叔,淮阴(今属江苏)人,西汉辞赋家。他曾任弘农都尉等职。他在文学上的成就主要是辞赋,赋《七发》辞采华美,结构宏阔,其中"观涛"一文叠音促节,惊心动魄,气壮山河,身临其境。《七发》的出现,在赋中形成了一种主客问答形式的文体——七体,标志着汉代大赋正式形成。代表作今仅存《七发》《柳赋》《菟园赋》三篇。

司马相如

司马相如(约前179—前117),字长卿,蜀郡(今四川成都)人,西汉辞赋的集大成者,后世称之为赋圣。他的赋词藻华丽,结构宏大,想象丰富,鲁迅称其"不师故辙,自摅妙才,广博宏丽,卓绝汉代"。他与卓文君为爱情私奔,并由此演绎出"文君当垆,相如涤器"的历史佳话,千百年来被人们广为传颂。代表作品有《子虚赋》《上林赋》《大人赋》《长门赋》等。

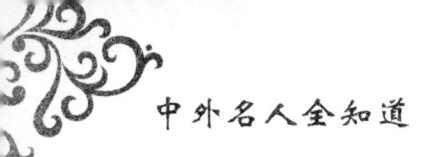

东方朔

东方朔（前154—前93），字曼倩，西汉辞赋家。他因滑稽诙谐、口才敏捷，被武帝诏为待诏金马门，司马迁在《史记》中称他为"滑稽之雄"。他上书向武帝自荐，荐书用了三千片竹简，两个人才扛进宫中，武帝花了两个月时间才读完。著有《答客难》《非有先生论》《七谏》等。

扬雄

扬雄（前53—18），一作杨雄，字子云，蜀郡成都（今四川成都）人，西汉哲学家、语言学家，汉赋"四大家"之一。他晚年主张文学宗经、征圣，以儒家经书为典范。王莽当政时，他受人牵累自杀未遂，后被召为大夫。《三字经》把他列为"五子"之一，与荀子、文中子、老子、庄子并列。代表作有《甘泉赋》《羽猎赋》等、语言学著作《方言》等。

孔融

孔融（153—208），字文举，鲁国（今山东曲阜）人，东汉文学家，建安七子之一。他官至北海相，世称孔北海。他在少时就已成名，恃才高傲，反对曹操专权，常以讥嘲的文笔向权贵发难，为曹操所不容。他在文学上的成就主要是散文，代表作有《与曹公论盛孝章书》《荐祢衡表》等。

阮瑀

阮瑀（约165—212），字元瑜，陈留尉氏（今属河南）人，三国时期魏国文学家，建安七子之一。他少时曾师从蔡邕，擅长章表书记各体。相传，他曾在马上为曹操草拟致关西军阀韩遂书。代表作为《为曹公作书与孙权》，其文舒卷自如、文气通畅。另有名诗《驾出北郭门行》《七哀诗》，文学论著《文质论》等传世。

徐幹

徐幹（171—218），字伟长，北海郡（今山东昌乐）人，汉魏间文学家，建安七子之一。他少有才干，以"清玄体道"著称于世。汉灵帝末，世族子弟多竞相追逐荣名，徐幹则闭门自守，穷处陋巷。建安初，曹操召授司空军师祭酒掾属，后称病辞职；又授以上艾长，仍称病固辞不就。著作主要有诗《室思》、辞赋《玄猿赋》、散文《中论》等。

陈琳

陈琳（？—217），字孔璋，广陵（今江苏扬州）人，汉魏间文学家，建安七子之一。他曾三易其主，可见他对功名的热衷，这种热衷也反映在他作品中。代表作《为袁绍檄豫州文》，就是为袁绍声讨曹操而作。文中历数曹操的罪状，极富煽动力。袁绍大败后，他被曹操俘获，曹操因爱其才而既往不咎。另有诗《饮马长城窟行》、辞赋《武军赋》《神武赋》等。

应玚

应玚（？—217），字德琏，南顿县（今河南项城）人，东汉末期文学家，建安七子之一。他曾任将军府文学，负责掌校典籍、侍奉文章。他著文赋数十篇，其中代表作为《灵河赋》《愍骥赋》《征赋》和《公宴赋》等。他虽生于官宦家庭，但却关心人民疾苦，其作品深刻地反映了他的这一思想，表达了企盼国家统一的愿望。

杨修

杨修（175—219），字德祖，弘农华阴（今陕西华阴东）人，袁术的外甥，东汉文学家。他出身高门士族，为人聪敏好学，曾效力于曹操，担任丞相主簿等职。曹操嫉恨杨修才高于己，便设计以扰乱军心罪将他杀害。杨修善作辞赋。今存作品有《答临淄侯笺》《节游赋》《神女赋》《孔雀赋》等。

刘桢

刘桢（186—217），字公干，东平（今山东东平）人，东汉末年文学家，建安七子之一。他自幼勤学好问，五岁能读《诗》，八岁能诵《论语》。由于他记忆超群，辩论应答敏捷，被时人称为神童。在文学上，他以诗歌见长，尤以五言诗最为盛名，被誉为"五言之冠冕"、"文章之圣"等，与曹植齐名，并称"曹刘"。代表作有《赠徐幹》《鲁都赋》等。

左思

左思（约250—约305），字太冲，齐国临淄（今属山东）人，西晋文学家。他出身微寒，曾官拜秘书郎。他资质平常，因听说其父在别人面前贬低自己，故而发愤苦练，终于成为名士。他曾用十年进行构思，写成《三都赋》，名震京都，士林权贵，竞相传阅，一时洛阳为之纸贵。代表作有《三都赋》《咏史》等。

江淹

江淹（444—505），字文通，济阳考城（今河南民权）人，南朝辞赋家、骈文大家。他一生极富传奇色彩，在政治上他历仕三朝而不倒。他的文学经历也相当神奇，历史典故"梦笔生花"、"江郎才尽"都与他有关。他的文章峭拔苍劲、意趣深远、感情真挚，代表了南朝骈文的最高成就，与鲍照、刘峻、徐陵齐名。代表作有《报袁叔明书》《与交友论隐书》《恨赋》《别赋》等。

鲍照

鲍照（405—466），字明远，东海（今山东郯城西南）人，南朝文学家。439年，他以诗向临川王刘义庆自荐，被诏为侍郎，历任临海王刑狱参军等职，世称鲍参军。他在诗、赋、骈文等创作上都造诣颇高，不乏名篇，尤以乐府诗最为著名。他的七言诗奠定了后世七言古诗的雏形。代表作为《芜城赋》。

刘勰

刘勰（约465—约532），字彦和，东莞郡莒县（今山东莒县）人，南朝齐、梁时期文学理论家。他的《文心雕龙》写成后，为了得到文坛首肯，他背着书找到沈约。沈约读后大加赞赏，刘勰的名气从此流传开来。《文心雕龙》是我国古代第一部文学批评著述，在书中他提出了"风骨"、"文采"、"六观"等观点，在文学史上占有重要地位。

萧统

萧统（501—531），字德施，南兰陵（今江苏常州西北）人，梁武帝萧衍的长子，南朝梁文学家。502年，他被立为皇太子，但还未即位就去世了，谥号昭明，故世称昭明太子。据《梁书·昭明太子传》载，他曾以太子的名义，招纳文士，切磋商榷，兴盛一时之文学，名重于世。他与门下文人共同编定《文选》三十卷。

庾信

庾信（513—581），字子山，南阳新野（今河南新野）人，南北朝文学的集大成者，骈文家。他曾历任仕梁、西魏、北周，官至骠骑大将军，开府仪同三司，世称庾开府。他的作品融合了南朝的秀丽和北朝的雄浑，形成了自己独特的风格。代表作有《乌夜啼》《拟咏怀》《哀江南赋》《小园赋》《伤心赋》等。

韩愈

韩愈（768—824），字退之，河阳（今河南孟州）人，又称韩昌黎、韩文公，唐代散文家、诗人，唐宋八大家之首，有"文起八代之衰"的美名。他是古文运动的倡导者，主张散文要学习先秦两汉的语言风格。成语"动辄得咎"、"落井下石"、"杂乱无章"等就出自他手。代表作有《论佛骨表》《原道》《柳子厚墓志铭》《师说》等。

柳宗元

柳宗元（773—819），字子厚，河东（今山西永济）人，唐代散文家、诗人，唐宋八大家之一。他出身官宦世家，自幼即有才名，早有大志，曾参与王叔文集团的政治革新，失败后被贬为邵州刺史、永州（今湖南零陵）司马。在贬谪期间，他写下了著名的《永州八记》，以辞采华丽为世人推崇。他一生写有诗文六百余篇，编有《柳河东集》。

苏洵

苏洵（1009—1066），字明允，号老泉，眉山（今属四川）人，北宋文学家，唐宋八大家之一。他的文章被欧阳修举荐，在士林间传诵，一时名气大振。他的文章以政治、军事论文为主，善于借古明今，抒发政治情怀，如作者在《六国论》开头，即写道："六国破灭，非兵不利，战不善，弊在赂秦"，巧妙地借论六国批评了宋朝的岁贡政策。代表作有《衡论》《六国论》等。

曾巩

曾巩（1019—1083），字子固，南丰（今属江西）人，世称"南丰先生"，北宋文学家，唐宋八大家之一。他与欧阳修、王安石、杜衍、范仲淹等人过从甚密，经常投献文章，陈述时政。他的文学成就主要集中在应用文体，对史传碑志也较有研究。他主张先道而后文，其文纵横通达，有摇曳曲终之妙。代表作品有《上欧阳舍人书》《越州赵公救灾记》《墨池记》等。

苏辙

苏辙（1039—1112），字子由，自号颍滨遗老，眉州眉山（今属四川眉山）人，北宋散文家，唐宋八大家之一。他曾历任尚书右丞、门下侍郎等职。在散文创作上，他主张"文气"，并提出"养气"的方法。他善于政论和史论，在论述中以古鉴今，针砭时弊。代表作品有《墨竹赋》《新论》《三国论》等。

解缙

解缙（1369—1415），字大绅，一字缙绅，江西吉水人，明朝第一位内阁首辅，文学家。他生而神异，在襁褓中就能见字不忘，被誉为神童。他性格耿直，为官时受尽谪迁流离之苦，终被锦衣卫活埋在雪中而死。解缙才气横溢，名震朝野，善对对联，如"墙上芦苇，头重脚轻根底浅；山间竹笋，嘴尖皮厚腹中空"就出自他手。他的文章雅劲奇古，著有《白云稿》等。

王九思

王九思（1468—1551），字敬夫，号渼陂，陕西鄠（今陕西户县）人，明代文学家，前七子之一。他曾历任翰林院检讨、吏部郎中等职，后因受刘瑾牵连，被贬为寿州同知。他在文、诗、词、曲、剧等文学领域都取得了杰出的创作成就，他的作品多倾吐"相权操白刃，谗口叹青蝇"的心声。著有《渼陂集》《渼陂续集》等。

李梦阳

李梦阳（1473—1530），字献吉，号空同子，庆阳（今属甘肃）人，明代文学家，前七子之一。他出身寒微，历任户部主事、江西提学副使等职，曾因弹劾宦官刘瑾而下狱。在创作上，他主张近体学盛唐、古诗学魏晋，在当时影响很大。但他的观点偏激，一味强调仿古，与何景明观点分歧很大。他在文学艺术上有一定成就，但常露雕凿之迹。著有《空同集》等。

王廷相

王廷相（1474—1544），字子衡，号浚川，仪封（今河南兰考）人，明代文学家。他历任御史、陕西巡抚、太子少保、太子太保兼都察院左都御史等职。他于天文、地理、音律、舆图、农业、诗经、辞赋等方面无所不精。他否定佛道两家"有"生于"空"和"无"的说法,反对"虚静以养心",主张内外交参、动静结合、心虚气和、因时制宜等方法。著有《王氏家藏集》等。

康海

康海(1475—1540),字德涵,号对山、沜东渔父,陕西武功人,明代文学家,前七子之一。他曾历任翰林院修撰、经筵讲官等职。他主张改善吏制,裁汰冗官,重用贤士,兴利除弊。他性情刚正,不谄附刘瑾,耻于和阉党为伍。他平生著述颇丰,有《武功县志》及杂剧《中山狼》等作品。

归有光

归有光(1506—1571),字熙甫,号项脊生,人称震川先生,昆山(今属江苏)人,明代散文家。他的散文创作,布局精巧,语言简炼,感情细腻,风韵悠远。他首创将家庭琐事引到古文中,力图表现亲情、友情、爱情等。代表作为《项脊轩志》。著有《震川先生集》等。

李攀龙

李攀龙(1514—1570),字于鳞,号沧溟。历城(今山东济南)人,明代文学家,后七子之一。他自幼勤奋好学,中进士后历任郎中、陕西提学副使、河南按察使等职。他曾与谢榛、王世贞等人结社论诗,并取代谢榛成为首领。他主张作诗遵循古法,模仿汉魏古诗、盛唐近体,琢句成辞,属辞成篇。著有《沧溟集》,其诗多模拟,成就不大。

徐中行

徐中行(1517—1578),字子舆,一作子与,号龙湾,长兴(今属浙江)人,明代文学家,后七子之一。他中进士后,历任刑部主事、员外郎中、山东佥事、云南参议、江西布政使等职。他四处为官,辗转各地,所作诗歌多写沿途和驻地的所见所闻,并寄寓无限的流离之感和思想情怀,风格苍凉沉重。著有《天目山堂集》《青萝馆诗》等。

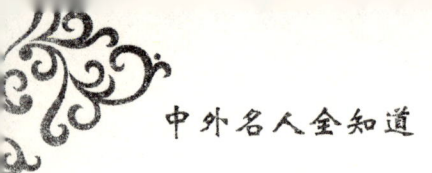

梁有誉

梁有誉（1521—1556），字公实，别号兰汀，顺德（今属广东）人，明代文学家，后七子之一。他曾被授予刑部主事一职，世称梁刑部。他曾师从香山黄佐，并与同门结社南园，并称"南园后五先生"。他的诗内容虽不深广，但是较为详细地描述了明朝腐朽黑暗的社会现实，读后令人触目。著有《兰汀存稿》等。

吴国伦

吴国伦（1524—1593），字明卿，号川楼子、惟楚山人、南岳山人等，武昌府兴国州（今湖北阳新）人，明代文学家，后七子之一。他曾因触忤严嵩而被贬谪。在王世贞之后，他成为文坛盟主。他一生勤于执笔，著作丰富，所作多描写抗倭军事斗争场面，他的作品揭露了明朝政治的黑暗腐朽，包含了对人民命运的深切关注。著有《藏甲岩稿》《甔甄洞稿》等。

宗臣

宗臣（1525—1560），字子相，号方城山人，兴化（今江苏兴化）人，明代文学家，后七子之一。他考中进士后，曾任吏部员外郎等职。他性情耿直，高风亮节，曾由于为杨继盛写祭文而遭到严嵩的构陷，被贬到福州。此间，他率众击退倭寇。他的诗文佳句颇多，散文更为出色。著有《报刘一丈书》《西门记》《西征记》等。

王世贞

王世贞（1526—1590），字元美，号凤洲，又号弇州山人，江苏太仓人，明代文学家。他一生仕途不顺，历任刑部主事、青州兵备副使、山西按察使、太仆寺卿、应天府尹、南京刑部右侍郎等职。他家中藏书无数，并以此名闻天下。在文学创作上，他推崇复古，主张"文必两汉，诗必盛唐"。著有《弇州山人四部稿》等。

袁宏道

袁宏道（1568—1610），字中郎，号石公，公安（今湖北公安）人，明代文学家，"公安派"领袖。在文学创作上，他反对明代文坛拟古不化的风气，提倡"独抒性灵"，推崇通俗文学。代表作有《满井游记》《徐文长传》等，风格清新自然、活泼率真、优雅飘逸。著有《袁中郎集》。

魏禧

魏禧（1624—1681），字冰叔，一字叔子，号裕斋，宁都（今属江西）人，清代散文家。他的文章叙述精炼，议论适当，常有引人入胜的效果。他主张文章要"酝酿积蓄，沉浸而不轻发"，表现出强烈的民族意识。在当时，他与汪琬、侯方域并称散文三大家。著有《文集》《日录》《诗》《拟奏疏》《尚书余》《左传经世钞》等。

汪琬

汪琬（1624—1691），字苕文，号钝庵，长洲（今江苏苏州）人，清初散文家。他曾在太湖尧峰山隐居，故称尧峰先生。1679年，他应试博学鸿词科，后为翰林院编修，参与编修《明史》。在文学上，他主张节制才气，紧扣主题，反对繁乱。他的文风淋漓酣畅，简洁明晰，条理通达。代表作有《陈处士墓表》《尧峰山庄记》《江天一传》等。

戴名世

戴名世（1653—1713），字田有，又字褐夫，号药身，又号忧庵，安徽桐城人，清代散文家。他所著《南山集》中出现明朝皇帝的年号，遭到弹劾，后被处死，受牵连的人数以百计，史称《南山集》案，是清朝历史上著名的文字狱。他主张散文应遵循唐宋。

方苞

方苞（1668—1749），字凤九，一字灵皋，晚年号望溪，安徽桐城人，清代散文家。《南山集》案发后，他获罪流落民间，康熙私访时与他结识，并将他诏入上书房，以宰相礼待之。他以古文名重一时，是桐城派散文的鼻祖，首倡"义法"，主张文章以义为经，以法为纬，奠定了桐城派散文的理论基础。名篇有《左忠毅公逸事》《狱中杂记》《游潭柘记》等。

刘大魁

刘大魁（1698—1779），字才甫，一字耕南，号海峰，安徽桐城人，清代散文家。他年轻时入京，受到方苞的赏识。乾隆朝，他被荐举应试博学鸿词科和经学科。他的文章注重铺张排比，辞藻气盛，有别于方苞的清淡雅致。代表作有《论文偶记》《观化》《息争》《焚书辨》《海舶三集序》等。

姚鼐

姚鼐（1732—1815），字姬传，一字梦谷，人称惜抱先生，安徽桐城人，清代散文家。他曾师从刘大魁学习古文，历任湖南乡试副考官、会试同考官、刑部广东司郎中等职，并参与《四库全书》纂修。在文学上，他主张文章要重"义理"、"考证"、"辞章"，提倡用"阴柔阳刚"来解释风格和特点，形成了桐城派古文的理论体系。代表作有《登泰山记》等。

纪昀

纪昀（1724—1805），字晓岚，一字春帆，晚号石云，直隶献县（今属河北）人，清代文学家、学者。他历仕雍正、乾隆、嘉庆三朝，官至协办大学士。他学识渊博，尤精于考证和训诂。他曾奉命主持编修《四库全书》，并亲撰目录学巨著《四库全书总目》，详细考证和评价了每一部书的出处、内容。

周作人

周作人（1885—1967），原名櫆寿，笔名仲密、周遐寿，浙江绍兴人，现代散文家、翻译家、诗人。他是新文化运动的倡导者，曾担任《新潮社》《新青年》《语丝》编辑。他是最先把西方的"美文"概念引入国内的人，主张创作文艺性的抒情叙事性散文。他的文风清秀淡雅、平缓舒畅。代表作有《谈虎集》《雨天的书》《自己的园地》等。

刘半农

刘半农（1891—1934），原名刘寿彭，字半农，号曲庵，江苏江阴人，近代文学家、语言学家。他少时即以才华闻名，中学肄业，后任北大教授，是新文化运动的发起者之一，是《新青年》杂志的重要撰稿人。1920年，他远赴欧洲留学，回国后，在北京大学任教，同时继续从事杂文创作。他的作品洒脱自然、风趣幽默。著有《半农杂文》《半农杂文二集》等。

朱自清

朱自清（1898—1948），原名朱自华，字佩弦，号秋实，江苏省东海县人，现代散文家。他曾在清华大学任教，并致力于古典文学的研究和散文创作。他的散文清秀隽丽，韵律和谐，简练自然，情意浓厚，其中以写景类和抒情性的小品文最为著名。名篇有《背影》《荷塘月色》《绿》等。

瞿秋白

瞿秋白（1899—1925），原名瞿双，笔名史铁儿、易嘉、屈维它、斯特拉霍夫等，江苏常州人，散文家、文学评论家。他曾翻译了大量的俄语文学、政治著作，并把《国际歌》译成中文。他的散文创作具有很强的抒情性和文笔性，风格清新明快。著有《俄乡纪程》《赤都心史》等。

石评梅

石评梅（1902—1928），原名石汝璧，笔名波微，山西平定人，现代文学家，在当时被誉为文坛才女。她的文学创作涉及诗歌、散文、游记、小说等诸多领域，曾在《语丝》《晨报副刊》《文学旬刊》《文学》《妇女周刊》《蔷薇周刊》等报纸杂志上发表作品。她的散文风格冷艳，意寓哲理，在行文中透出一种隐约的伤感和淡淡的清冷意境。著有《涛语》《偶然草》等。

梁实秋

梁实秋（1903—1987），号均默，字实秋，笔名子佳、秋郎、程淑等，浙江杭州人，现代散文家、翻译家。他曾赴美留学，回国后先后在暨南大学、东南大学、山东大学任教。他曾担任《新月》月刊主编。他否认文学的政治性，倡导学术自由，主张将永恒不变的人性作为描写的对象。代表作有《雅舍小品》、长篇散文集《槐园梦忆》，译有《莎士比亚全集》等。

吴伯箫

吴伯箫（1906—1982），原名熙成，笔名山屋、山荪，山东莱芜人，当代散文家。抗战期间，他以极大的热情奔赴延安，曾在延安大学、华北大学任教。他一生创作了大量散文作品。他的散文风格优美,叙述自然,结构缜密,语言清丽,感情真挚,朴实动人。代表作品有《记一辆纺车》《菜园小记》等。

傅雷

傅雷(1908—1966),字怒安,号怒庵,上海南汇人,现代翻译家。他曾留学游历比利时、瑞士、意大利等国,回国后专注于法国文学的翻译工作,他的译文流畅自然,人物运笔传神,作风严谨细致。由于他在翻译巴尔扎克著作方面的杰出成就,受邀成为巴尔扎克研究会的会员。译作有《欧也妮·葛朗台》《约翰·克利斯朵夫》《高老头》《幻灭》等。

萧乾

萧乾(1910—1999),原名萧秉乾,北京人,蒙古族,现代文学家、翻译家。1939年,他在英国伦敦大学东方学院任教,并兼任《大公报》的驻英记者。二战期间,他又成为西欧战场上的唯一一位中国记者。他一生勤奋笔耕,创作了大量的散文、笔记、随笔、回忆录作品;他的散文流畅优美,想象丰富,语言清新,描写生动。代表作有《雁荡行》等。

杨朔

杨朔(1913—1968),原名杨毓瑨,字莹叔,山东蓬莱人,当代散文名家。在抗战期间,他曾在武汉、延安、广州、桂林等地辗转,从事文学创作,并从事文化宣传工作。他主张散文诗化,追求独特的风格。他的文章主要描写小人物的生活,布局严谨、构思精巧、叙事含蓄、用字含蓄、诗意盎然。代表作品有《荔枝蜜》《茶花赋》等。

秦牧

秦牧(1919—1992),原名林阿书,又名林派光、林觉夫、林顽石等,广东澄海人,当代文学家、散文家。文学创作上,他被称为"一棵繁华树",其创作题材多样,形式丰富,涉及领域众多。其中散文风格独特,幽默风趣,感人至深,有"散文一绝"的美名。代表作为《土地》《花蜜与蜂刺》。著有散文集《花城》《潮汐和船》、文艺理论集《艺海拾贝》等。

诸子百家

不同的知识分子代表着不同的阶级和学派。不同的阶级在政治、经济、社会、军事、文化、思想等领域的主张和要求也不尽相同。代表不同阶级、阶层政治力量的思想家们，都试图按照自身的利益和要求，对社会、对宇宙乃至对万事万物作出解释。他们纷纷著书立说，广招门徒，高谈阔论，互相辩难，于是在思想领域里形成了百家争鸣、百花齐放的局面。儒学是我国古代文化的主体，儒家文化甚至逐渐成为中国文化的代名词，它对我国的历史发展，乃至世界各国都产生了深远的影响。了解历代大儒的生平事迹和学术特色，可窥儒学发展之一斑。

孔子

孔子（前551—前479），名丘，字仲尼，鲁国陬邑（今山东曲阜）人，春秋末期思想家、教育家、儒家学派的创始人，被后世尊为至圣、万世师表。孔子周游各国，历尽磨难，却始终郁郁不得志。他晚年在继续从事教育事业的同时，致力于整理文献，编纂"六经"。他的弟子将他的部分言论辑为《论语》。

仲由

仲由（前542—前480），字子路，又字季路，鲁国卞（今山东平邑）人，孔子得意门生之一。他以政事见称，性格爽直，信守承诺。他不仅向孔子学《诗》《礼》，还替孔子驾车，服侍孔子，深得孔子的器重。他先后仕于鲁国、卫国，追随孔悝。前480年，孔悝有难，仲由为进城见他而丢了性命，死前还高喊着"君子死，而冠不免"。其重礼重义，可见一斑。

颜回

颜回（前521—前490），字渊，一字子渊，鲁国都城（今山东曲阜）人，孔子弟子颜路之子，春秋末期儒家学者。他严格按照孔子所说的"仁"、"礼"来要求自己，以德行著称于世，深得孔子器重。他一生没有出任过任何官职，也没有留下任何传世之作，只在《论语》等书中可散见他的只言片语，所表达的思想与孔子的思想如出一辙，被后世尊为"复圣"。

端木赐

端木赐（前520—？），复姓端木，名赐，字子贡，卫国人，孔子弟子之一，春秋末期儒家学者。他素以"言语"著称于世，曾出任过鲁、卫两国的相职，办事通达，擅长外交活动。前480年，他在鲁、齐议和会上曾说服齐君将成地归还鲁国。此外，他还精通商道，曾在曹、鲁两国之间经商，成为孔子弟子中最富有的一个。

曾子

曾子（前505—前436），姓曾，名参，字子舆，鲁国南武城（今山东嘉祥）人，春秋末期儒家学者，孔子学说的主要继承人和传播者。他十六岁时拜孔子为师，深得孔子真传。他主张积极传播和推行儒家思想，他的修齐治平的治国观、以孝为本的孝道观，以及省身、慎独的自我修养观影响深远。后世将孔子、颜子（颜回）、曾子、子思、孟子并称"五大圣人"。

子思

子思（前483—前402），名孔伋，字子思，鲁国都城（今山东曲阜）人，孔子的嫡孙，春秋战国时期思想家、儒家学派代表人。他曾迁居卫国、宋国等，晚年时返回鲁国。他受业于曾参，将孔子的中庸思想发扬并系统化，作为自己学说的核心。他上承曾参，下启孟子，与孟子并称"思孟学派"。著述颇丰，相传《礼记》中的《丧记》《坊记》等也出自其手。

孟子

孟子（前372—前289），名轲，字子舆，邹（今山东邹县）人，战国时期思想家、教育家、儒家代表人物，世称"亚圣"。他受业于子思的弟子，学成后他曾以士的身份，效仿孔子带领门徒周游列国，宣传自己的政治主张。但是，他的仁政主张并不为当时各国所接受。后来他退居讲学，带领学生一起著书。著有《孟子》传世。

荀子

荀子（前313—前238），名况，字卿，赵国猗氏（今山西安泽）人，战国时期思想家、政治家、儒家学说的代表人物之一，世称"荀卿"。他曾经先后出任齐国稷下学宫的祭酒、楚国兰陵令（今山东兰陵）等职。后来在兰陵闲居讲学，韩非、李斯都是他的入室弟子。他学识渊博，继承并发展了儒家学说，提倡"礼"作为人们的行为规范。他提倡性恶论。著有《荀子》传世。

叔孙通

叔孙通（生卒年不详），名载，薛国（今山东滕县）人，秦汉时儒者。秦朝末年，他曾带领弟子投靠项羽，后来又归顺刘邦。他生性机警，善于审时度势，将自己的服饰改为楚式短衣，以取悦刘邦，被授予"博士"，号为"稷嗣君"。汉朝建立后，他曾制定朝仪、制定宗庙仪法、整顿朝纲等。他一生为汉王朝的建立和巩固作出了巨大贡献，被司马迁称为"汉家儒宗"。

匡衡

匡衡（生卒年不详），字稚圭，东海郡承（今山东枣庄）人，西汉经学大师。他自幼勤奋，曾向当时的博士学习《诗经》。他对《诗经》的理解透彻，被当时的经学家们所推崇。汉元帝即位后，他曾引用《诗经》中的道理，上书劝谏元帝。他曾多次为元帝讲解《诗经》，并得到元帝的赞赏，历任迁光禄大夫、太子少傅、御史大夫、丞相等职。

老子

老子（生卒年不详），姓李名耳，字聃，又名老聃，楚国苦县（今河南周口）人，春秋时期思想家、哲学家，道家学派的创始人。相传，他出生时就长着白眉毛、白胡子，故称"老子"。他曾担任守藏史，相当于国家图书馆馆长之职。他博闻强识，在当时极富盛名，孔子周游列国时曾专程到洛阳向老子请教。

关尹子

关尹子（生卒年不详），姓尹名喜，字公文，号文始先生，甘肃天水人，春秋战国时期道家学派代表人物，被庄子誉为"古之博大真人"。他是函谷关的关令，故后人尊称他为关尹子。据传说，他自幼饱览古籍，对于历法、天文都十分精通，懂得占卜之术，能知过去未来。他生平喜欢研读老子之学，因而能够得大道，成正果，所得心得体会著成《关尹子》一书，惜已散佚。

文子

文子（生卒年不详），据传说，他是老子的弟子，道家代表人物。他比孔子年少，虽师从老子，却不拘泥于老子的一家学说，而是能够广泛学习，曾向子夏和墨子请教学问，并且融会贯通，形成自己的见解和主张。著有《文子》一书，该书与《老子》《庄子》《列子》并列为道教的四部经典，一起被列入唐代科举教育体系。

杨朱

杨朱（生卒年不详），名朱，又称杨子、阳生、阳子居，魏国人，战国时期思想家。他主张以是否对自己有利来作为评判是非善恶的标准，阐发了一种以"为我"为核心观念的人生哲学。孟子曾批驳他的利己主义观点，认为"杨子取为我，拔一毛而利天下，不为也"。杨朱的言论散见于《孟子》《韩非子》《列子》等书中，以《列子·杨朱》篇记载最为详细。

子产

子产（？—前522），名侨，字子产，又字子美，春秋时期郑国政治家、思想家。前554年，他出任郑国卿后，实施了一系列政治改革，听取"国人"意见，选贤任能，保留"乡校"，采用"宽猛相济"的治国方案，使郑国国力大大增强。同时，他还承认私田的合法性，并向土地所有者征收军赋。在他的治理下，郑国秩序井然。

邓析子

邓析子（生卒年不详），法家学派的先驱人物，郑国大夫，与子产生活在同一时期。他是第一个反对"礼治"思想的人，他的思想代表了新兴地主阶级的利益。"不法先王，不是礼义"是他的主要思想倾向。在法律上，他反对"刑书"，私造"竹刑"。此外，他还招收门徒，聚众讲学，私家传授法律，以类似讼师的身份帮助百姓打官司。

孙武

孙武（生卒年不详），字长卿，世称孙子、孙武子，齐国人，春秋末期军事家。他通过"斩姬练兵"得到了吴王阖闾的重用。在孙武和伍子胥的治理下，吴国在内政、军事、外交上都大有起色。二人被吴王视为左膀右臂，极为倚重。伍子胥死后，孙武归隐深山，专心著述。著有《孙子兵法》。

墨子

墨子（生卒年不详），姓墨名翟，春秋战国时期的思想家、政治家，墨家学派的创始人。相传他原来是宋国人，长期居住在鲁国。他曾担任过大夫，同情下层人民。他一生的活动主要集中在两方面：一是积极宣传自己的学说，广收弟子；二是致力于反对兼并战争。他主张"兼爱"、"非攻"，创立了墨家学说，在当时与儒家、道家并称"显学"。著有《墨子》。

禽滑厘

禽滑厘（生卒年不详），字慎子，魏国人，春秋时期墨家代表人物，墨家第二任巨子。他原是儒门弟子，曾在子夏门下学习，后来转投墨子，便致力于墨学，逐渐成为墨子的首席弟子。他的言行、事迹散见于《墨子》。相传，墨子在军事战略防御学方面的识见，大多是在向禽滑厘讲述后，被记录下来的。

司马穰苴

司马穰苴（生卒年代不详），本姓田，名穰苴，春秋末期齐国军事家。他带兵谨严，以严法治军，曾经率领齐军击退晋国、燕国军队的入侵，因而被封为大司马，故称"司马穰苴"。后来，齐景公听信谗言，将他罢官。司马穰苴离职后潜心撰写兵书战策。齐景公的孙子齐威王曾命大夫们追论古代的《司马兵法》，并将司马穰苴的遗著附于其中，称《司马穰苴兵法》。

列子

列子（生卒年不详），名寇，又名御寇，或称列圄寇，人称列子，郑国人，战国前期道家学派思想家。他的学说和思想根植于黄老之学，崇尚虚无缥缈，主张清净无为。他长期隐居，终生致力于钻研道家学说，先后著书二十篇十余万字，成《列子》一书，是道家重要典籍之一。班固在《汉书·艺文志》中的"道家"部分著录《列子》八卷。

孟胜

孟胜（生卒年不详），战国初期墨家学派代表人物。他是墨子的学生，是墨家的第三任巨子。他曾经为楚国的阳城君守城。楚悼王死后，阳城君与旧贵族一起射杀吴起时，不慎射中楚悼王的尸体。楚悼王的儿子楚肃王追究此事，想要给阳城君定罪，阳城君出逃。孟胜曾答应阳城君守护他的领地，为了履行墨家的"义"，与一百八十三名弟子集体自杀殉职。

商鞅

商鞅（？—前338），又称卫鞅、公孙鞅，战国时期秦国政治家、思想家，法家学派代表人物。他年轻时钻研以法治国，听闻秦孝公广求天下群贤，于是投奔秦国，说服秦孝公变法强国。前356年、前350年，他先后两次实行变法，"废井田、开阡陌，实行郡县制，奖励耕织和战斗，实行连坐之法"。商鞅变法使秦国大治。孝公死后，他被车裂而死。

申不害

申不害（？—前337），史称申子，郑国京（今河南荥阳）人，战国时期思想家、政治家，法家代表人物。申不害是法家中主"术"的一派，精于刑名学，主张政治治理要重视法术。他出任韩相十多年，使原本弱小的韩国国力大增，四方诸侯不敢来侵犯。他开创了法家学派，建立了法治的思想体系和理论学说，后世尊其为法家之祖。著有《申子》，惜今已佚失。

许行

许行（生卒年不详），楚国人，战国时期思想家、农学代表人物。前332年，他率领门徒到达滕国，得到滕文公划定的土地，自行耕种，经营效果良好。许行的农家思想以反对不劳而食为核心，他依托神农"教民农耕"的主张，提倡"种粟而后食"。他的言行、事迹主要见于《孟子·滕文公》记述。著有《神农》，著录于《汉书·艺文志》中，惜已佚失。

田骈

田骈（生卒年不详），一名陈骈，齐国人，战国时期思想家，道家学派代表人物。他曾受聘于齐国稷下学宫，成为稷下先生之一，素以辩才著称，故有"天口骈"的雅号。他将老子的无为思想与管仲的法治思想相融合，从而形成一套完整的治国理论。著有《田子》，可惜今已失传，他的思想散见于《庄子》《荀子》等著作之中。

惠施

惠施（生卒年不详），宋国人，战国时期哲学家。他曾出任**魏国相国**，以善辩闻名于世，与庄周交往十分密切。在哲学上，他认为事物之间的差别和对立是相对的；在政治上，他提倡合纵抗秦，主张魏国、楚国、齐国联合对抗秦国，并建议尊齐为王。著有《惠子》，今已散佚失传。他的言行散见于《庄子》《荀子》《韩非子》《吕氏春秋》等书中。

鬼谷子

鬼谷子（生卒年不详），纵横家的鼻祖。传说他在清溪的鬼谷隐居生活，所以自称鬼谷子。鬼谷子不仅有政治家的六韬三略，同时精于外交家的纵横之术，更是将阴阳家的祖宗衣钵、预言家的江湖神算集于一身，可谓一位奇才、全才。

庄子

庄子（生卒年不详），名周，字子休（一说子沐），世称"南华真人"，宋国蒙（今安徽蒙城）人，战国时期哲学家、思想家、文学家，道家学派代表人物。他继承了老子的哲学思想并将其发扬光大，成为先秦道家的代表人物之一。他的学说涵盖广阔，对当时社会生活的各个方面都有所涉猎，其根本精神还是归属于老子的哲学。

张仪

张仪（？—前310），**魏国大梁（今河南开封）**人，战国时期纵横家、外交家和谋略家。他与苏秦是同门，曾跟随鬼谷子学习纵横捭阖之术。前328年，张仪出任秦相。之后，他凭借外交手段，采用连横策略，多次出使楚、韩、齐、赵、燕等国进行游说，瓦解了六国合纵，使得五国连横事秦。他为秦国的称霸和统一奠定了基础。

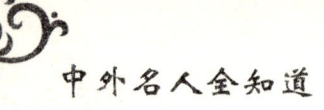

苏秦

苏秦（？—前284），字季子，战国周（今河南洛阳）人，战国时期纵横家。他出身平民，胸怀大志，曾师从鬼谷子学习纵横捭阖之术。他在魏国任职期间，主张合纵，与赵奉阳君共同谋划，发动齐、燕、韩、赵、魏各国采用合纵策略，然而最后以失败告终。《汉书·艺文志》中著录了《苏子》三十一篇，惜今已亡佚。

范雎

范雎（？—前255），字叔，魏国人，战国时期秦国外交家、纵横家。他能言善辩，曾出使齐国，却被诬陷通齐卖魏。后来他逃至秦国，上书秦昭王，并提出了远交近攻的策略，得到昭王的重用。他又进谏废宣太后，放逐穰侯、高陵君等人。他还用离间计，派人向赵国的权臣行贿，散布廉颇欲降的流言。赵王听信流言，以赵括代替廉颇为将，结果在长平之战中赵军败于秦军。

公孙龙

公孙龙（生卒年不详），赵国人，战国末期哲学家、名家"离坚白派"代表人物。他为人极富辩才，曾是平原君的门客。他提出了"离坚白"、"白马非马"等著名命题。为强调"名"必须有确定性，他还提出"唯乎其彼此"的正名理论。他并不是诡辩家，但是他提出的观点大多具有开创性，促进了我国古代逻辑思想的发展。著有《公孙龙子》。

涓子

涓子（生卒年不详），又作还渊、娟环、便娟、娟子等，楚国人，战国时期思想家。他崇尚黄老道德之术，曾经在齐国稷下学宫讲学，又搜集整理老子语录，著成《道德经》上、下篇，对于道家原始思想资料的保存作出了很大贡献。《汉书·艺文志》中著录《涓子》十三篇，今已散佚不见。

邹衍

邹衍（生卒年不详），齐国人，战国时期哲学家，阴阳家代表人物。他知识渊博，曾在齐国稷下学宫讲学，有"谈天衍"的绰号。他继承了古代阴阳五行学说，提出水胜火、火胜金、金胜木、木胜土、土胜水的"五行生胜"理论，并且用这个理论来阐释自然和社会的发展变化，并进一步提出"五德终始"、"大九州"等观点。

著有《邹子》《邹子终始》,惜已佚失。

毛遂

毛遂(生卒年不详),薛(今山东滕州)人,战国晚期外交家、纵横家。他是赵国平原君赵胜门下的食客,在平原君门下三年都没有崭露头角的机会。前257年,秦军围攻赵国都城邯郸,毛遂主动请缨,自愿随平原君出使楚国,从而促成楚赵合纵,声威大振,因而获得"三寸之舌,强于百万之师"的美誉。

吕不韦

吕不韦(生卒年不详),卫国濮阳(今河南濮阳)人,战国末年政治家、思想家,杂家学派代表人物。他在赵国邯郸经商时,与嬴异人结识,他资助嬴异人返回秦国。嬴异人继位为秦庄襄王后,吕不韦拜丞相。嬴政继位后,尊称吕不韦为"仲父"。他曾组织门下三千食客编纂《吕氏春秋》一书。

韩非

韩非(?—前233),世称韩非子,韩国人,战国晚期思想家,法家思想的集大成者。他和李斯同在荀子门下求学。他融合法家各种学说,形成自己独到的见解,提出了"以法为主"的法、术、势结合的理论。他的主张得到了秦王嬴政的赏识,请他到秦国效力。在秦国,韩非备受重用,遭到李斯的妒忌,后被李斯陷害而死。著有《韩非子》。

李斯

李斯(?—前208),字通古,楚国上蔡(今河南上蔡西南)人,战国末期思想家、政治家。他早年是郡上小吏,后来从荀子学习帝王之术,学成入秦。他劝说秦王嬴政灭诸侯、成帝业,辅助嬴政完成了统一大业。他还参与焚书坑儒,制定法律,统一文字、货币、度量衡制度等。秦始皇死后,他与赵高伪造诏书,改立胡亥为帝,后被赵高害死。作有《谏逐客书》。

陆贾

陆贾(?—前170),楚国人,汉初思想家、政治家。他早年投靠刘邦,曾追随刘邦东征西讨,并经常周旋于各诸侯国之间。刘邦即位之初,重武轻文。陆贾上书谏议高祖能够重视儒学，并且提出"逆取顺守，文武并用"、"行仁义，法先圣"的统治方针。他曾奉命编撰《新语》，用来总结秦朝的亡国原因及历史上国家兴衰成败的经验教训，深得高祖称赞。

郦食其

郦食其（？—前204），陈留高阳（今河南开封）人，秦末汉初纵横家。他自幼家境清寒，喜爱读书，性情豪迈，嗜酒如命，自称"高阳酒徒"。他曾投奔刘邦，被任用为谋士，为刘邦一统天下的大业作了很大贡献。在与齐国和谈时，韩信听信蒯通的唆使，心生妒忌，挥师攻齐，连破多座城池，导致齐王田广大怒，于是将仍在齐国谈判的郦食其烹杀。

范缜

范缜（约450—约510），字子真，南阳舞阴（今河南沁阳西北）人，南朝齐、梁时思想家、无神论者。他曾经与佛教的有神论者展开了两次公开的论战，反对佛教提倡的因果报应说，认为人的一生完全是自然现象，毫无因果可言。他认为精神是不能离开形体单独存在的，形神相即，不得分离。著有《神灭论》《答曹思文难神灭神》等。

陈亮

陈亮（1143—1194），原名汝能，字同甫，人称龙川先生，婺州永康（今浙江金华）人，南宋思想家。他性格豪迈，才高八斗，对兵法颇有研究，曾经编著《酌古论》来对古人用兵之计进行考察和研究。陈亮在政治上力主不与金人议和，他曾六次上书朝廷，针砭时弊，指斥当朝大臣。他曾围绕王霸、义利、天理和人欲等哲学问题，与程朱理学展开辩论。

叶适

叶适（1150—1223），字正则，号水心居士，浙江瑞安人，南宋哲学家、思想家，永嘉学派代表人。他曾历经孝宗、光宗、宁宗三朝，力主抗金，反对议和。他反对空谈，对于当时理学家们尊崇的曾子、孟子等人物进行批判。他坚持唯物主义观点，主张"事功之学"，重视商业，这种观点与朱熹、陆九渊相对立。著有《习学记言序目》等。

李贽

李贽（1527—1602），原姓林，名载贽，号卓吾，泉州晋江（今属福建）人，明代思想家。他主张"革故鼎新"，反对思想禁锢，对封建的男尊女卑、假道学、社会腐败、贪官污吏，进行了严厉地批判。他主张"天之立君，本以为民"，反对历史保守主义，主张"与世推移"、与时俱进的历史发展观。著有《焚书》《续焚书》《藏书》《续藏书》《初潭集》等。

黄宗羲

黄宗羲（1610—1695），字太冲，号梨洲，世称梨洲先生、南雷先生，浙江余姚人，明末清初思想家，被誉为"中国思想启蒙之父"。他与王夫之、顾炎武齐名，并称明末清初三大思想家。他在哲学和政治思想上，坚持"民本"立场，并猛烈抨击君主专制。他博学多才，于经史、百家、天文、算术无不精研，著述丰厚。代表作有《明儒学案》《明夷待访录》《宋元学案》等。

顾炎武

顾炎武（1613—1682），原名绛，字忠清，后改名炎武，字宁人，世称亭林先生，江苏昆山人，明末清初思想家。他学问渊博，反对空谈心理性命，注重实践调查研究，主张以"实学"代替"理学"，提倡为学要经世致用，注意讲求证据。他一反宋明理学的唯心主义玄学观，开创了一代新风。著有《日知录》《肇域志》等。

王夫之

王夫之（1619—1692），字而农，号㔇斋，别号一壶道人，世称船山先生，湖南衡阳人，明清之际哲学家、思想家。他早年曾参加抗清活动，兵败后在石船山麓定居，专心著述。他批判程朱理学的唯心主义，提倡古代的唯物主义思想，认为"气"是物质实体，而"理"则是客观规律。他反对天命观，主张历史的发展是有规律性的。他学识渊博，著有《周易外传》《尚书引义》等。

吕留良

吕留良（1629—1683），字庄生，原名光轮，字用晦，后改字留侯，号晚村，崇州崇德县（今浙江桐乡）人，明末清初思想家、诗人。他一生反对清朝统治，曾以家产支持抗清义军，自己参与其中。他常与黄宗羲等人共同探讨为学处世之道。在治学上,他尊朱辟王,推崇朱熹的种族思想。他的弟子将他的著述辑录为《四书语录》《四书讲义》《吕子评语》等。

魏源

魏源(1794—1857),字默深,一字墨生,又字汉士,号良图,原名远达,湖南邵阳人,近代启蒙思想家。他与林则徐是好友,二人都是近代中国"开眼看世界"的优秀代表。他曾经官至高邮州知州,晚年在杭州隐居,虔心佛教,法名承贯。他以林则徐的《四洲志》为基础,编成《海国图志》五十卷,阐述了"师夷长技以制夷"的治国思想。

冯桂芬

冯桂芬(1809—1874),字林一,号景亭,江苏吴县(今江苏苏州)人,晚清思想家。他一生所学甚广,除了经史典籍之外,天文、地理、小学、算学、水利、农田等领域都有所建树。他能够主动接受资本主义的积极影响,主张"采西学"、"制洋器"、"以中国之伦常名教为原本,辅以诸国富强之术"。他晚年在苏州、扬州讲学,潜心著述,著有《校邠庐抗议》《显志堂稿》等。

严复

严复(1854—1921),原名宗光,字又陵,后改名复,字几道,福建侯官(今福建福州)人,清末资产阶级启蒙思想家,是积极向西方国家寻求救国救民真理的"先进的中国人"之一。他曾在英国留学,回国后曾任北洋水师学堂总办。他发表过《论世变之亟》《救亡决论》等文,主张学习西方,变法维新。他还翻译了很多西方著作,如《天演论》《原富》《法意》等。

康有为

康有为(1858—1927),又名祖诒,字广厦,号长素、更生天游化人,世称"康南海",广东南海人,近代思想家、政治家、社会改革家。他笃信孔子推崇的儒家学说,并一直努力于将孔子的儒家学说改造为可以为现代社会服务的国教。他曾创办《中外纪闻》等。著有《大同书》《新学伪经考》《孔子改制考》等。

董仲舒

董仲舒（前179—前104），广川（今河北衡水）人，西汉今文经学大师、儒学宗师。他在汉景帝朝出任博士，讲授《公羊春秋》。前134年，他在《举贤良对策》中"罢黜百家，独尊儒术"的建议，被武帝采纳。从此，儒学成为历代的官方统治哲学。之后，他历任江都易王刘非和胶西王刘端的国相。辞官回乡后，他专心著书，著有《春秋繁露》《董子文集》等。

许慎

许慎（约58—约147），字叔重，汝南召陵（今河南郾城）人，东汉经学家、语言学家、文字学家，世称"五经无双许叔重"。他师从贾逵，曾通读今、古文经。他为学认真，在发现当时流行的五经版本观点相异之后，撰写了《五经异议》，对不同版本的不同解说和观点重新进行解释，并提出了许多独到的见解。此外，他还著有我国第一部字典——《说文解字》。

马融

马融（79—166），字季长，扶风茂陵（今陕西兴平东北）人，东汉经学家。他对古文经学尤为精通，一生曾为《孝经》《老子》《论语》《诗》《周易》《尚书》《离骚》《三礼》《淮南子》《列女传》等多种书做过注解。他晚年因病辞官，回到家乡立学著书，学生多达四百人，其中以郑玄和卢植两人成就最为突出。

郑玄

郑玄（127—200），字康成，北海高密（今山东高密）人，东汉经学家。他自幼饱览群书，被誉为神童，后以校注群经而闻名于世。他在马融门下学习多年，做学问却不专守一师之说、尊一家之言，而是以古文经派为主，博取百家之长，做到融会贯通。晚年的郑玄身处黄巾军起义的乱世，十分悲凉。200年，官渡之战中，袁绍强令郑玄随军南下，导致他病逝途中。

颜之推

颜之推（531—？），字介，琅琊临沂（今山东临沂）人，北齐思想家。他早年传承家业，博览群书，勤习《礼》《左传》等典籍，博古通今，极受萧绎的称许。他曾针对颓废的世风，以儒家的观点和思想，写成了《颜氏家训》二十篇。在书中他阐述立身、治家的根本和伦理道德等,用来诫训后世子孙。他还是一个教育家,主张从严施教,勤于督训。另著有《还冤志》等。

陆德明

陆德明(约550—630),名元朗,字德明,苏州吴(今江苏苏州)人,隋唐间儒家学者、经学家、训诂学家。他初受学于经学大师周弘正,善言玄理。陈后主做太子时,曾召集名儒在承光殿讲学,陆德明以弱冠之龄与国子祭酒绿孝克抗辩,屡有反驳,得到在座名儒的赞赏。隋炀帝即位后曾召他为官,历任秘书学士、国子助教、文学馆学士、太学博士等职。著有《经典释文》。

孔颖达

孔颖达(574—648),字仲达,一作仲远、冲远,冀州衡水(今河北衡水)人,孔子的第三十二代嫡孙,唐代经学家。他自幼博览经传,曾受业于刘焯。后来他投靠李世民,成为文学馆的学士。李世民即位为帝后,他历任国子司业、国子祭酒等职,并长期在国子监讲经。他曾受诏主编《五经正义》、编撰《隋书》,此外著有《孝经义疏》。

颜师古

颜师古(581—645),字籀,京兆万年(今陕西西安)人,颜之推的孙子,唐代经学家。他一生博览群书,尤其擅长文字训诂、声韵、校勘学。唐初他曾任朝散大夫、中书舍人、中书侍郎、秘书监、弘文馆学士等职。630年,他奉唐太宗的诏命,着手进行五经版本的统一和整理,撰成《五经定本》,并于633年颁行天下。637年,他又奉诏编撰《五礼》。著有《急就章注》《汉书注》等。

赵匡

赵匡(生卒年不详),字伯循,河东(今山西永济)人,唐代经学家。他是啖助的弟子,在啖助病逝后,他曾对啖助所撰的《春秋集传》和《春秋统例》进行修改、补充。他认为《春秋》文字隐晦,不易于理解,于是又自己编撰《春秋阐微纂类义疏》。此外,他认为《春秋》经文有缺误,于是提出了自己的一些见解和主张。他的遗说保存在陆淳《春秋集传纂例》中。

陆淳

陆淳（？—806），字伯冲，号文通，后改名质，吴郡（今江苏苏州）人，唐代经学家、儒家学者。他曾历任左拾遗、太常博士、国子博士、信州刺史、台州刺史等职。陆淳平素与有心进行政治改革的柳宗元、吕温等人私交甚好。他曾将啖助、赵匡二人的《春秋》学说，编撰成《春秋集传纂例》《春秋集传辩疑》《春秋微旨》等书。

周敦颐

周敦颐（1017—1073），字茂叔，原名敦实，后改名敦颐，道州营道（今湖南道县）人，北宋思想家、哲学家、理学家。他曾历任分宁县主簿、郴州桂阳令、虔州通判等职。他晚年在庐山莲花峰下定居。著有《周元公集》等。散文如《爱莲说》为脍炙人口的名篇。诗有《春晚》《同宋复古游山颠至大林寺》等。著有《太极图》《易说》《易通》数十篇，诗十卷。

张载

张载（1020—1077），字子厚，世称横渠先生，陕西凤翔郿县（今陕西眉县）人，北宋哲学家。他曾历任祁州司法参军、崇文院校书等职，辞职后回乡潜心著书讲学。他认为气是宇宙的本原，形成自己独到的宇宙观。他的思想对后世产生很大的影响，他的"为天地立心，为生民立道，为去圣继绝学，为万世开太平"更是鼓舞了很多后世学者。著有《正蒙》《横渠易说》等。

程颢

程颢（1032—1085），字伯淳，人称明道先生，洛阳（今河南洛阳）人，北宋理学家、教育家。他与程颐是同胞兄弟，世称"二程"。他曾经做过几年地方官吏，但因其仕途始终与反对王安石变法紧密相连，所以在政治上他一直郁郁不得志，后转而潜心钻研学问，在哲学方面取得了极大的成就。他与程颐一起开创"洛学"，奠定了理学的基础。宋代理学又称为"程朱理学"。

程颐

程颐（1033—1107），字正叔，人称伊川先生，洛阳（今河南洛阳）人，程颢之弟，宋代理学家。他幼承家学，反对王安石新法，曾历任汝州团练推官、西京国子监教授、秘书省校书郎、崇政殿说书等职。他对孔子提倡的"仁"学加以继承和发展，进一步提出"万物为一体"的哲学境界；此外，在修身养性方面，他又提出"定性"的理论学说，主张"定性"、"定心"。

杨时

杨时（1053—1135），字中立，号龟山，世称"龟山先生"，南剑州将乐县（今福建将乐）人，南宋洛学大家。他自幼聪慧好学，佛学、儒学都有涉猎，官拜龙图阁直学士。他先后拜程颢、程颐为师，继承并发扬了"二程"的理学思想。他是最早将"二程"的理学思想传入福建的人，开创理学的"道南系"。后来发展为"濂学"、"洛学"、"关学"，并称为"闽学"。后人尊称杨时为"闽学鼻祖"。

朱熹

朱熹（1130—1200），字元晦，后改仲晦，号晦庵，别号紫阳，徽州婺源（今江西婺源）人，南宋理学家、思想家、哲学家。他是宋代理学的集大成者，继承了北宋"二程"的理学，提出了"存天理，灭人欲"的主张，完善了客观唯心主义的体系。著有《四书集注》《诗集传》《楚辞集注》《韩文考异》等传世。

陆九渊

陆九渊（1139—1193），字子静，号存斋，又号象山翁，世称象山先生，抚州金溪（今江西金溪）人，南宋理学家。他少有才华，与其兄陆九龄并称"二陆"。他在理学上的成就卓越，与朱熹不相伯仲，他们曾经在鹅湖会讲讨论，言谈观点不合，各成一派。他极富辩才，文章也凭借理趣取胜，用语生动活泼，如《王荆公祠堂记》《删定官轮对札子》等都广受后人好评。

王守仁

王守仁（1472—1528），字伯安，号阳明，浙江余姚人，明代哲学家、思想家，陆王心学的集大成者。他对儒家、佛家、道家各家思想研习精深，还能够率军征战沙场，是我国历史上为数不多的全才大儒。他曾经在余姚阳明洞天结庐读书，世称"阳明先生"，他的学说被称为"阳明学"。1520年，他在南昌揭示"致良知"学说，最终完成"心学"体系。著有《大学问》《传习录》等。

刘宗周

刘宗周（1578—1645），初名宪章，字起东，号念台，绍兴山阴（今浙江绍兴）人，明末理学家，"浙东学派"的代表人物。1601年，他进士及第，为官清廉正直，直言敢谏，而屡遭贬谪。他在《五经》、诸子百家等方面无不精究，而且皆有所论述；他还致力于讲学，曾在石匮书院、东林书院、首善书院、证人书院、蕺山书院等地讲学，世称"蕺山先生"。著有《刘子全书》等。

朱之瑜

朱之瑜（1600—1682），字鲁玙，号舜水，浙江余姚人，明末清初儒家学者、思想家、文学家、史学家。他早年曾经参加抗清活动；南明灭亡后，他不愿投降，于是东渡日本，并受聘编纂《大日本史》。他反对"专在理学研究"，主张为学要注重实效和事功，要经世致用。此外，他还认为国运的兴衰与教育的兴废息息相关。他的学术思想对日本产生深远影响。

王闿运

王闿运（1833—1916），字壬秋、壬父，号湘绮，湖南湘潭人，晚清经学家。他天性驽钝，但勤奋好学，于经、史、百家等无不诵习。1879年，他应邀前往成都担任尊经书院的山长，之后又曾主持长沙思贤讲舍、衡州船山书院、南昌高等学堂等，并讲学授徒。他一生好治经学，主张经世致用，尤其精于公羊学。著有《尚书大传》《尚书义》《诗经补笺》等。

冯友兰

冯友兰（1895—1990），字芝生，河南南阳人，现代哲学家、哲学史家。他早年曾留学美国，毕业回国后在清华大学任教。他毕生致力于复兴中华传统文化、弘扬儒家哲学思想。从1939年到1946年，他陆续出版了《新理学》《新事论》《新世训》《新原人》《新原道》《新知言》六本书，即"贞元六书"，构成了以新理学为核心的完整的新儒家哲学思想体系。

绘画书法

我国画坛流派纷呈，人才济济，灿若星辰，竞相争辉。他们共同创造了光辉灿烂的绘画历史，为中国乃至世界的艺术殿堂增添了熠熠生辉的艺术珍品。在汉代以后，画家才开始脱离工匠身份，逐渐获得独立地位，成为后世追捧的画坛宗师。之后的历朝历代都有画坛领军人物出现，各领风骚数百年。书法是我国特有的传统艺术，它的历史源远流长。古人按照自己对文字的特点和含义的理解，以独具风格的书体笔法、结构和章法写字，从而形成了富有美感的书法艺术作品。自秦汉以来，书法名家辈出。他们在书法造诣上各有千秋、各具特色，都对书法艺术作出了突出的贡献，形成了中华民族的文化瑰宝，同时在世界文化艺术宝库中大放异彩。

曹不兴

曹不兴（生卒年不详），又名弗兴，吴兴（今属浙江）人，三国时期画家。善画龙、虎、马及人物。在当时，曹不兴的画、严武的棋及皇象的字被称为"三绝"。代表作有《龙头样》《青谿侧坐赤龙盘龙图》《南海监牧进十种马图》《夷子蛮兽样》等。

顾恺之

顾恺之（348—409），字长康，小字虎头，晋陵无锡（今江苏无锡）人，东晋画家。顾恺之博学多才，工诗，善书，尤精丹青，号称"才绝、画绝、痴绝"。绘画曾从师卫协，凡佛像、人物、山水、走兽、禽鸟皆能，尤善点睛。代表作有《女史箴图》《洛神赋图》等。

阎立本

阎立本（？—673），雍州万年（今陕西西安）人，唐代画家。历任刑部侍郎、工部尚书、右相等职。阎立本尤精绘画，擅道释、肖像、山水、鞍马等题材。他所作肖像画多是唐代开国功勋形象，如《秦府十八学士图》《凌烟阁二十四功臣像》

等。传世作品有《步辇图》《古帝王图》《职贡图》等。

李思训

李思训（651—716），字建睍，陇西成纪（今甘肃静宁）人，唐代画家。官至右武卫大将军，封彭国公，李邕碑称其为"云麾将军"，画史上称其为"大李将军"。他擅画山水、楼阁、佛道、花木、鸟兽等，尤以青绿山水见长，用笔刚劲。代表作有《山居四皓》《春山图》《海天落照图》等。

韩幹

韩幹（生卒年不详），长安蓝田（今陕西）人，唐代画家。唐玄宗年间被召为宫廷画家，官至太府寺司。韩幹极为重视写生，他以真马为师，曾绘尽宫廷王府中的名马。韩幹所绘之马，态度安详，体形肥硕，比例精准，与前人所画筋骨毕露、姿态飞腾的"龙马"迥异，形成极富盛唐气象的画马新风格。代表作有《照夜白图》《八骏图》《百马图》等。

张萱

张萱（生卒年不详），京兆（今陕西西安）人，唐代画家。张萱擅画人物、仕女、儿童等，尤其长于创作描绘贵族游乐场景的图卷。他所画的仕女，线条工细，色彩富丽，常以朱色晕染耳根处。他塑造的仕女形象及这种艺术表现手法，代表着唐代仕女画的典型风格。传世作品有《捣练图》《虢国夫人游春图》等。

周昉

周昉（生卒年不详），字仲朗，一字景玄，京兆（今陕西西安）人。历任越州长史、宣州长史别驾等职。擅画肖像、佛像，尤工仕女，所绘贵族妇女神态悠闲舒适，体貌丰腴，穿着华丽。擅长作宗教画，创造有民族风俗的"水月观音"，很多雕塑家仿效之，称为"周家样"。传世作品有《挥扇仕女图》《簪花仕女图》《调琴啜茗图》等。

吴道子

吴道子（686—760），又名道玄，阳翟（今河南禹州）人，唐代画家，世称吴生。初为民间画工，被民间画工尊为祖师。开元年间被召入宫廷。吴道子主要从事宗

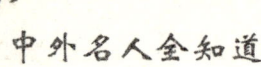

教壁画创作，同时也善画人物、鬼神、山水、楼阁、花木、鸟兽等。所画人物衣褶飘举，有"吴带当风"之誉。今传《送子天王图》《宝积宾伽罗佛像》《道子墨宝》等，均为后世摹本。

韩滉

韩滉（723—787），字太冲，长安（今陕西西安）人，唐代画家。唐德宗贞元初年历任检校左仆射、同中书门下平章事、两浙节度使、右丞相等职。韩滉擅画农村风俗及牛、马、羊、驴等题材，以画牛最为精湛。他的画作生活气息非常浓厚。传世作品有《文苑图》《五牛图》等。

顾闳中

顾闳中（910—980），五代南唐画家。南唐后主时曾任画院待诏。顾闳中善画人物，用笔圆劲，间以方笔转折，设色浓丽，善于描摹神情意态。他是目识心记的写生高手，传世名作《韩熙载夜宴图》就是一幅以默画为基础进行创作的纪实人物画作品。

荆浩

荆浩（生卒年不详），字浩然，沁水（今属山西）人，五代后梁画家。他曾隐居太行山洪谷，自号洪谷子，并在此写生。荆浩的山水画已逐渐达到笔墨两得、皴染兼备的境界，可谓是中国山水画创作上的一次重大突破。他创新的全景式山水画，为后来的关仝、李成、范宽等人的山水画创作奠定了基础。后世称其为"唐末之冠"。荆浩撰有《山水诀》一卷、《笔法记》等。传世作品有《匡庐图》。

关仝

关仝（生卒年不详），也作关同、关穜，长安（今陕西西安）人，五代后梁画家。关仝擅作山水，早年学荆浩，到晚年青出于蓝。他喜欢秋山寒林、村居野渡、渔市山驿、幽人逸士等题材。笔法简练苍劲，气势雄壮，山峰峭拔，石体坚凝，树丰枝茂，世称"关家山水"。关仝与荆浩并称"荆关"。据宋代材料记载，因关仝不善画人物，所以他画中人物多是由胡翼代为绘制的。传世作品有《山溪待渡图》《关山行旅图》等。

高克明

高克明（生卒年不详），绛州（今山西新绛）人，北宋画家。景德（1004—1007）中他游历京师，以画为生，大中祥符年间入画院，成为一名宫廷画师。高克明擅佛道、人马、鬼神、花竹、翎毛、禽虫、畜兽、屋宇等题材，造型皆妙。尤精工画山水，采撷各家之长，形成独树一帜的风格。他的作品无不精妙，在当时已名重于世。代表作品有《雪意图》《夏山飞瀑》《窠石野渡图》《烟岚窠石图》等。

文同

文同（1018—1079），字与可，号笑笑居士、锦江道人，世称石室先生，梓潼永泰（今四川盐亭）人，北宋画家。历任秘阁校理、陵州知州、洋州知州、湖州知州等。文同擅画枯枝老树，尤其精于墨竹，对竹有长期而深入的观察、体会，苏轼有"胸有成竹"之语。文同创新出行竹、偃竹、折枝竹、丛竹等多种物象，仿效者甚多，逐渐形成湖州竹派。传世作品有《墨竹图》等。

崔白

崔白（生卒年不详），字子西，濠梁（今安徽凤阳）人，北宋画家。崔白擅画花鸟，亦擅长创作佛道壁画。宋神宗极为赏识崔白的画作，任命他为画院待诏。崔白擅长表现秋冬时节荒郊野外的花鸟，尤其善于描绘败荷、芦雁等，手法工巧细腻，形象逼真传神。崔白的花鸟画打破了"黄家富贵"的花鸟画标准独霸宋初画坛百余年的局面，开创了北宋宫廷绘画的新风。今有《双喜图》《寒雀图》《竹鸥图》等作品传世。

张择端

张择端（1085—1145），字正道，东武（今山东诸城）人，北宋画家。张择端早年在开封游学，宋徽宗时入职翰林图画院，专习绘画。后来离职居家，以卖画营生。张择端擅长界画，尤精城郭、街市、舟车、桥梁等题材，风格卓然，自成一家。

易元吉

易元吉（生卒年不详），字庆之，长沙（今属湖南）人，北宋画家。易元吉最初工画花鸟、草虫、果品，后来转攻猿猴。随后他游历两湖一带，并且深入山区，对猿猴、獐鹿等动物进行近距离的细微观察。易元吉以猿猴的生动逼真闻名天下，他的猿猴画不仅在艺术上达到第一流的水平，而且在中国古代绘画史上具有开拓绘画题材的意义。传世作品有《猴猫图》《蛛网攫猿图》《聚猿图》。

苏汉臣

苏汉臣（生卒年不详），汴梁（今河南开封）人，北宋末南宋初画家。宋徽宗宣和年间曾任画院待诏，南渡后复职，后补承信郎。苏汉臣擅画佛道、仕女题材，尤以儿童画见长，亦善作民间风俗画。他的仕女画多描绘闺阁中仕女的情态。苏汉臣的作品多是婴戏图，笔法简劲，色彩明雅。传世作品有《秋庭婴戏图》《货郎图》《五瑞图》《击乐图》《婴戏图》等。

李唐

李唐（1066—1150），字晞古，河阳三城（今河南孟州）人，北宋末南宋初画家。初期以卖画为生，宋徽宗时期补入画院，精于山水画和人物画。南宋恢复画院后，李唐复入画院。李唐擅画山水，用峭劲的笔墨，表现山川雄峻的气势。晚年笔法简练，创"大斧劈"皴。李唐的山水画对南宋画院产生重大影响，开创了南宋山水的新画风。传世作品有《万壑松风图》《清溪渔隐图》《长夏江寺图》《采薇图》等。

刘松年

刘松年（1155—1218），钱塘（今浙江杭州）人，南宋宫廷画家。淳熙年间为画院学生，光宗绍熙年间升为画院待诏。刘松年擅画山水，笔墨精妙，清丽严谨，着色典雅妍丽。常作西湖的秀丽风光，多以茂林修竹入画。刘松年善作屋宇，界画极为工整。人物画亦精，所画人物仪态传神，衣褶清劲，精妙细微。代表作品有《四景山水图》《天女献花图》《醉僧图》《雪山行旅图》等。

扬无咎

扬无咎（1097—1171），字补之，自号逃禅老人，又号清夷长者，清江（今属江西）人，南宋画家。扬无咎不屑于谄附秦桧，故而终身不仕，隐居终老。扬无咎的绘画技艺很高，尤擅画梅，名重于世。他所作的墨梅深受人们的珍视。扬无咎改变了前人以墨或彩色点瓣表现梅花的技法，新创以水墨线条圈出花瓣的画法。传世作品有《四梅图》《雪梅图》《墨梅图》等。

曹知白

曹知白（1272—1355），字又玄、贞素，号云西，人称贞素先生，浙西华亭（今上海松江）人，元代画家。曹知白擅山水，山石勾皴柔细，不多加渲染，早年笔墨秀润，晚年则苍秀简逸，用干笔皴擦，风格清疏简淡。传世作品有《寒林图》《疏林幽岫图》《群峰雪霁图》《溪山泛艇图》《双松图》等。

吴镇

吴镇（1280—1354），字仲圭，号梅花道人、梅沙弥等，浙江嘉兴人，元代画家。吴镇一生布衣，以诗文书画自娱。他擅山水、墨竹等题材。山水画作品多以渔父、隐士入画，以长披麻皴成山石，再以水墨渲染，浓墨点苔，画风郁茂沉雄。吴镇画墨竹取法文同、高克恭等人，气势豪迈浑厚，独树一帜。传世作品有《双桧平远图》《渔父图》《秋江渔隐图》《竹谱》等。

王冕

王冕（1287—1359），字元章，号竹斋、饭牛翁、会稽山农、煮石山农，别号梅花屋主、江南野人，诸暨（今浙江诸暨）人，元代画家。王冕曾在会稽九里山隐居，种植梅树，以卖画营生。王冕以画梅著称，尤工墨梅。他所作的梅简练洒脱，花密枝繁，行草健劲，生意盎然，尤善于用胭脂作没骨体，别具一格。传世作品有《三君子图》《墨梅图》等。

林良

林良（1436—1487），字以善，南海（今属广东）人，明代画家。历任工部营缮所丞、锦衣卫指挥、镇抚等职。林良擅画花鸟，他的画风早年偏重工细精巧，题材多为设色花果、翎毛等。后期转学南宋院体中放纵简括的画风，专工水墨粗笔写意。林良的画作多以禽鸟、苍松、芦塘等入画。林良用笔劲健豪爽，稳健沉着，讲求法度。传世作品有《灌木集禽图》《双鹰图》《松鹤图》等。

周臣

周臣（？—1535），字舜卿，号东村，吴县（今江苏苏州）人，明代画家。周臣擅长画人物、山水等题材，画法工细严整。他的山水画主要师法李唐一派，其画山石坚挺，章法严谨，用笔精熟。周臣的人物画也极为出色，古貌奇姿，萧散绵密，各具意态。传世作品有《春山游踪图》《春山游骑图》《春泉山隐图》《访友图》等。

唐寅

唐寅（1470—1523），字子畏、伯虎，号六如居士、桃花庵主，自诩江南第一风流才子，吴县（今江苏苏州）人，明代画家。唐寅擅作山水、人物、花鸟等题材，早年曾学画于周臣，后取法李唐、刘松年等人，用笔细秀，构图疏朗，风格清逸。他所作人物画多为仕女、历史故事等题材；同时精于写意人物。他的花鸟画长于水墨写意，风格秀逸。传世作品有《骑驴思归图》《山路松声图》《王蜀宫妓图》《嫦娥执桂图》等。

文徵明

文徵明（1470—1559），初名璧，字徵明，号衡山居士，长洲（今江苏苏州）人，明代画家。文徵明擅山水、人物、花卉、兰竹等题材，其中以山水成就最高。他的画风呈现粗、细两种风格。山水早年以工细为主，后期粗细兼具，但仍以细笔为主。人物取法李公麟，用笔细秀。而花鸟画笔墨劲秀。传世作品有《烟江叠嶂图》《湘君湘夫人图》《林榭煎茶图》《惠山茶会图》《江南春图》等。

吕纪

吕纪（1477—?），字廷振，号乐愚，鄞县（今浙江宁波）人，明代画家。吕纪因善画被召入宫廷，任锦衣卫指挥使。吕纪擅长花鸟、人物、山水等题材，尤以花鸟著称。他的花鸟广泛取法前代诸家，将工笔重彩和水墨写意两种画法融于一体，风格独特。传世作品有《桂菊山禽图》《雪梅斑鸠图》《残荷鹰鹭图》《鹰鹊图》等。

陈淳

陈淳（1483—1544），字道复，号白阳，长洲（今江苏苏州）人，明代画家。陈淳初学画取法元人，深受水墨写意之影响。后拜于文徵明门下，声誉极高。中年以后作山水，笔法纵逸，多以江南风景入画。在写意花卉方面，陈淳独得玄门，常以一花半叶入画，笔法挥洒自如，风姿疏朗轻健。存世作品有《红梨诗画图》《山茶水仙图》《葵石图》等。

陆治

陆治（1496—1576），字叔平，号包山，吴县（今江苏苏州）人，明代画家。陆治绘画师承文徵明，擅画花鸟、山水等题材。他的花鸟以工笔见长，深得徐熙、黄筌的旨趣，勾勒精细，设色清丽，人称"妍丽派"，与陈淳齐名。陆治的山水画既受到吴门派的影响，同时也吸收了宋代院体和青绿山水的特点，用笔劲峭，意境清朗，自成一格。代表作品有《春山晓霭图》《榴花小景图》《云峰林谷图》等。

仇英

仇英（约1498—1552），名英，字实父，一作实甫，号十洲，又号十洲仙史，太仓（今江苏太仓）人，明代画家，与沈周、文徵明和唐寅被并称"明四家"、"吴门四家"、"天门四杰"。仇英早年为漆工，为人彩绘栋宇，后专门从事绘画，擅长画人物、山水、花鸟、楼阁界画等，尤精于临摹。画法主要师承赵伯驹和南宋"院体"画，擅长青绿山水和人物故事。传世作品有《赤壁图》《玉洞仙源图》《清明上河图》《后赤壁赋图》等。

孙克弘

孙克弘（1533—1611），也作克宏，字允执，号雪居，松江（今属上海）人，明代画家。孙克弘以父荫入仕，官至汉阳知府。他能书善画，尤精没骨花卉，远宗徐熙、易元吉，近师沈周、陆治，笔墨淡雅简练，颇得野逸生趣，兼工兰竹、山水等题材，同时也作佛道像。孙克弘的花卉画兼具粗笔、细笔风貌，别饶韵致。传世作品有《玉堂兰石图》《折枝花卉图》《殊竹图》等。

丁云鹏

丁云鹏（1547—1628），字南羽，号圣华居士，休宁（今安徽休宁）人，明代画家。丁云鹏擅白描、人物、佛像、花卉、山水、墨模等。《程氏墨苑》《方氏墨谱》中的图绘，大都出自丁云鹏的手笔。传世作品有《待朝图》《伏虎尊者》《白马驮经图》《洗象图》《罗浮花月图》《龙王拜观音图》等。

董其昌

董其昌（1555—1636），字玄宰，号思白、香光居士，华亭（今上海松江）人，明代画家。历任庶吉士、南京礼部尚书、太子太保等职。董其昌精于书画鉴赏，在书画理论方面论著颇多。传世作品有《赠稼轩山水》《岚容川色图》等。

王时敏

王时敏（1592—1680），字逊之，号烟客、西庐老人等，江苏太仓人，明末清初画家。崇祯年间曾任太常寺卿，故世称"王奉常"。王时敏擅山水，师法黄公望，用笔含蓄。他的画作在清代产生极大影响。王时敏是山水画"娄东派"的开创者，与王翚、王鉴、王原祁并称"四王"，其居"四王"之首。传世作品有《雅宜山斋图》《夏山图》《溪山楼观图》等。

弘仁

弘仁（1610—1664），姓江名韬，又名舫，字鸥盟，出家后号渐江、渐江学人等，安徽歙县人，明末清初画家，是"新安画派"的奠基人。弘仁一生从事绘画，没有间断。弘仁与查士标、孙逸、汪立瑞并称清初"新安四大家"；与髡残、石涛、八大并称画坛"四高僧"。弘仁的画构图简逸洗练，笔墨苍健整洁，喜欢运用折带皴和干笔渴墨。此外，弘仁还兼写梅花和双钩竹。代表作品有《清溪雨霁》《秋林图》等。

恽寿平

恽寿平（1633—1690），初名格，字惟大，后改名寿平，改字正叔，号南田、白云外史等，江苏武进（今江苏常州）人，清代画家，"常州派"的创始人。恽寿平早年跟随伯父学画，工山水。中年以后转工花卉禽虫。他吸取明代沈周、孙隆等人的创作经验，再参考画史等文献资料，独创一种"仿北宋徐崇嗣"的没骨花卉画法。传世作品有《红梅山茶图》《梅竹图》《玉堂富贵图》等。

原济

原济（1641—1707），俗姓朱，名若极，小字阿长，字石涛，号大涤子、小乘客、清湘遗人等，剃发为僧后，改名原济，广西桂林人，清初画家。原济擅花卉、蔬果、兰竹，兼工人物，尤擅山水。他的画风一反当时盛行的仿古之风，画作构图新奇，笔墨雄健纵姿，淋漓酣畅，于气势豪放中寓静穆之气，有自己独特风格。代表作品有《山水人物图卷》《十六罗汉应真图卷》《渊明诗意图》《策杖图》《观音图轴》《独峰石桥图轴》等。

王原祁

王原祁(1642—1715)，字茂京，号麓台、石师道人等，江苏太仓人，王时敏

之孙，清代画家。1670年中进士，官至户部侍郎，世称"王司农"。王原祁以擅画供奉宫廷，曾奉诏鉴定古今书画，任《佩文斋书画谱》总裁官。他的山水画惯用干笔焦墨，笔力沉着，自谓笔端有金刚杵。这种格局对后世影响甚大，渐成"娄东派"。传世作品有《仿黄公望山水图》《夏山图》《子久画意图》《清溪绕屋图》等。

蒋廷锡

蒋廷锡（1669—1732），字扬孙，一字西君，号南沙、西谷、青桐居士等，江苏常熟人，清代画家。雍正年间历任礼部侍郎、户部尚书、太子太傅等职。蒋廷锡擅画花鸟，多采用没骨、勾勒相结合的表现手法，并用水墨与色墨，形成了逸笔写生、工整简率的风格。蒋廷锡曾创作《塞外花卉》七十种，被宫廷视为珍宝予以收藏。传世作品有《竹石图》《花卉图》《野菊图》《四瑞庆登图》等。

李方膺

李方膺（1679—1755），初名方邹，字虬仲，一字木田，号晴江，又号秋池、抑园、白衣山人等，江苏通州（今江苏南通）人，清代画家，"扬州八怪"之一。李方膺擅画松、竹、梅、兰及草虫、小品等题材，尤精画梅。他在作画之前会对梅花作细致观察，故所画梅花静逸清古，标格独具。传世作品有《风竹图》《游鱼图》《墨梅图》等。

边寿民

边寿民（1684—1752），初名维祺，字颐公，又字渐僧、墨仙等，号苇间居士、绰翁等，江苏山阳（今江苏淮安）人，清代画家，"扬州八怪"之一。边寿民一生能书善画，写芦善用墨竹法；所作花卉翎毛，别具生趣，尤其是泼墨芦雁最负盛名。传世作品有《芦雁图》《歪瓶侬菊图》等。

金农

金农（1687—1764），字寿门，号冬心、老丁、古泉、曲江外史等，浙江仁和（今杭州）人，清代画家，"扬州八怪"之一。金农以布衣终身。五十多岁后才工画，其画造型奇古，善用淡墨干笔作花卉小品，尽脱画家习气，不同凡响。初画竹，继画马、画佛像，画梅更是独创一格，居当时画坛之首。代表作品有《腊梅初绽图》《东萼吐华图》《空香如洒图》《菩萨妙相图》等。

高翔

高翔（1688—1753），字凤岗，号西唐，又号樨堂，江苏扬州人，清代画家，"扬州八怪"之一。高翔一生未入仕途，晚年时右手残废，遂常以左手作画。他擅长山水、花鸟画。山水画师法弘仁和石涛等人。所作园林小景，多为写生作品。金农、汪士慎等人诗集上的小幅画像，就是出自高翔之手，线描简练，神态形象。代表作品有《平山堂八景》《弹指阁图》《雪后寻梅》等。

郑板桥

郑板桥（1693—1765），本名燮，字克柔，号板桥，江苏兴化人，清代画家，"扬州八怪"之一。郑板桥以诗、书、画"三绝"著称于世。郑板桥作画，注重师古而不泥古，尤擅写兰竹，尽为纸本墨写，未见勾勒设色，悟出写竹三个阶段——眼中之竹、胸中之竹、手中之竹。传世作品有《竹石图》《芝兰全性图》《兰石图》《丛竹图》等。

钱维城

钱维城（1720—1772），初名辛来，字宗磐、幼安等，号幼庵、茶山、家轩等，江苏武进（今江苏常州）人，清代画家。钱维城的绘画远学元代四家，近学清初四王，精于山水画，尤其是擅长用缜密的笔法和青绿、赭石相间的设色表现物象，常常呈现出一种富贵的宫廷气息。传世作品有《江阁远帆图》《御花园摘藻堂图》《圣谟广运图》《仿黄公望山水》等。

丁观鹏

丁观鹏（？—1771），字号不详，北京人，清代画家。雍正年间，丁观鹏进入宫廷任画院处行走，在雍正、乾隆两朝堪称画院高手，他在宫廷画院五十余年，共创作了近二百件作品。丁观鹏擅道释、人物等题材，尤精仙佛、神像等，取法明代丁云鹏，渐有出蓝之誉。传世作品有《法界源流图》《乞巧图》《无量寿佛图》《宝相观音图》等。

罗聘

罗聘（1733—1799），字遯夫，号两峰、金牛山人等，安徽歙县人，清代画家，"扬州八怪"之一。罗聘终生布衣，工诗，善画，人物、佛像、花果、梅竹、山水皆能。

其画能兼众家之长，又自辟蹊径，风格独具。传世作品有《丁静像》《金农像》《三色梅图》《秋兰文石图》等。

居巢

居巢（1811—1865），字梅生，号梅巢、今夕庵主等，番禺（今广东广州）人，清代画家。居巢自幼喜爱诗文书画，曾任广西按察使等职。居巢于山水、花卉、鸟禽等皆精，草虫尤精。他画花鸟注重写生，常与堂弟居廉对景写生，作品多以蔬果野花入画，淡写轻描，开创了岭南画派的先河。代表作品有《花果图》等。

居廉

居廉（1828—1904），字古泉，号隔山老人，广东番禺（今广东广州）人，居巢堂弟，清代画家。居廉工花卉、草虫等，注重写实，善用没骨"撞粉"、"撞水"法，线条精细，赋色明丽，画风与居巢相近。居廉的画法开创了岭南画派的先河。代表作品有《花卉草虫》等。

任薰

任薰（1835—1893），字舜琴，又字阜长，清代画家。任薰青年时期在宁波以卖画为生，后来与任颐同去苏州，寓居苏州、上海等地。任薰作人物画师法陈洪绶，多用高古游丝、铁线、行云流水、兰叶的画法。他治学严谨，在临摹、写生上均下了很多苦功。任薰于人物、花鸟、山水、肖像、仕女等无所不精，画法博取众家之长，融会贯通，富有新意。传世作品有《瑶池霓裳图》《人物图》《麻姑献寿图》等。

任颐

任颐（1840—1895），初名润，字小楼，后改字伯年，故亦称任伯年，浙江山阴（今浙江绍兴）人，近代画家。任颐将中国画的传统画法与民间画法、西洋画速写、彩色法相融合，形成了独特的画风。他擅画花鸟，兼工山水、人物，尤精于肖像画。他的画风在清朝末年的江南一带影响颇大。代表作品有《群仙祝寿图》《东山丝竹图》《松下闻箫图》《苏武牧羊图》等。

吴昌硕

吴昌硕（1844—1927），初名俊，又名俊卿，字昌硕，又署仓石、苍石，浙江安吉人，近代画家。吴昌硕受到徐渭和朱耷的极大影响，并将书法、篆刻的行笔、运刀及章法、体势等融入绘画，形成了极具金石趣味的独特画风。吴昌硕以写意花卉最负盛名，传世作品有《天竹花卉》《紫藤图》《墨荷图》《杏花图》等。

齐白石

齐白石（1864—1957），原名纯芝，小字阿芝，后更名璜，字渭清、萍生，号白石老人、寄萍老人、杏子坞老民等，湖南湘潭人，近代画家。齐白石绘画师法徐渭、朱耷、石涛、吴昌硕等人，并加以发展创新，形成了独特的大写意国画风格，开创了红花墨叶一派，尤以瓜果莱蔬、花鸟虫鱼最为精绝，兼擅人物、山水等，名重于世，与吴昌硕并称"南吴北齐"。传世作品有《蛙声十里出山泉》《古树归鸦》《罗浮觅句图》等。

黄宾虹

黄宾虹（1865—1955），初名懋质，后改名质，字朴存，号宾虹、予向、虹若、黄山山中人等，安徽歙县人，近现代画家。黄宾虹擅长山水画，兼作花鸟画。他的山水画画风浑厚润泽，意境郁勃骀荡。他的花鸟画雅健清逸，别具一格。黄宾虹与齐白石并称"南黄北齐"。代表作品有《阳朔初霁》《黄山松谷图》《富春江上游图》等。

陈师曾

陈师曾（1876—1923），名衡恪，号朽道人、槐堂，江西修水人，近代画家。陈师曾擅长花鸟、人物、山水等题材，取法徐渭、陈淳、扬州八怪、吴昌硕等人，注重写生创造。他的花鸟画绮丽浑厚，画风雄秀简远。他的人物画多从现实生活取材，常带有速写和漫画的情趣。代表作品有《乞食图》《墙有耳》《溪流浣衣图》《山泉图》《山边一楼》等。

金城

金城（1878—1926），原名绍城，字巩北，号北楼、藕湖等，浙江吴兴人，近代画家。金城的山水、花鸟、人物画都颇具古意。1918年，他与周肇祥、陈师曾等人在北京聚集了一批有绘画基础的青年,筹建了中国画学研究会,金城负责教授古代绘画。金城前期的作品大多临摹古画,到晚年创作一些写生画,极富生气。代表作品有《天中五瑞》《千年桃实图》等。

于非闇

于非闇(1889—1959),原名於照,字非厂,满族,北京人,近现代画家。于非闇对中国画颜料的制作和分类颇有研究。他初学陈洪绶,然后研究宋元诸名家,对宋徽宗赵佶的工笔花鸟画法研究最为精深,长于牡丹、大理花、美人蕉、红杏、和平鸽等,线条严谨工整,劲挺有力,赋色典雅匀净,形象生动传神。代表作品有《玉兰黄鹂》《红杏山鹧》《和平鸽》等。

刘海粟

刘海粟(1896—1994),原名盘,字季芳,号海翁,江苏常州人,现代画家。刘海粟擅长油画、国画。他十四岁时到上海背景画传习所学习西洋画;后又与乌始光、张聿光等人创办了中国第一所美术学校——上海国画美术院。刘海粟任校长,开设人体写生课,并开创了男女同校的先河。代表作品有油画《森林》《夜月》《卢森堡之雪》等、国画《九溪十八涧》等。

丰子恺

丰子恺(1898—1975),原名丰润,又名丰仁,浙江桐乡人,现代画家。丰子恺以漫画闻名艺坛。他早年学画于李叔同,后东渡日本学习绘画。五四运动后,他开始进行漫画创作。早期的漫画题材多来源于现实,常带有"温情的讽刺"意味。后期则常以古诗作新画,尤其喜爱创作儿童题材。代表作品有《要》《最后的吻》《茶店一角》等。

张大千

张大千(1899—1983),原名张正权,又名爰、季爰,号大千,别号大千居士,四川内江人,现代画家。代表作品有《大风堂临摹敦煌壁画》《幽谷图》《山高水长》《瑞士雪山》《瑞奥道中》《水月观音》等。

林风眠

林风眠（1900—1991），原名林凤鸣，广东梅县人，现代画家。林风眠自幼喜爱绘画，十九岁赴法国学习西洋画。林风眠善于描写仕女、京剧人物、渔村风情、女性人体，以及各类静物、风景画。他努力尝试打破中西艺术界限，创造出一种共通的艺术语言。林风眠的绘画作品有《春晴》《江畔》《仕女》《山水》《静物》等。

李可染

李可染（1907—1989），原名李永顺，曾用号三启，室名师牛堂，江苏徐州人，现代画家。李可染曾先后师从林风眠、齐白石、黄宾虹等人学习绘画，致力于民族传统绘画的研究与创作。他的水墨画一改逸笔优雅的文人画风，转而以悲沉的黑色为基本色调，从而形成了黑、满、崛、涩的独特艺术风格。代表作品有《山林之歌》《林茂鸟竞归》《雨后瀑声响》等。

关山月

关山月（1912—2000），原名关泽霈，广东阳江人，现代画家。关山月始终坚持绘画创作取材于现实生活，常到西南、西北及南洋等地旅行写生。他坚持岭南画派的革新主张，追求画面的生活气息和时代感。他的山水画立意高远，境界超凡。代表作品有《新开发的公路》《俏不争春》《绿色长城》等，并与傅抱石合作创作《江山如此多娇》《香港回归梅报春》等。

刘炟

刘炟（58—88），即汉章帝，东汉的第三位皇帝，75年至88年在位，庙号肃宗。汉章帝即位后，励精图治，轻徭薄赋，使汉朝的经济、文化得到了大发展，与汉明帝共创"明章盛世"。汉章帝也是一位书法家，尤其喜爱杜操的草书，他曾下诏百官以草书写奏折。汉章帝的草书也极为有名，被称为"章草"。《淳化阁法帖》中收录有汉章帝的章草一帖。

崔瑗

崔瑗（77—142），字子玉，涿郡安平（今属河北）人，东汉书法家。崔瑗擅长文辞，尤善书记箴铭，他的著作有《七苏》《南阳文学官志》《叹辞》《移社文悔祈》等五十七篇。崔瑗善章草，师法杜操，书体较浓，结字工巧。崔瑗开启了章草的先河，与杜操并称"崔杜"。著有《草书势》。

蔡邕

蔡邕（132—192），字伯喈，陈留圉（今河南杞县）人，东汉书法家。蔡邕年轻时师从胡广，通经博史，精工篆隶，尤其以隶书见长，唐代张怀瓘《书断》中称其"体法百变，穷灵尽妙，独步古今"。蔡邕在书法理论方面也是集大成者。代表作为《熹平石经》。传世书论有《篆势》《笔赋》《笔论》《九势》等。

张芝

张芝（？—约192），字伯英，敦煌渊泉（今甘肃安西）人，东汉书法家，人称"草圣"，我国最早的今草大师。张芝擅长章草，他对当时字字区别、笔画分离的草法进行创新，发展成为上下牵连，并富于变化的新写法，即今草，在当时产生很大影响。张芝今无墨迹传世，仅北宋时期的《淳化阁帖》中收录有他的《八月帖》等刻帖。

张昶

张昶（？—206），字文舒，敦煌渊泉（今甘肃安西）人，张芝之弟，东汉书法家。张昶曾任黄门侍郎，擅章草，书法风格类似其兄张芝，当时人们称其为"亚圣"。传世作品有《西岳华山堂阙碑铭》。张怀瓘的《书估》将其书法与蔡邕、韦诞等同列为第二等。

韦诞

韦诞（179—253），字仲将，京兆（今陕西西安）人，三国书法家，官至光禄大夫。韦诞吸收张芝等人的书法技艺，加以创新，能写各种书体，其中以草书、楷书最为有名。他还擅长题署，南宫、凌云台，以及洛阳、许、邺三都宫观等都是由韦诞题署。他还善于制墨、制笔，著有《笔经》，其书法艺术对西晋书法的发展有着重大影响。

索靖

索靖（239—303），字幼安，敦煌龙勒（今属甘肃）人，西晋书法家。历任尚书郎、酒泉太守等，官至征西司马，故世称"索征西"。索靖工书法，尤精章草，师法张芝草书并加以变化，自成一格，索靖自名其书为"银勾虿尾"，前人评其"精熟至极，素不及张；妙有余姿，张不及索"。传世作品有《月仪帖》《出师颂》等。

陆机

陆机（261—303），字士衡，吴郡华亭（今上海松江）人，西晋书法家。历任平原内史、祭酒、著作郎等职，与弟陆云并称"二陆"，后死于"八王之乱"。陆机工书法，尤其擅长行草书，他的《平复帖》是现存年代最早的、真实可信的西晋名家法帖。

王羲之

王羲之（303—361），字逸少，琅琊临沂（今山东临沂）人，东晋书法家。官至右军将军、会稽内史等，世称王右军、王会稽。王羲之出身于书法世家，他楷书师法钟繇，草书学张芝，博采众家之长。他的书法给人以静美之感，被誉为"龙跳天门，虎卧凤阁"。王羲之楷、行、草、飞白诸体皆能，后代尊之为"书圣"。王羲之的真迹今已难见，现所见《兰亭序》《黄庭经》《快雪时晴帖》《丧乱帖》等都是摹本。

王献之

王献之（344—386），字子敬，琅琊临沂（今山东临沂）人，王羲之之子，东晋书法家。王献之幼时跟随父亲学书，后来师法张芝，并别创新体，自成一家，人称"破体"。王献之的书法，楷、行、草、隶各体皆精，尤以行草成就最高，风格豪迈英俊，饶富气势。王献之与父齐名，并称"二王"。代表作品有《洛神赋十三行》《鸭头丸帖》《中秋帖》等。

王珣

王珣（350—401），字元琳，小字法护，琅琊临沂（今山东临沂）人，东晋书法家。王珣历任大司马参军、散骑常侍、辅国将军、吴国内史、尚右仆射等职。王珣擅行书、草书，书体成熟，运笔自然。传世作品有《伯远帖》《三月帖》等。他的名作《伯远帖》是东晋时十分难得的名人法书真迹，也是东晋王氏家族存世的唯一真迹。

羊欣

羊欣（359—432），字敬元，泰山郡南城（今山东费县）人，东晋书法家。羊欣的书法师承王献之，在楷书、隶书、行书、草书等方面都有较高成就，尤善于隶书，自王献之以后，可以独步。传世书迹有《暮春帖》《笔精帖》等。

薄绍之

薄绍之（生卒年不详），字敬叔，丹阳（今安徽当涂）人，南朝书法家。薄绍之擅长书法，风格秀异，尤工行、草，与羊欣并称"羊薄"。南朝梁袁昂在《古今书评》中认为"薄绍之书，字势蹉跎，如舞女低腰，仙人啸树，乃至挥毫振纸，有疾闪飞动之势"。庾肩吾在《书品》中将薄绍之的书法列为下之上品；唐代张怀瓘《书断》中将他的隶书、行书、草书等列入妙品。

欧阳询

欧阳询（557—641），字信本，潭州临湘（今湖南长沙）人，唐代书法家，唐初四大书家之一。欧阳询工书法，擅长楷、行、隶等书体，其书结体紧结，笔法刻厉险劲，气度森严。传世作品有《卜商帖》《张翰帖》《梦奠帖》、行书《千字文》等，碑刻有《九成宫醴泉铭》《皇甫诞碑》《化度寺邕禅师塔铭》《房彦谦碑》等。

虞世南

虞世南（558—638），字伯施，越州余姚（今浙江余姚）人，唐初四大书家之一。历任秦府参军、弘文馆学士、秘书监等职。唐太宗称赞虞世南有五绝，即德行、忠直、博学、词藻、书翰。虞世南曾得智永亲传，又学王羲之笔法，擅楷书、行草书等。他的书法笔致外柔内刚，圆融遒劲，安详沉厚。传世作品有行草书《汝南公主墓志铭》等，碑刻有楷书《孔子庙堂碑》《破邪论序》等。

褚遂良

褚遂良（596—658），字登善，钱塘（今浙江杭州）人，唐代书法家，唐初四大书家之一。贞观年间被封为河南郡公，故称"褚河南"，历任起居郎、谏议大夫、中书令等职。褚遂良初学欧阳询，后学虞世南，并取法王羲之，融会贯通，自成一家，世有"字里金生，行间玉润，法则温雅，美丽多方"的美誉。传世碑刻有《同州三藏圣教序碑》《伊阙佛龛记》《孟法师碑》等。

孙过庭

孙过庭(645—703),名虔礼,吴郡富阳(今浙江富阳)人,唐代书法家。历任率府录事参军等职。孙过庭博雅好古,擅楷书、行书等体,尤以草书见长,师法王羲之、王献之父子,笔势坚挺苍劲,直逼二王。传世作品有《千字文》《景福殿赋》《书谱》(上卷)等。

薛稷

薛稷(649—713),字嗣通,蒲州汾阴(今山西万荣)人,唐初四大书家之一。历任黄门侍郎、参知机务、太子少保、礼部尚书等职。薛稷书法初工隶书,后师法褚遂良,颇得褚遂良笔法精髓,时称"买褚得薛,不失其节"。除书法外,薛稷的绘画成就也很高,他擅画人物、佛像、鸟兽、树石等题材,尤精于画鹤,时称一绝。碑刻作品有《升仙太子碑》《信行禅师碑》等。

李邕

李邕(678—747),字泰和,广陵江都(今江苏扬州)人,唐代书法家。因官至北海太守,故称"李北海"。李邕工文,尤长碑颂;擅行书,初学王羲之,加以变化,笔法一新。曾以行书书写《晋祠铭》碑文,名重一时。李邕的书风豪迈挺拔,结体茂密,笔画雄厚苍劲。传世作品有《端州石室记》《麓山寺碑》《法华寺碑》《云麾将军李思训碑》等。

李阳冰

李阳冰(生卒年不详),字少温,赵郡(今河北赵县)人,唐代书法家。历任缙云令、当涂令、集贤院学士、将作少监等职,世称李监。李阳冰擅篆书,相传他初学李斯,后师孔子《吴季札墓志》,颇得旨趣。李阳冰的书法早年笔势瘦劲,后期则愈加淳劲。今无墨迹传世,仅有宋代重刻的《城隍庙碑》《三坟记》《般若台题记》等传世。

张旭

张旭(生卒年不详),字伯高,一字季明,吴郡(江苏苏州)人,唐代书法家。张旭官至金吾长史,故称"张长史"。他工诗书,擅楷法,尤以狂草见长。张旭为人豪放,嗜好饮酒,与李白、贺知章等人并称"饮中八仙"。他常在酒后以头发濡墨大书，如醉如痴，故称"张颠"。传世书迹有《郎官石记》《草书古诗四帖》等。

颜真卿

颜真卿（709—785），字清臣，京兆万年（今陕西西安）人，唐代书法家。历任监察御史、平原太守、宪部尚书、御史大夫等职，受封鲁郡公，人称颜鲁公。颜真卿自幼学书，得到张旭亲传，并取法蔡邕、王羲之、王献之、褚遂良等人，加以融会贯通，形成一种独特的风格。他的楷书结体方密，世称颜体。他的行草书气势凝练浑厚。传世作品有《竹山堂联句诗帖》《告身帖》《祭侄季明文稿》，碑刻有《多宝塔碑》《麻姑仙坛记》等。

怀素

怀素（737—799），自幼出家为僧，俗姓钱，字藏真，永州零陵（今湖南零陵）人，唐代书法家。怀素擅草书，嗜好饮酒，常在酒酣之时即兴挥毫，笔走龙蛇，世称醉僧。他的草书笔法圆转瘦劲，自然流畅，变化万千。怀素与张旭可谓唐代书法的两座高峰，并称"颠张狂素"。传世书迹有《自叙帖》《苦笋帖》《食鱼帖》《圣母帖》《论书帖》等。

李建中

李建中（945—1013），字得中，自号岩夫民伯，京兆（今陕西西安）人，北宋书法家。历任太常博士、工部郎中等职。李建中善书法，擅草、隶、篆、籀、八分等书体，行笔尤精，师法颜真卿及魏晋书风，多创新体。其书笔致丰腴，结体端庄。传世墨迹有《同年帖》《贵宅帖》（又名《宝宅帖》）、《土母帖》等。

薛绍彭

薛绍彭（生卒年不详），字道祖，号翠薇居士，长安（今陕西西安）人，北宋书法家。薛绍彭以行、草书见长，先师法王羲之、王献之，得"二王"法度；后师法钟繇，结体茂密，功力深厚，法度森严，笔致清润遒丽，有六朝遗风。薛绍彭与米芾并称"米薛"。存世书迹有《诗卷》《兰亭临写本》《昨日帖》《随事吟帖》《晴和帖》等。

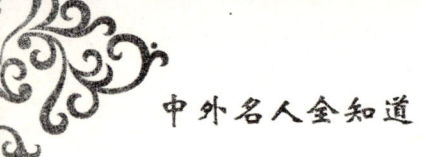

蔡襄

蔡襄（1012—1067），字君谟，兴化（今福建仙游）人，北宋书法家，宋代四大书法家之一。蔡襄书法精妙，恪守法度，有晋唐书风，变化无穷，于真、行、草、隶四种书体均负盛名。欧阳修称其书法可以"独步当世"，苏轼也认为"君谟，行书第一，小楷第二，草书第三，就其所长求其所短，大字为少疏也"。传世作品有《万安渡石桥记》《集古录序》《荔枝谱》《茶录》等。

米芾

米芾（1051—1107），初名黻，后改芾，字元章，号襄阳居士、海岳山人等，祖籍太原（今山西），北宋书法家，宋代四大书法家之一。历任校书郎、书画博士、礼部员外郎等职。米芾工书法，于篆、隶、楷、行、草等书体无所不擅，长于临摹古人书法，常常难辨真伪。初学欧阳询、柳公权，后师法王羲之父子，笔力浑厚，自名"刷字"。传世墨迹有《向太后挽辞》《蜀素帖》《苕溪诗帖》等。

鲜于枢

鲜于枢（1257—1302），字伯机，号困学民，又自号虎林隐吏、直寄老人等，渔阳（今北京）人，元代书法家。历任浙东都省史掾、太常典簿等职。鲜于枢工书法，精楷、行、草等书体，尤以草书见长。师法钟繇、王羲之父子、虞世南、褚遂良、张旭、怀素等人，笔法遒劲婉转，气势雄伟。传世墨迹有《老子道德经》《苏轼海棠诗卷》《王荆公杂诗卷》《唐诗卷》等。

沈粲

沈粲（1379—1453），字民望，号自乐，华亭（今上海松江）人，沈度之弟，明代书法家。沈粲擅长各体书体，深受明成祖、明宣宗的赏识和重用。沈粲还曾为宣宗用太庙祭祀的官窑白釉瓷书写过年号款。董其昌对"二沈"极为推崇，称文（徵明）、祝（允明）二家，可谓是当世的标杆，但是也未能超过"二沈"。

祝允明

祝允明（1461—1527），字希哲，因生枝指，自号枝生，又号枝指生，长洲（今江苏苏州）人，明代书法家。历任广东兴宁知县、应天府通判等职。祝允明与唐寅、文徵明、徐祯卿并称"吴中四才子"，他尤工书法，隶、楷、行、草诸体均工，尤以草书成就为最。传世墨迹有《出师表》《自书诗》《落花诗卷》《洛神赋卷》《前后赤壁赋卷》等。

蔡羽

蔡羽（？—1541），字九逵，自号林屋山人，又称左虚子，吴县（今江苏苏州）人，明代书法家，与祝允明、文徵明等人先后享誉于世。蔡羽的书法以正、行书成就最高，善"以秃笔取劲，姿尽骨全"。他的传世真迹非常少见，所以尤为珍贵。目前所知有《临解缙诗》《保竹说卷》《游金陵诗扇页》《论书法语卷》等。

王宠

王宠（1494—1533），字履仁、履吉，号雅宜山人，长洲（今江苏苏州）人，明代书法家。王宠工篆、隶等书体，书法初学蔡羽，后取法晋唐，楷书师承虞世南、智永等人；行书学王献之，并加以融会贯通，自成一家。他以小楷见长，空灵简远。传世书迹有《诗册》《杂诗卷》《千字文》《古诗十九首》《李白古风诗卷》等。

邢侗

邢侗（1551—1612），字子愿，号知吾，自号啖面生、方山道民、济源山主等，世尊称"来禽夫子"，临邑（今山东临邑）人，明代书法家。邢侗擅画工书，遍临魏晋、唐宋诸名家，博采众长，尤其擅长王羲之书法，深得其神髓。邢侗行草、篆隶，各臻其妙，而以行草见长；晚年以章草见长。邢侗与董其昌并称"南董北邢"，与张瑞图、米万钟并称"邢张米董"。传世书迹有《论书册》《古诗卷》《临晋人帖》等。

米万钟

米万钟（1570—1628），字仲诏、号友石，关中人，米芾后裔，明代书法家。历任太仆少卿等职。米万钟工翰墨，有好石之癖。明代陶宗仪《书史会要》中记载米万钟"行得南宫家法与华亭董太史齐名，时有南董北米之誉。尤擅署书，擅名四十年，书迹遍天下"。传世书迹有《尊拙图诗轴》《刘景孟十八寿诗轴》《题画诗轴》等。

弦歌余韵

在距今六千七百年至七千余年的新石器时代,我国的先民们已经可以制造陶埙、骨哨等原始乐器,当时的人们已经有了对乐音的审美能力。关于我国音乐历史发展最早的文字记载始于周朝。但是,我国古代的音乐理论发展缓慢,在"正史"中地位极低,音乐家也不受重视,充其量是供贵族娱乐的"伶人"而已,所以没有多少相关的书面资料。在古代,音乐是知识分子阶层必备的技能之一,因此在古人的日常生活中占有重要的地位。古人也创造了许多多彩的旋律。

师旷

师旷(生卒年不详),名旷,字子野,晋国音乐家。师旷是盲人,所以自称盲臣、瞑臣等。他的音乐知识极为丰富,不仅精熟琴曲,而且善用琴声来表现自然界的各种音响。他的耳朵很灵,听力超群,善于辨别乐音,以"师旷之聪"闻名于后世。在明清时期流传的琴谱中,《阳春》《白雪》《玄默》等琴曲的作者也托名师旷。

师涓

师涓(生卒年不详),卫国音乐家。师涓以善于弹琴而著称于世,相传他的记忆超群,听力非凡,曲过耳而能不忘。《韩非子·十过》中记载,师涓随卫灵公前往晋国,在濮水附近住宿之时,卫灵公半夜时听到一种新乐,以为是鬼神,就命令师涓把这种音乐记录下来,即为"商音流水"。到晋国以后,师涓将这首曲子弹奏给晋平公听,曲未终了,就被晋国的乐师师旷打断了,他认为这是商纣王的亡国之音,所以不能弹奏。

雍门周

雍门周(生卒年不详),名周,住在齐国都西门(当时称雍门),故称雍门周、雍门子、雍门子周,战国时期齐国琴家。《说苑·善说》中记载,雍门周为孟尝君弹奏悲哀、感伤的琴曲,使孟尝君泫然而泣。后世文人的诗文中常出现"雍门泪"、

"雍门琴"的字语，说的就是这个典故。后世传说雍门周是琴谱的发明人。

伯牙

伯牙（生卒年不详），楚国人，春秋时期琴师。伯牙擅弹古琴，技艺精湛，如《荀子·劝学篇》中记载"伯牙鼓琴而六马仰秣"。伯牙也长于作曲，被尊为"琴仙"。传为伯牙的琴曲作品有《高山》《流水》和《水仙操》等。

韩娥

韩娥（生卒年不详），战国时期韩国人。《列子·汤问》中记载，韩娥善于歌唱，有一次她经过齐地，身上没有盘缠，吃饭和住宿都成了问题，非常凄苦。韩娥无奈之余，就在齐国雍门卖唱。她的歌声婉转圆润，神态凄美动人，路人纷纷驻足聆听，解囊相助。韩娥离开齐国以后，人们还感觉韩娥的歌声似乎在围着屋梁打转，好久都没有散去。成语"余音绕梁"就出于此。

高渐离

高渐离（生卒年不详），战国末期燕国乐人。高渐离善击筑，与荆轲为知己。荆轲入秦行刺，高渐离到易水为他送行。他击筑，荆轲和歌："风萧萧兮易水寒，壮士一去兮不复还！"音乐声、歌声慷慨悲壮。秦始皇统一六国后，高渐离隐名埋姓，开始做酒保。秦始皇听说他善于击筑，就把他召入宫里，熏瞎了他的双眼。高渐离在筑中暗藏铅丸，趁机扑击秦始皇，未成，后被杀。

李延年

李延年（？—前87），中山（今河北定州）人，汉代音乐家。由于李延年的妹妹李夫人受宠于汉武帝，而被任命为乐府协律都尉，掌管宫廷音乐事务。李延年能歌善舞，歌声婉转动人。他还擅长作曲、编曲，曾为司马相如等人所作的十九首郊祀歌词谱曲，经他改编过的乐曲都极为动人，《史记》认为"每为新声变曲，闻者莫不感动"。此外，李延年还将张骞带回的西域《摩柯兜勒》曲改编为"新声二十八解"，并作为仪仗队的军乐。

桓谭

桓谭（？—56），字君山，沛国相（今安徽濉溪）人，东汉音乐家。桓谭精

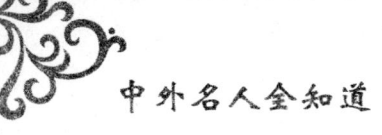

通音律,擅长弹琴,对音乐的见解独到,尤其反感徒具形式的雅乐。著有《新论》,原书已失传,清代有几种辑佚本。书中介绍了历代的琴家,如师旷、雍门等;此外,还介绍了《尧畅》《舜操》《禹操》《文王操》《微子操》《箕子操》《伯夷操》等琴曲。

杜夔

杜夔(?—188),河南(今河南洛阳)人,汉末音乐家。历任雅乐郎、太乐令、协律都尉等职。杜夔聪明过人,精通音律,擅长管弦等各种乐器。他长期在宫廷任职,主管歌舞音乐,对前代古乐颇有研究,在继承的基础上加以创新。杜夔最擅长弹奏的是《广陵散》,到晋代时,仍有他所传的《鹿鸣》《驺虞》《伐檀》和《文王》四曲雅乐。

戴逵

戴逵(326—396),字安道,谯郡铚县(今安徽宿州)人,东晋音乐家。戴逵终生未仕,博学多才,擅鼓琴。著有《戴逵集》九卷,惜已散佚。

苏祗婆

苏祗婆(生卒年不详),隋代龟兹音乐家、琵琶演奏家。据《隋书·音乐志》中记载:568年,苏祗婆随突厥阿史那氏来到中原。他不仅精通音律,而且琵琶技艺超群,他将西域常用的"五旦"、"七调"等乐调体系传入中原,为唐代燕乐二十八调奠定了理论基础。这在我国古代音乐发展史上堪称一个重要的转折点。

郑译

郑译(540—591),字正义,荥阳开封(今河南开封)人,隋代音乐家。历任隆州刺史、岐州刺史等职。郑译曾向苏祗婆学习龟兹乐调理论和龟兹琵琶,并创立了八十四调的乐调理论,在"开皇乐议"中留下了一些较为详尽的、重要的乐律学史料。著有《乐府声调》三卷,已佚。今存的论述散见于《隋书·音乐志》中,其中包括"三声并戾"、五旦七声、七始、八音之说,以及八十四调旋宫学说等。

李疑

李疑(生卒年不详),隋代民间琴师。李疑常以连珠彩弦装饰在琴的腰部,名为"连珠",所以人称"连珠先生",擅弹《竹吟风》《哀松露》等琴曲。李疑作有琴曲《草虫子》《规山乐》及三十六小调等，《琴历头簿》中收录的《连珠弄》也托名为他的作品。

王绩

王绩（585—644），字无功，自号东皋子、五斗先生等，绛州龙门（今山西河津）人，唐朝音乐家。王绩出身官宦世家，是隋末大儒王通的弟弟。他满身才华而得不到施展，在隋唐之际，曾三仕三隐。隐居时他常以琴酒诗歌自娱，擅长弹琴，曾"加减旧弄"，改编琴曲《山水操》，为世人赞赏。

董庭兰

董庭兰（约695—765），陇西人，唐代琴师。董庭兰早年曾学习凤州一带流行的"沈家声"、"祝家声"。董庭兰在当时已享有较高声誉，并与当时的文人交情颇深，如高适就作有《别董大》一诗。董庭兰把他擅长弹奏的《胡笳》整理成琴谱，现存的《大胡笳》《小胡笳》两曲，相传就是他创作的；《神奇秘谱中》中收录的《颐真》，是他在山林隐居时创作的。

李龟年

李龟年（生卒年不详），唐代歌唱家。李龟年与李彭年、李鹤年三兄弟都是唐玄宗时的宫廷乐工，均具备文艺天赋，其中李彭年善舞，李龟年、李鹤年二人善歌，李龟年还擅长吹奏筚篥，击打羯鼓，并且长于作曲，唐玄宗就特别欣赏他们创作的《渭川曲特》。安史之乱后，杜甫曾在江南遇见流落于此的李龟年，并作有一首《江南逢李龟年》："岐王宅内寻常见，崔九堂前几度闻。正是江南好风景，落花时节又逢君。"

何满子

何满子（生卒年不详），是唐玄宗开元年间沧州籍的歌女。她色艺出众，名满长安，却不知何故被官府判处死刑。临刑前，歌女要求再唱一首歌。此时的何满子，心中怀着极度的悲愤，她的歌声断人肝肠，令天地为之动容。歌女的悲歌让宫中派来监斩的人也生出同情之心，快马奏告唐玄宗，多情的皇帝及时颁下圣旨，赦免了她的死罪。何满子没有想到，一曲悲歌竟救了自己的性命。从此以后，"何满子"就成了悲歌的代名词。

雷海青

雷海青（716—755），莆田（今福建莆田）人，唐代宫廷乐师。雷海青善弹琵琶。安禄山攻入长安后，在长安北凝碧池举行大宴，强押数百名梨园弟子为他演奏，并说有泪者当斩。雷海青非常悲愤，于是奋力地将琵琶摔到地上，然后朝向西面大哭。安禄山气急败坏，下令将雷海青斩首示众。王维听说这件事后，非常悲痛，并为他作了一首七绝诗："万户伤心生野烟，百官何日再朝天。秋槐叶落空宫里，凝碧池头奏管弦。"

念奴

念奴（生卒年不详），唐代天宝年间歌伎。据元稹《连昌宫词》自注云："念奴，天宝中名倡，善歌。"据传，唐玄宗每次举行辞岁宴会，念奴都会出场演歌，极受欢迎。念奴的音色优美异常，歌声清亮激越，被唐玄宗称誉为"每执行当席，声出朝霞之上"，二十五人吹管也盖不过她的歌喉。元稹称赞她"飞上九天歌一曲，二十五郎吹管逐"。念奴色艺双全，她的声名一直传至后世。词牌名《念奴娇》就得自她。

许和子

许和子（生卒年不详），永新县人，故以"永新"为艺名，唐代女歌唱家。唐玄宗开元末年被选入宫廷，并成为非常优秀的宫廷歌手。安史之乱时，许和子逃出长安，后沦落风尘，郁郁终老。史书上关于她的记载是："美而慧，善辞歌，变新声。"她的声音非常具有穿透力，史称"喉啭一声，响传九陌"，"永新善歌"之名，在当时传遍朝野。后人曾把许和子的歌曲编为国乐曲，并命名为"永新妇"。

姜夔

姜夔（1155—1221），字尧章，号白石道人，世称姜白石，饶州鄱阳（今江西鄱阳）人，南宋音乐家、词人。姜夔怀有忧国忧民之心，却屡次应考而不第，一身抱负无处施展，一生困顿，以布衣终身。他对当时的政治非常不满，并对辛弃疾抗金的事业予以支持。姜夔多才多艺，娴通音律，擅吹箫弹琴，能自创曲谱，他的词作格律严密，以空灵含蓄享誉于世。著有《白石道人歌曲》。

朱载堉

朱载堉（1536—1611），字伯勤，号句曲山人，自号狂生、山阳酒狂仙客等，安徽凤阳人，明太祖朱元璋的九世孙，明代律学家，世称"律圣"。朱载堉自幼喜好音律和数学。著有《瑟谱》《律历融通》《律学新说》《律吕精义》《算学新书》等。

徐上瀛

徐上瀛（约1582—1662），别号青山，江苏太仓人，明代琴家。明神宗万历年间，曾向"虞山派"创始人严澂拜师学琴，尽得严澂的真传，并融于己身，到明代末期成为独步虞山琴坛的著名琴家。著有《大还阁琴谱》《万峰阁指法闷笺》《溪山琴况》等。

张乔

张乔（1615—1633），又名张二乔，字乔精，苏州人，明末清初歌唱家。张乔天性聪慧，自幼随母沦落各地，成为"歌伎"，并自称"二乔"。张乔对歌曲的领悟力极高，往往听过一次便能记住。她还善弹琴，工画兰竹，尤好诗词。她曾参与南园诸子的联吟酬唱，才色之名在广州城内无人不晓。

庄臻凤

庄臻凤（约1624—1667），字蝶庵，今扬州人，清代初期琴家。庄臻凤在艺术上具有一定的造诣，曾师从徐上瀛，但是他能做到不拘于虞山派的技术，同时汲取古浙、中州等派的特色，加以融会贯通，形成自己独特的风格。庄臻凤共创作琴曲十四首，其中流传最为广泛、最具代表性的当数《梧叶舞秋风》和《春山听杜鹃》。

魏子犹

魏子犹（1875—1936），河南遂平人，近代音乐家。魏子犹擅长多种民族乐器，如筝、琴、琵琶、笛、箫等，他是最早传播河南筝曲的人，1925年前后，他在北京道德学社教授古筝，促进了中州古调的传播。魏子犹的演奏浑厚古朴，传有十余首作品，如《小开手》《关雎》《天下大同》《渔舟唱晚》等。

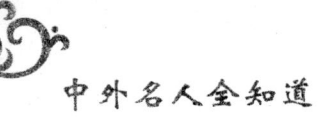

何柳堂

何柳堂（1872—1933），名森，字与乡，广东番禺（今广东广州）人，近代民间音乐家。何柳堂自幼跟随祖父何博众学习民族乐器，尤擅弹奏琵琶曲，对广东音乐也多有钻研。从1920年起，何柳堂开始乐曲创作，无论是描情写景，都表现得极为生动。他常用突破传统的创作手法，采用跳跃节奏、顿音及唢呐乐器等，形成新的乐语，推动了广东音乐的发展和创新。代表作有《赛龙夺锦》《七星伴月》《垂阳三复》等。

王露

王露（1879—1921），字心葵，山东诸城人，近代古琴演奏家、琵琶演奏家，与王心源、王冷泉并称"诸城琅琊三王"。王露通音律，擅琵琶，曾先后学虞山派、金陵派琴曲，他对北派的琵琶弹法也颇有研究，并有所创新，如以弹挑代勾，分代摭，搓代摇等，这些都弥补了北派弹法的不足。清末期曾东渡日本学习音乐。1919年，受蔡元培之邀，在北京大学音乐研究会任国乐导师。著有《玉鹤轩琴谱》《玉鹤轩琵琶谱》等。

丘鹤俦

丘鹤俦（1880—1942），乳名阿英，广东音乐演奏家、作曲家。丘鹤俦自幼喜好音乐，他曾收集、整理、谱记当时十分流行的古曲、小调、佛乐和粤曲等，编著出版了《弦歌必读》，这是广东最早的音乐入门课本。此外，还编有其他曲集书刊，如《琴学精华》《国乐新声》《琴学新编》等，并远销美、加和东南亚等地。丘鹤俦创作有《娱乐升平》《双龙戏珠》《狮子滚球》《相见欢》《声声慢》等。

阿炳

阿炳（1893—1950），原名华彦钧，江苏无锡人，近代民间音乐家。阿炳自幼跟随父亲学习鼓、笛、二胡、琵琶等乐器，刻苦钻研，精益求精，十余岁的时候已经能够演奏多种乐器。到三十四岁时，他的双目失明，沦为街头艺人，仅靠在街头演奏二胡营生，他自编自唱，用人们喜闻乐见的说唱形式评说时事，抨击社会的黑暗面。

刘天华

刘天华（1895—1932），江苏江阴人，民族音乐作曲家、二胡与琵琶演奏家、音乐教育家。他曾学过管乐、小提琴、钢琴等西洋乐器，以及二胡、琵琶等国乐器，并先后在北京大学、女子高等师范学校、北平艺专等教授音乐。刘天华一生致力于对国乐的改进，并主张音乐应该"要顾及一般民众"，认为国乐的发展，应吸收借鉴西方音乐，从而找到新的发展方向。创作有《病中吟》《月夜》《苦闷之讴》《闲居吟》《良宵》《改进操》等。

查阜西

查阜西（1895—1978），江西修水人，现代琴家。他十三岁开始学弹古琴，成年后在长沙、苏州、上海等地开展琴学事业。20世纪30年代初，查阜西在上海组织、发起了"今虞琴社"，对我国琴界影响深远。查阜西演奏的琴曲，风格细腻深沉，演唱的琴歌典雅古朴。编有《存见古琴曲谱辑览》《琴曲集成》等琴曲巨著。

管平湖

管平湖（1897—1967），名平，字吉庵、仲康，号平湖，自称门外汉，江苏苏州人，现代古琴演奏家。管平湖书画、音律皆精。他的琴艺精湛，学得九嶷派、武夷派、川派等著名琴派的精髓，并将三派之长集于己身；他还汲取民间音乐中的营养，不断创新，自成一派，即近代中国琴坛上颇具地位的"管派"。代表曲目有《流水》《广陵散》《胡笳十八拍》《幽兰》等。

吕文成

吕文成（1898—1981），广东中山人，现代音乐演奏家、作曲家。吕文成所创作的乐曲多达百余首，其中的《渔歌唱晚》《平湖秋月》《步步高》《银河会》等乐曲广为流传。在演奏方面，吕文成擅长吹拉弹唱，他首先用钢弦替代了二胡的丝弦，并采取新的拉奏方法，即以两膝适当部位夹住琴筒进行演奏。经他改造后的二胡，即所谓粤胡，也称高胡，在广东音乐中已成为最重要的特性乐器之一。

王殿玉

王殿玉（1899—1964），字逐袭、洁尘，山东郓城人，著名盲艺人，民族器乐演奏家，擂琴艺术的创始人。王殿玉在多年演奏经验的基础上，创造出了"大雷"（又名擂琴），并逐渐发展形成了一套独具特色的演奏方法。他的演奏技艺娴熟精湛，心手相应，在古筝、古琴、胡琴、扬琴演奏上也有较高的水平，有"丝弦圣手"的美誉。代表曲目有《笙管合奏》《鸡鸣犬吠》《胜利锣鼓》等。

聂耳

聂耳（1912—1935），原名聂守信，字子义、紫艺，云南玉溪人，现代音乐家、作曲家。聂耳从1932年开始在北平、上海参加左翼文艺活动，并为左翼电影、戏剧作曲，在两年时间里，他共创作了三十七首歌曲，这些歌曲成功地塑造了工人、歌女、报童等劳动群众的音乐形象。代表作有《毕业歌》《卖报歌》《码头工人》《铁蹄下的歌女》等。其中《义勇军进行曲》是我国的国歌。

程午嘉

程午嘉（1902—1985），上海奉贤人，现代琵琶演奏家。他曾先后学过江南丝竹、琵琶、古琴、古瑟、箜篌等乐器。程午嘉一生以民族音乐事业的发展为己任，曾在德国乐团、万国美术所等处任职。他对传统的琵琶乐曲，并不轻易润饰改动，这样较好地保持了乐曲的古朴之风，并创造性地将琵琶的四根十二品按照十二平均律进行排列。编有《琵琶曲谱》《十番锣鼓》等书。

蒋风之

蒋风之（1908—1986），江苏宜兴人，现代二胡演奏家。早年先后在上海艺术大学音乐系、上海国立音乐院学习。在1929年的学潮中，蒋风之成为请愿代表，因而被校方除名。后来师从刘天华学习二胡、小提琴等乐器。毕业后开始从事音乐教育，长达五十年，培养了无数声名卓著的二胡演奏家。蒋风之的二胡技艺精湛，与陆修堂并称"南陆北蒋"。创作有《南归》《长夜》等。他的代表作《汉宫秋月》被誉为二胡"文曲"，曾风靡一时。

刘天一

刘天一（1910—1990），原名刘厚吉，广东台山人，高胡演奏家。刘天一擅长高胡、提琴、月琴等乐器，尤其以高胡最为突出，与吕文才齐名。他在高胡演奏上善于博采精攻，将各家之长集于己身，并大胆吸收小提琴演奏技法，独创一体。他主奏的《平湖秋月》《鸟投林》《蕉窗夜雨》等曲均脍炙人口。同时创作有高胡独奏《鱼游春水》《花市迎春》等、古筝独奏曲《纺织忙》《塞上吟》等。

棋逢对手

围棋是中华民族传统的文化瑰宝，玄妙无穷，博大精深。它体现了古代人民对智慧的追求。在古代，"琴棋书画"是知识分子必备的文化修养，其中棋指的就是围棋。关于围棋的文字记载，最早见于《左传》。见于史籍记载的第一位棋手是战国时期的弈秋。千百年以来，多少帝王将相、文人雅士、市井布衣都对它喜爱有加、乐此不疲，也演绎出不少传奇佳话。

弈秋

弈秋（生卒年不详），古代围棋名手。弈秋的棋艺高明，是史籍记载的最早的一位棋手，孟子也称其为"通国之善弈者"；《汉书·张衡传》中也写着："弈秋以棋局取誉。"当时很多年轻人仰慕弈秋的棋艺，想要拜他为师。后世称某人为"当代弈秋"，就意味着这位棋手的水平与国手相当。

严子卿

严子卿（生卒年不详），名武，三国时期东吴民间棋手。严子卿围棋技艺高明，被后人尊为"棋圣"。裴松之《三国志·吴书·赵达传》中引《吴录》记载，时人将严子卿的棋，皇象、张子并、陈梁甫的书法，宋寿的占梦，曹不兴的画，郑妪的相面，范淳达的算命，并称为"吴中八绝"。

王恬

王恬（生卒年不详），字敬豫，琅琊临沂（今山东临沂）人，丞相王导的次子，东晋围棋手。王恬年少时爱好武术，不为公门所重；后来继袭父亲的爵位，为即丘子，官拜中军将军。他擅弈棋，当数中兴第一。刘孝标注刘义庆《世说新语》认为："（王恬）多才艺，善隶书，与济阳江霦以善弈闻。"

褚思庄

褚思庄（生卒年不详），吴（今江苏苏州）人，南朝宋时围棋手。曾任员外殿中将军等职。褚思庄下棋时善于在长时间的思考后进攻。我国史料中记载的最早的一份记谱复盘，就是由褚思庄记录下来的。宋文帝有一天心血来潮，命令褚思庄前往会稽与羊玄保下棋。褚思庄千里迢迢赶到会稽，下完棋回去总要向皇帝交代一下，于是他就将棋谱给记下了，回京后在文帝面前复盘。这就是我们目前所知的最早的记谱复盘。

夏赤松

夏赤松（生卒年不详），会稽（今浙江绍兴）人，南朝宋时围棋手。《南齐书·萧惠基传》中这样记载："当时能棋人琅玡王抗第一品，吴郡褚思庄、会稽夏赤松并第二品。"可见，夏赤松的棋艺在当时属第二品，他的棋风与王抗较为相近。《绍兴府志》中有这样的记载："赤松思速，善于大行；思庄思迟，巧于斗棋。"此外还有云："抗神速，思庄巧迟，抗取势，赤松斗子。"

褚胤

褚胤（生卒年不详），也写作褚允、褚引等，钱塘（今浙江杭州）人，南朝宋时围棋国手。褚胤的棋艺在当时当数第一人。他七岁时棋艺已入高品，长大后，棋艺更是冠绝当时。宋文帝曾将褚胤的棋艺列为"五绝"。褚胤也曾创造围棋战术，《敦煌棋经》中记载："子冲征法，褚胤悬炮，车相井兰，中央之善。"他的父亲褚荣因卷入政治斗争而被判斩首，褚胤也因此受到牵连，令时人十分痛惜。

王积薪

王积薪（生卒年不详），唐代围棋国手。在唐玄宗开元、天宝年间曾任翰林院棋待诏。王积薪自幼勤奋学弈。开元初年，在太原尉陈九言府邸的"金谷园"，王积薪与国手冯汪连奕九局，都获得了胜利。后来他对这次弈棋的棋谱集辑成册并加以评注，取名为《金谷园九局谱》。此外，他还著有《十诀》《棋诀》《凤池图》等。

顾师言

顾师言（生卒年不详），唐代棋手。他在唐武宗朝、唐宣宗朝曾任翰林院棋待诏。据记载，848年，顾师言奉宣宗之命，与来朝的日本王子对局，到三十三着时还

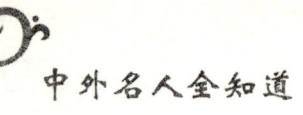

未分出胜负;此时顾师言以"镇神头"使对方瞠目缩臂,中盘服输。这件事在中日古代围棋交流中影响深远。他闻名围棋史册的另一事迹就是与阎景实在御驾前争夺"盖金花碗"。

徐星友

徐星友(约1644—?),名远,钱塘(今浙江杭州)人,清代围棋手。徐星友师从黄龙士,学弈专心致志,用功刻苦,棋艺精进,他的棋风以"平淡"为特色。徐星友在游历京城期间,与一位自称棋弈天下第一的高丽使者对弈,并连赢数局,从此声名远扬。晚年时隐归故乡,并开始了潜心著书。著有《兼山堂弈谱》。

黄龙士

黄龙士(1651—?),名虬,又名霞,字月天,江苏泰州人,清代围棋手。黄龙士自幼学棋,基础扎实;曾在北方漫游,棋艺更精。黄龙士曾与周东侯激战近三十局而难分胜负,时人称为"黄龙周虎"。在黄龙士之前,棋风局面凝重狭窄,自他开始,局面豁然开阔,轻灵多变,思路深远。他的遗谱约有百余局。著有《弈括》《自拟谱十局》《黄龙士全图》等。

梁魏今

梁魏今(约1680—1760),字会京,回族,江苏淮安人,清代围棋国手。与程兰如、范西屏、施定庵并称"围棋四大家"。梁魏今自幼学弈,与徐星友对弈时互有胜负,曾向范西屏、施定庵传授棋艺。梁魏今在棋风上的最大特点是奇巧多变。如施定庵在《弈理指归》自序中说:"奇巧胜者梁魏今。"

程兰如

程兰如(1690—?),又名慎诒,字纯根,安徽歙县人,清代围棋国手。程兰如在二十岁时已天下闻名,作为新秀曾与年过六旬的徐星友对弈,连胜数局,一跃成为全国第一。程兰如的棋风有力稳重,以浑厚取胜。乾隆年间,程兰如年逾花甲,与几位新秀在扬州晚香亭对弈,时长月余。程兰如选择了其中的十五局棋谱,编成《晚香亭弈谱》。

施定庵

施定庵（1710—1770），名绍闇，字襄夏，别号定庵，浙江海宁人，清代围棋国手。施定庵初从父学琴，后学弈。他的棋风邃密精严，操算深远，被誉为"棋中杜甫"。著有《奕理指归》《续奕理指归》等，并为《弈隅通会》校订。《弈程》中收录有施定庵的评谱《手批十八局》，《海昌二妙集》中收录有一百五十余局遗谱。

顾水如

顾水如（1892—1971），名思浩，小名继龙，上海松江人，近代围棋手。顾水如九岁开始学棋，对黄龙士、范西屏、施定庵等国手的对局棋谱颇有研究，棋艺日进。曾任《时报》"围棋"专栏编辑，登载棋局、棋话等内容。1914年，顾水如到北京比试棋艺，被誉为"围棋圣手"。他是我国第一个赴日学习围棋棋艺的人，并邀请日本围棋代表团到中国交流。与刘棣怀并称"南刘北顾"。

刘棣怀

刘棣怀（1897—1979），名昌华，安徽桐城人，近代围棋手。刘棣怀十三岁追随僧人可慧学习弈棋，擅长激战和治理孤棋，胜率颇高，被棋界称为"大将"，并把他作为四段的标准，来衡量其他棋手在棋艺上的等级。在新中国成立前，刘棣怀、顾水如、魏海鸿、陈藻藩并称上海"四大棋家"。著有《怎样下围棋》《围棋官子常识》《围棋布局初步》等书。

天工人巧

我国古代社会从五帝、夏、商、周、春秋战国直至清朝末年，凡四千年，绵延不断。在此基础上，经过世代相传，连续积累，能工巧匠的不断实践、创新，古代的科学技术"一直在稳缓地前进"着，并逐渐走向了发展的巅峰。于是我们有了令世界瞩目的"四大发明"，有了辉煌灿烂的天文、地理、数学、建筑成就。

鲁班

鲁班（生卒年不详），姓公输，名般，也称公输班、公输盘、公输子、鲁般、班输等，春秋时期鲁国人，建筑工程家，被建筑工匠奉为祖师。鲁班出身于工匠世家，从小就开始参加土木建筑劳动，并掌握了一些生产劳动的技能，逐渐积累了丰富的建筑经验。他注意对事物的观察、研究，在土木、机械、手工工艺等方面均有所发明创造，如木工使用的曲尺、墨斗、刨子等，以及攻城用的"云梯"、舟战用的"勾强"等。

孙叔敖

孙叔敖（约前630—前593），名敖，一名蒍猎，字孙叔、艾猎，楚国期思（今河南淮滨东南）人，春秋时水利专家。约前605年，孙叔敖在期思雩娄主持兴修水利，改善了农业生产条件，增强了国力，从而诞生了我国最早的渠系工程——期思雩娄灌区。

欧冶子

欧冶子（生卒年不详），春秋末期战国初越国人，我国古代铸剑鼻祖。欧冶子自幼学习冶金技术，常冶铸青铜剑和生产工具等。在实践中，他发现了铜和铁在性能上的不同，并冶铸出我国第一把铁剑——"龙渊"，开启了古代铁兵器的先河。《越绝书》中记载，欧冶子曾为越王铸造五把铜剑，即湛卢、巨阙、胜邪、鱼肠、纯钧。

干将

干将（生卒年不详），春秋末期年吴国铸剑名匠。相传，干将与欧冶子师出同门。他奉吴王阖闾的旨意，铸造宝剑，采掘铁精和金英，炼了三个月仍没有铸成。他的妻子莫邪于是"断发剪爪，投入炉中"，并让300个童女童男使劲鼓风，终于铸成二剑，阳者以干将为名，"作龟文"；阴者以莫邪为名，"作漫理"（即水波纹）。

李冰

李冰（生卒年不详），今山西运城人，战国时期水利工程专家。公元前256年，李冰出任蜀郡守，主持并兴建了都江堰，是我国早期著名的灌溉工程，川西平原因而富庶起来。他曾在都江堰设置石人水尺，堪称我国较早的水位观测设施。他还主持修建了其他水利工程，如开滩险、通航道、修索桥、开盐井等，促进了成都地区的农业生产。

洛下闳

洛下闳（生卒年不详），字长公，阆中（今属四川）人，西汉民间天文学家。洛下闳制作了一个演示天象的圆球形浑天仪，又叫作圆仪，是目前所知的最早的浑天仪。公元前104年，洛下闳参与历法改革，与司马迁等人共同制定了《太初历》。他对"浑天说"加以阐明，在《颛顼历》的"四分法"基础上，创造了《太初历》的"八十一分法"。

蔡伦

蔡伦（？—121），字敬仲，耒阳（今湖南郴州）人，东汉造纸家。汉明帝时，蔡伦入宫做了宦官，后来成为汉和帝的侍从，负责传达诏令，掌管文书，并参与军政大事。后来升任"尚方令"，主管皇室工场。公元105年，他在总结前人经验的基础上，使用树皮、麻头、旧渔网、破布等原料，经过搓、捣、抄、烘等工序，制造出了合适书写的植物纤维纸，世称"蔡侯纸"。

张衡

张衡（78—139），字平子，南阳西鄂（今河南南阳）人，东汉科学家。历任郎中、尚书侍郎、太史令、河间相、尚书等职。张衡才华出众，在天文学、地震学、机械制造、数学、文学艺术等方面造诣颇高。他设计并制造世界上第一台水力发动的天文仪器——水运浑象仪；创制了世界上第一架地震仪——候风地动仪。张衡著有《算罔论》，并推算出 3.1466 和 3.1623 两个圆周率的近似值。

刘徽

刘徽（生卒年不详），魏晋时期数学家，我国古代数学理论的奠基人。刘徽在数学上的主要贡献，就是《九章算术注》，是他为《九章算术》做的注释，共九卷。此外，他在数学领域还有许多杰出创造，如他首创用十进分数，创造了割圆术来证明圆的面积公式，推算出圆周率的近似值为 3.1416，建立了解决体积问题的"刘徽原理"，等等。

马钧

马钧（生卒年不详），字德衡，扶风（今陕西兴平）人，曹魏时期发明家。马钧不善言辞，但观察能力极强，并善于思考。马钧在机械制造方面造诣精深，被誉为"天下名巧"。他曾将当时使用的织机全部改成十二蹑（脚踏操纵板），还发明了以流水为动力的排灌水车"翻车"。此外，他还发明了"水转百戏"，即以水为动力，带动机械木轮转动，使木偶得以自动表演，构思极为精巧。

祖冲之

祖冲之（429—500），字文远，范阳郡遒县（今河北涞水）人，随其祖父避居江南，南北朝时期数学家、天文学家。在天文方面，他创制了《大明历》，首先将岁差引入历法之中，并将每一回归年的天数准确推算到 365.2428 日。此外，他还曾研究制造过水碓磨、指南车、千里船、漏壶等。著有《释论语》《释孝经》及小说《述异记》等，惜已失传。

郦道元

郦道元（466 年或 472—527），字善长，范阳涿县（今河北涿州）人，北魏地理学家。郦道元仕途坎坷，终生未能尽其才。他自幼年时代就喜好旅游，游历过许多地方，足迹遍及秦岭、淮河以北和长城以南广大地区。每到一个地方，都要寻幽访胜，并留心考察河道沟渠，勘察水流地势，搜集当地的风土民情，结合自己对地理典籍的研究，撰成《水经注》四十卷。另有《本志》《七聘》等文，惜已佚失。

贾思勰

贾思勰（生卒年不详），山东益都（今山东寿光）人，北魏农学家。贾思勰一生致力于农业研究，曾任高阳郡太守，到过山西、河北、河南等地，后辞官归乡，经营农业、牧业生产。他在深入总结我国古代劳动人民农业生产成就的基础上，大量搜集农业文献资料和民间谚语，访问经验丰富的农民，观察、试验农作物生长，写成了《齐民要术》。北宋仁宗天圣年间，政府将《齐民要术》刊行于世，用以指导农业生产。

刘焯

刘焯（544—610），字士元，信都昌亭（今河北冀州）人，隋代天文学家。刘焯在天文上研究精深，曾创《皇极历》；创立计算日、月、五星运行速度的"等间距二次内插法公式"；开创"定朔法"、"定气法"等。由于他与当时权贵的在天文、历数观点上存在分歧，所以《皇极历》被抵制而不得施行。但是这部历法所包含的天文知识在当时是最先进的。另撰有《五经述议》等，惜已佚失。

李春

李春（生卒年不详），隋代造桥匠师。从隋文帝开皇年间，李春开始奉命负责赵州大桥的设计和施工。他带领工匠对河两岸的地质情况开展了长期的实地考察，认真总结前人的造桥经验，结合当地的实际情况，提出了别具一格的设计方案，完成了赵州桥的建造。赵州桥至今已存在了1400多年，可谓我国建筑史上的奇迹，为我国桥梁技术的发展树立了典范。

袁天罡

袁天罡（生卒年不详），本名袁天纲，后取道名天罡，益州成都（今四川成都）人，唐代道士、星象预测家。相传，袁天罡长于相面，有未卜先知的能力。在隋朝时他曾出任盐官令，入唐后出任火山令等职。袁天罡与李淳风时常在一起谈天说地，聚首论易，并共同完成了一部神奇的预测天书——《推背图》。另著有《六壬课》《五行相书》《袁天罡称骨歌》等。

陆羽

陆羽（733—804），字鸿渐，名疾，号竟陵子、桑苎翁、东冈子、茶山御史等，复州竟陵（今湖北天门）人，唐代茶叶专家。陆羽对茶叶有浓厚的兴趣，熟悉茶树栽培、育种和加工技术，他长期在各地名山大川实地游历考察，品茗弄泉，搜集资料，研创茶道，终于撰成《茶经》三卷。《茶经》是世界历史上第一部茶学专著，内容丰富，涉及植物学、农艺学、生态学、民俗学等领域，被称为茶叶百科全书。

喻皓

喻皓（生卒年不详），史料典籍中对他的生平记载甚少，沈括的《梦溪笔谈》中记录了他的事迹。喻皓生活在五代末北宋初期，是一位卓越的料匠，即掌管设计、施工的木工。他长期从事建筑实践，擅长建筑多层的宝塔和楼阁房舍，把房屋分为上、中、下三层结构，按照一定的尺寸和比例来安排建筑构件。欧阳修在《归田录》中对他有着极高的评价，认为"国朝以来木工一人而已"。著有《木经》三卷。

毕昇

毕昇（约970—1051），也作毕升，钱塘（今浙江杭州）人，活字印刷术的发明者。宋仁宗庆历年间（1041—1048），毕昇根据自己的实践经验，反复试验，创造了胶泥活字印刷的技术，比德国谷登堡的金属活字印刷术早了四百多年。毕昇发明的活字印刷术包括一套完整的工序，即造活字、制版印刷、拆版等过程。但是，活字印刷术尚未普及，毕昇就去世了。而他的字印则多被沈括的家人收藏起来。

沈括

沈括（约1031—1095），字存中，钱塘（今浙江杭州）人，北宋科学家。历任提举司天监、翰林学士、延州知州等职。沈括在科学上的成就是非常突出的，在天文、历法、物理、数学、地学、生物、化学、水利、兵工、医药、建筑、冶金、文史、乐律等众多领域，都有较高的造诣。他在晚年时，将生平所见所闻，撰写成笔记体巨著《梦溪笔谈》。据《宋史·艺文志》中记载，沈括的著述约有二十二种，可惜的是一部分早已散失。

李诫

李诫（1035—1110），字明仲，郑州管城（今河南新郑）人，北宋土木建筑家。历任将作监主簿、监丞、少监等职，官至将作监，负责监掌宫廷、城郭、桥梁、舟车的营缮事务。李诫在任期内曾主持修建龙德宫、太庙、朱雀门、景龙门、尚书省、钦慈太后佛寺、九城殿等多项浩大工程。他曾奉旨编修《营造法式》一书，另著有《续山海经》《琵琶录》《续同姓名录》等，惜均已失传。

刘秉忠

刘秉忠（1216—1274），原名侃，字仲晦，法名子聪，邢州（今河北邢台）人，元代城市规划家。刘秉忠极受忽必烈的宠任，对他言听计从，官至太保，位列三公。他曾主持规划营建元朝的首都大都和陪都上都。他以《周礼·考工纪》中记载的都城建设内容为指导思想，遵照汉族统治者的建都意识，设计出一座与周礼之制最为接近的都城。

王祯

王祯（1271—1368），字伯善，东平（今山东东平）人，元代农学家、印刷术革新家。王祯在县尹任内，重视农业生产，常劝导农桑，推广先进的耕作技术和工具，主张引进优良的农作物品种。在弃官回乡后，他潜心于农业研究，总结农业生产各方面经验，著有《王祯农书》《造活字印书法》等。

徐光启

徐光启（1562—1633），字子先，号玄扈，南直隶松江府上海县（今上海）人，明代科学家。徐光启在天文、历法、数学、农业等领域都有着杰出贡献。他在天文学上的主要成就是修订历法和编译《崇祯历书》。他是把"几何"一词作为数学的专有名词来使用的第一人，曾与利玛窦合译《几何原本》。徐光启在农学方面的突出成就是编撰了《农政全书》，堪称一部农业百科全书。

曾纪鸿

曾纪鸿(1848年—1881)，字栗诚，曾国藩之子，近代数学家。曾纪鸿精于算术，尤其对西方代数术十分精通。他多次参加科举，却屡试不第。曾纪鸿后来自学成才，传世著作有《对数评解》《圆率考真图解》《粟布演草》等。他还曾与李善兰、黄宗宪等人合著多部数学著作，后被收入"白芙堂算学丛书"之中。

魏瀚

魏瀚（1851—1929），字季渚，福建闽侯（今福建福州）人，近代造舰专家。魏瀚毕业于福州船政局学堂第一期，曾远赴德国监造定远舰，回国后主持和参与建造了开济号（我国第一艘巡海快船）、横海号、镜清号、寰泰号、广甲号、龙威号（我国第一艘钢甲舰）等十二舰。1915年，六十六岁高龄的魏瀚任总监，亲自率领我国第一批飞机、潜艇专业留学生赴美求学。

詹天佑

詹天佑（1861—1919），字达朝，号眷诚，广东南海人，近代铁路工程师。詹天佑是第一批出洋幼童之一，他回国后，曾修建炮台，并绘制出了广东沿海图。从1905年到1909年，他只用了四年的时间，便建成了京张铁路，工程费用只及外国人估价的五分之一。

冯如

冯如（1884—1912），原名冯九如，乳名冯珠九，字鼎三，号树垣，广东恩平人，我国第一位从事飞机研制、设计、制造、飞行的设计师，被誉为"中国始创飞行大家"。1909年，他制造的"冯如1号"试飞成功。1911年，他带着助手和两架飞机回到祖国，并参加辛亥革命。他在广州燕塘创办了我国第一个飞机制造厂——广东飞行器公司，并于1912年研制成"冯如2号"，但是，他在后来的飞行表演中因飞机失事而殉职。

陈建功

陈建功（1893—1971），字业成，浙江绍兴人，数学家、数学教育家。陈建功早年曾先后在日本东京高等工业学校、东京物理学校、仙台东北帝国大学学习，并获得理学博士学位。回国后，他曾在浙江大学教授数学，并担任系主任。抗战期间，他与苏步青等人共同创建了浙江大学数学研究所，并任所长。陈建功的研究领域主要集中在正交函数、三角级数等方面，是我国函数论研究的开拓者之一。著有《三角级函数论》。

吕彦直

吕彦直（1894—1929），字仲宜，又字古愚，山东东平人，建筑师。吕彦直曾参与设计、监造南京中山陵，并主持、设计了广州中山纪念堂等。在他短暂的一生中，为我国近代的建筑史写下了极为辉煌的一页，他参与设计的这些大型建筑组群，将东西方的建筑技术与艺术极好地融合在一起，在世界建筑界也有着深远的影响。为了纪念吕彦直，在他逝世后，南京国民政府曾为他建造陵园，并树立纪念碑。

茅以升

茅以升（1896—1989），字唐臣，江苏镇江人，桥梁学家。茅以升是我国近代桥梁工程的先驱之一，在上世纪30年代，他在钱塘江上建成了中国人自己设计、建造的第一座公路铁路兼用的现代化大桥——钱塘江大桥。

梁思成

梁思成（1901—1972），广东新会人，梁启超之子，建筑史学家，建筑师。梁思成曾在美国宾夕法尼亚大学、哈佛大学学习建筑，回国后参加中国营造学社，并开始了以古代建筑的研究和教育为毕生事业。在十几年的时间里，梁思成带领中国营造学社的社员们走访十五个省，测量、摄影、分析、研究两千多项建筑及文物，积累了大量的资料和素材，使我国古代建筑瑰宝得以在世界文化之林重放异彩。著有《清式营造则例》《中国建筑史》等。

苏步青

苏步青（1902—2003），原名苏尚龙，浙江平阳人，数学家。苏步青曾在日本留学，回国后，在浙江大学任教。他主要致力于微分几何学、计算几何学等方面的研究，是"微分几何学派"的创始人之一。在仿射微分几何学、射影微分几何学、一般空间微分几何学、高维空间共轭理论、几何外型设计、计算机辅助几何设计等研究方面都取得了突出的成就。撰有《微分几何学》《射影曲面概论》《射影曲线概论》等专著。

夏昌世

夏昌世（1903—1996），广州人，建筑师，是岭南建筑的创始人之一。夏昌世早年曾在德国留学，在卡尔斯鲁厄工业大学建筑系学习，毕业时获得了工程师资格，并在德国的一家建筑公司工作了两年。他将德国人的精致严谨、讲究实效，与中国园林自由、灵活的特点有机结合起来，形成独特的个人风格。他的设计思想和设计的作品无不体现了岭南建筑朴实、开朗、兼容的特点。

华罗庚

华罗庚（1910—1985），江苏金坛人，数学家。华罗庚在清华大学工作期间，仅用了一年半的时间就完成了数学系的所有课程，并自学英、法、德等语言。他在解析数论、多元复变数函数论、矩阵几何学、典型群等方面的成就颇高，被誉为创始人、开拓者。在国际数学界以华罗庚命名的数学科研成果包括"华氏定理"、"华氏不等式"等，他也因此享誉全球，芝加哥科学技术博物馆把他列为当今世界八十八位数学伟人之一。

陈景润

陈景润（1933—1996），福建福州人，数学家，哥德巴赫猜想第一人。陈景润不善言辞，为人和善真诚，把一生都献给了数学。他主要从事解析数论研究，尤其是在哥德巴赫猜想的研究上取得了国际领先的成就，在国际上被誉为"陈氏定理"。他还研究了组合数学在现代经济管理、尖端技术上的应用，并探讨组合数学和人类的密切关系。他曾在国内外的报纸期刊上发表过七十多篇学术论文，并著有《数学趣味谈》《组合数学》等书。

陈省身

陈省身（1911—2004），浙江嘉兴人，数学家、教育家，20世纪世界级的几何大师。陈省身在少年时代就开始显露非凡的数学才华，曾先后就读于南开大学、清华大学等，并获得数学硕士学位，是第一名中国自己培养的研究生。毕业后他又先后在清华大学、西南联合大学任教。陈省身将微分几何和拓扑方法相结合，证明高维的高斯—博内公式，并完成了现在普遍使用的陈类的构造，为整体微分几何奠定了基础。

国色天香

我国有古代四大美女,所说的是西施、王昭君、貂蝉和杨玉环。为了增强美女们美丽的真实性和可信性,古人在美人的身上都附会了一些精彩的故事。如西施沉鱼、昭君落雁、貂蝉闭月、玉环羞花。古人更善于用文字来捕捉美丽,如《卫凤·硕人》中描绘后宫丽人的字句:"手如柔荑,肤如凝脂,领如蝤蛴,齿如瓠犀,螓首蛾眉。巧笑倩兮,美目盼兮。"宋玉吟咏东邻女子,也有"增之一分则太长,减之一分则太短"、"嫣然一笑,惑阳城、迷下蔡"的感叹。李延年亦云:"北方有佳人,绝世而独立。一顾倾人城,再顾倾人国。宁不知倾城与倾国,佳人难再得。"关于美人的典故和千百年来脍炙人口的诗句引发了后人对她们绝世美貌的好奇和窥伺。

西施

西施(生卒年不详),春秋末期越国人,传说中国古代四大美女之一。世人多以"沉鱼落雁、闭月羞花"形容女子的美丽,其中"沉鱼"就是指的西施。传说吴越两国交战,越王勾践战败。越王勾践命范蠡求得美女西施,献给吴王夫差。西施能歌善舞得宠于夫差,使吴王"迷惑忘政"。勾践则卧薪尝胆,誓雪国耻,于公元前473年一举灭掉吴国。

郑旦

郑旦(生卒年不详),传说与西施同为苎萝山下的浣纱女,是与西施齐名且同样具有爱国情怀的刚烈女子。郑旦好剑,性格刚烈,美艳绝伦。大约在前490年,郑旦与西施一同被越王勾践选中,教以礼仪,习以歌舞,后被献给吴王为妃,肩负起迷惑吴王夫差、离间其君臣关系的政治任务。她们临危受命,以身报国,最终完成任务。前473年,越国军队攻占了吴国都城姑苏,吴国灭亡。

吴娃

吴娃（？—前301），本名吴孟姚，是战国时期赵武灵王的妃子、赵惠文王的母亲。她嫁给赵武灵王时很小，但是很是得宠，赵武灵王赐她名字叫吴娃。几年后吴娃生下了王子赵何，即赵惠文王。赵武灵王因喜爱吴娃而废黜了太子公子章，改立公子何为太子。公元前301年，吴娃去世。两年后，赵武灵王将王位传给太子赵何。

戚夫人

戚夫人（？—前194），山东定陶人，汉高祖刘邦的宠妃。据《西京杂记》记载，她"善为翘袖折腰之舞"，这是以各种袖舞和下腰动作为特点的舞蹈。另据《汉书·张良传》记载，高祖曾对戚夫人说："为我楚舞，吾为若楚歌。"楚舞的特点，正是曳长袖而束细腰。高祖刘邦死后，她被吕后残忍地杀害。

虞姬

虞姬（？—前202），项羽的宠姬。项羽东征西战，虞姬常陪伴左右，前202年，汉军在垓下包围楚军，项羽兵少食尽，夜闻汉军四面皆楚歌，乃起而饮酒慷慨悲歌："力拔山兮气盖世，时不利兮骓不逝。骓不逝兮可奈何，虞兮虞兮奈若何！"虞姬也作歌唱道："汉兵已略地，四方楚歌声。大王意气尽，贱妾何聊生。"歌罢自刎，以断项羽后顾之私情，激项羽奋战之斗志，希冀胜利突围。

李夫人

李夫人（生卒年不详），出身于唱伎之家，她的哥哥是著名的音乐家李延年。李夫人是李延年和平阳公主共同推荐给汉武帝的。李氏进宫后被封为夫人，生汉武帝第五子刘髆（昌邑王），后追封为皇后。无奈她因病早逝，她在病重容貌毁坏时不肯面对面与汉武帝道别，在武帝心中留下了最美好的记忆，在她死后武帝对她仍旧念念不忘。

钩弋夫人

钩弋夫人（前113—前88），齐国河间人，是汉武帝刘彻的妃子、昭帝刘弗陵生母。因为她总是握拳，被称为"拳夫人"。直到汉武帝巡狩时召见她，她才将手伸展开，武帝看她的手掌中握有一玉钩，因此封她为钩弋夫人。钩弋夫人进宫后,被封为婕妤,居住在钩弋宫。武帝临死前,准备立刘弗陵为太子,但是为了防止母壮子幼、外戚专权的情况发生,他借故处死了钩弋夫人。

细君公主

刘细君(生卒年不详),西汉时江都王刘建的女儿。前105年,汉武帝封细君为公主,把她嫁给了乌孙国王昆莫猎骄靡,并和乌孙结为兄弟之邦,共同对抗匈奴。两年后,猎骄靡去世。按照乌孙的习俗,新王要继承旧王的所有妻妾,细君难以接受,想要回国,但为了共击匈奴的大局,最后不得不嫁给了猎骄靡的孙子岑陬。她在生下一个女儿后,因为产后失调,加上心绪难平,不久便忧伤而死。

王昭君

王昭君(生卒年不详),名嫱,字昭君,南郡秭归(今湖北兴山)人,中国古代四大美女之一。她先是被选入宫廷,因无力贿赂画师,被画得很丑,因此长期不得恩宠。公元前33年,匈奴首领呼韩邪单于来汉,请求与汉和亲,王昭君被许给匈奴王。汉元帝见到王昭君的相貌后心生悔意,但已是无奈。

赵飞燕

赵飞燕(前45—前1),她曾在阳阿公主家当婢女,精心研习歌舞,由于体态轻盈,据说能"掌上舞",故称"飞燕"。后来她被汉成帝召入宫中,不久成帝又召其妹赵合德入宫,封赵氏姊妹为婕妤,从此赵氏姊妹贵倾后宫。前16年赵飞燕被立为皇后。成帝死后,哀帝封她为皇太后;平帝即位后,赵飞燕被贬为庶人,后自杀身亡。

大乔

大乔(生卒年不详),庐江皖县(今安徽潜山)人,是乔公的长女、孙策之妻、小乔的姐姐。她与小乔并称为"江东二乔",传说是一位绝世美女。大乔嫁给孙策时年仅十八岁,可惜天妒良缘,两年后孙策被许贡的家客所刺杀,当时,大乔充其量二十出头,青春守寡,含辛茹苦地抚养尚在襁褓中的儿子孙绍,真是何其悱惶!

小乔

小乔（生卒年不详），庐江皖县（今安徽潜山）人，是乔公的次女、周瑜的妻子，大乔的妹妹。她与大乔并称为"江东二乔"，据传小乔美貌绝伦，周瑜容貌英俊，精于音律，小乔和周瑜琴瑟相谐，恩爱相处了十二年。她曾随军东征西战，并参加过历史上著名的赤壁之战。战后二年，周瑜病逝，这时，小乔也不过三十岁左右，可谓红颜薄命。

潘玉奴

潘玉奴（？—501），是南朝齐废帝东昏侯萧宝卷的贵妃，因美貌绝伦被选入后宫。她曾代养太子萧诵，遂被封为贵妃，宠遇超过皇后。她所居的神仙、永寿、玉寿三殿，都装饰着金壁，由于她有一双妙足，皇帝特地为她修一座"玉寿殿"，可谓金碧辉煌。501年，萧宝卷被杀，她被收入狱，后被缢死。

徐昭佩

徐昭佩（？—549），东海郯县（今山东郯城北）人，南朝梁元帝萧绎之妃，是梁朝侍中信武将军徐琨的女儿。她姿色动人，于517年被应召入宫，立为湘东王萧绎的王妃。552年，萧绎即位后，因与徐昭佩不和，所以没立徐氏为皇后，只封为皇妃。由于梁元帝是独眼，一次临幸时，徐妃只作"半面妆"（半面梳妆，半面未妆），惹得元帝大怒，从此一连几年不再理睬徐氏。后来徐氏因淫乱后宫，被杀。

太平公主

太平公主（？—713），唐代武则天之女。初嫁薛绍，后改嫁武则天的侄子武攸暨。她沉敏、多谋略，受到武则天的宠爱。705年，太平公主参与了宰相张柬之等发动的兵变，杀了武则天的内宠张易之，逼武则天逊位，使得中宗复位。后来她又与李隆基合谋，发动羽林军兵变，诛杀了韦后，拥立睿宗李旦为帝。她也因此恃功，专制朝政。李隆基即位后，杀了太平公主及其党羽。

杨玉环

杨玉环（719—756），蒲州永乐（今山西永洛）人，是中国古代四大美女之一。她自幼精通音律，能歌善舞，姿色动人。她原是唐玄宗的第十八子寿王的王妃，后经大臣推荐，唐玄宗见她有倾城倾国之色，便招入宫做女官，并于745年封为贵妃，受到唐玄宗的宠爱，她的家人也因此势倾天下。安史之乱时，唐玄宗逃离长安，行至马嵬坡时，六军不肯前行，要求诛杀杨国忠和杨玉环，于是二人被杀。

虢国夫人

虢国夫人（？—756），蒲州永乐（今山西永济）人，唐玄宗宠妃，是刑部尚书杨玄琰之女、贵妃杨玉环的姐姐。虢国夫人有才貌，杨贵妃得宠后被接入京师。她和杨贵妃的另两个姐姐，分别被封为虢国夫人、韩国夫人、秦国夫人。当时，三夫人并承恩泽，出入宫掖，势倾朝野，穷极奢侈。

沈阿翘

沈阿翘（生卒年不详），唐文宗时人。她原是吴元济的家伎，舞姿优美，歌声清脆，善跳《何满子》，很受吴元济宠爱，后来入宫充乐籍。她用著名歌词《何满子》编舞，"调词风态，率皆婉畅"，受到文宗的赏赐，并把她嫁给金吾卫长史秦诚。

杜秋娘

杜秋娘（生卒年不详），即杜秋，润州（今江苏镇江）人。杜秋娘十五岁时，镇海节度使李锜以重金将她买入府中，成为歌舞伎，后因谱写了一曲《金缕衣》，受到李锜的欣赏，把她纳为侍妾。李锜举兵反叛失败后，杜秋娘以歌舞姬的身份入宫为奴。她又因表演了《金缕衣》受到唐宪宗的喜爱，将其封为秋妃。后唐宪宗暴死，无奈宦官弄权，她虽进行抗争，仍不敌，被削籍为民，返回乡里。

鱼玄机

鱼玄机(844—871年，一说868)，初名鱼幼微，字蕙兰，长安(今陕西西安)人。鱼玄机出身于普通家庭，她自幼聪慧好学，由于才思敏捷，文采出众，十五岁就被李亿纳为妾。根据《唐才子传》记载，因为原配夫人对鱼玄机的受宠"妒不能容"，李亿就只好让鱼玄机出家，在长安咸宜观为女道士。后来她因妒杀侍婢绿翘，被京兆尹温璋处死。

花蕊夫人

花蕊夫人（？—976），姓费，青城（今四川都江堰）人，是后蜀后主孟昶的贵妃，也是五代十国时著名的女诗人，歌伎出身。孟昶很宠爱她，相传由于她酷爱芙蓉花和牡丹花，于是孟昶命官民在都城大量种植芙蓉、牡丹。孟昶后来沉迷于酒色，不理国事，于965年投降赵宋。

李氏

李氏（987—1032），杭州人，因其曾被册封为宸妃，史称李宸妃。李宸妃为宋真宗赵恒的妃嫔，宋仁宗赵祯的生母。宋仁宗即位后，皇太后刘娥晋封李婉仪为顺容，迁往真宗永定陵守陵。仁宗虽为李氏之子，然而却归于刘娥名下，并与杨淑妃一同抚养。1032年，李妃病重，太后命人晋封为宸妃，册封当日薨，享年四十六岁。后仁宗追封生母李氏为庄懿皇后。庆历中，改谥曰章懿皇后。

李师儿

李师儿（？—1209），金章宗完颜璟的宠妃，封号为元妃，仅次于皇后。由于李氏家族被定罪，师儿早年没入宫籍监，到大定末年时又以监户女子身份入宫。她虽出身贫贱，但"性聪慧，善迎圣意"，得到章宗的宠幸。章宗即位后，在宠妃李师儿、宰相胥持国及其朋党的推波助澜下，为争权又开杀戒，一批文臣武将多受牵连被诛，或"坐除名"。章宗死后，卫绍王即位，赐李师儿自尽。

李香君

李香君（生卒年不详），又名李香，为秣陵教坊名妓，"秦淮八艳"之一。李香君与复社领袖侯方域相爱，后嫁给侯方域做妾。阉党阮大铖强逼香君嫁给漕抚田仰做妾，香君以死抗争，此时正值阉党大肆逮捕东林党人，侯方域也被捕入狱，香君也被阮大铖选送入宫。清军南下之后，侯方域归降了清朝，香君从此下落不明。

李师师

李师师（生卒年不详），汴京（今河南省开封市）人，北宋名妓。因为父母早逝，遂沦为妓。由于她色艺双绝，慷慨有侠名，很多名士都与其往来，其中著名文人周邦彦、晁冲之都与她有来往，与宋徽宗也有过交往，有许多风流韵事。1127年，金人攻破汴京，李师师从此下落不明。

卞玉京

卞玉京（生卒年不详），名赛，因后来自号"玉京道人"，故后人称玉京，是明末清初秦淮著名歌伎，"秦淮八艳"之一。她出身于秦淮官宦之家，因父早逝，沦为歌妓，卞玉京精通诗琴书画，尤擅小楷，还通文史。她曾浪迹吴越名山，后嫁给一个名绅士为妾，因感到不顺心，遂由侍女柔柔以身相代，脱了囚笼。后来她又与吴中良医郑保御相识，两人情投意合，直至死去。

柳如是

柳如是（1618—1664），本姓杨，名影怜，浙江嘉兴人，是明末清初时秦淮名妓。她天生丽质，聪颖灵慧，诗文雄健洒脱、神奇妙旷。她以绝世才貌，与复社、东林党人相交往，常着儒服男装，与诸文人纵谈时势，诗歌唱和。1641年，柳如是嫁给东林领袖钱谦益。明亡时她力劝丈夫殉节，与自己投水以殉国，但钱谦益临时反悔。

顾横波

顾横波（1619—1664），本名顾媚，婚后改名徐善持，字眉生，号横波，又号智珠、善才君，亦号梅生，人称"横波夫人"，上元（今南京）人，"秦淮八艳"之一。她通晓文史，精通音律，工于诗画，所绘山水天然秀绝，尤其擅画兰花，其才貌双绝，有"南曲第一"之称。顾横波后被龚鼎孳纳为妾，二人恩爱有加，清时顾横波还受诰封为"一品夫人"。

陈圆圆

陈圆圆(1623—1695年)，本姓邢，名沅，字畹芬，常州武进（今江苏常州）人，**秦淮名妓**。陈圆圆能歌善舞，色艺冠时，为"秦淮八艳"之一，后被吴三桂纳为妾。李自成攻破北京后，手下刘宗敏掳走陈圆圆，吴三桂"冲冠一怒为红颜"，**遂引清军入关**，打败李自成，陈圆圆又归吴三桂。

董小宛

董小宛（1624—1651），名白，号青莲，是"秦淮八艳"之一，名隶南京教坊司乐籍。董小宛聪明灵秀，神姿艳发，学识高博，使得无数才子佳人惊奇赞叹。1639年，她结识复社名士冒辟疆。明亡后董小宛随冒家逃难，此后与冒辟疆同甘共苦直至去世。

董鄂妃

董鄂妃（1639—1660），又译为栋鄂氏，是清朝顺治帝福临的宠妃，内大臣鄂硕之女，抚远大将军费扬古的姐姐。董鄂氏十八岁入宫，得到了世祖的专宠，可谓宠冠后宫。1656 年，福临立董鄂氏为贤妃，后又进为皇贵妃，行册立礼，破格颁诏大赦。次年，董鄂氏生皇四子，仅三个月就夭折。1660 年，董鄂氏去世，追谥为孝献庄和至德宣仁温惠端敬皇后。

赛金花

赛金花（约 1872—1936），初名为赵彩云，又名傅彩云，原籍安徽黟县，是晚清时的传奇名妓，乱世中的巾帼红颜。她幼年时被卖到"花船"上为妓，后被状元洪钧纳为妾。她曾作为钦派公使夫人，陪同洪钧出使欧洲四国。回国后不久，洪钧病逝，赛金花又沦为青楼名妓，可谓几度浮沉。

裕容龄

裕容龄（1882—1973），出生贵族，系满族正白旗汉军旗人，清末舞蹈家。她是中国近现代舞蹈史上第一个学习欧美和日本舞蹈的中国人，也是唯一一个曾亲自向现代舞蹈家鼻祖伊莎多拉·邓肯学习过舞蹈的中国人。她后来入宫成为慈禧的御前女官，开始了她作为宫廷舞蹈家的生涯，这段时间也是她创作、表演活动最频繁的时期。其舞蹈作品有《扇子舞》《菩萨舞》《剑舞》等。

文绣

文绣（1909—1953），字蕙心，乳名大秀，满洲鄂尔德特氏端恭之女，为清朝末代皇帝溥仪的妾侍，溥仪册封她为淑妃。文绣天资聪颖，宫中上下都对文绣的娴静有礼赞誉有加，但这并未能改善溥仪对她的冷落。1924 年，随溥仪出宫之后，前往天津张园暂住。1931 年，与溥仪离婚。离婚后，由于不善理财，而渐入贫困。中年时再度嫁人，1953 年，文绣因心梗死于家中。

外国名人

在人类进步的文明史上，不乏形形色色的人生典范。

有些人凭借睿智的目光、广博的智慧、深远的思想和追求真理的精神而成了各自领域中的杰出领袖。他们给人类以思想的启迪，传承智慧的结晶；他们点燃了科技之光，照亮人类前进的方向；他们活跃在政治舞台上，造就了时代的风云变幻。

这些名人的精神和事迹值得我们每个人揣摩。在一些人身上，你会找到雄心壮志；在一些人身上，你会找到灵感智慧；在一些人身上，你会找到信仰追求；在一些人身上，你会找到致富秘笈；在一些人身上，你会找到执着勇气……了解这些名人的事迹，不仅能够打开我们对人生了解的窗口，还能够开拓我们走向世界的视野。

不论是科技英杰、文学泰斗，还是思想巨人、执政领袖，抑或是那些商界奇才、艺术大师，或许都有着相同的精神。然而这些名人的人生的历程不尽相同，给我们留下的启示也是不同的。阅读之中，请撷取能够使你的人生丰富多彩的那一朵浪花，让它融化到你的生命中，荡漾出美丽的涟漪。

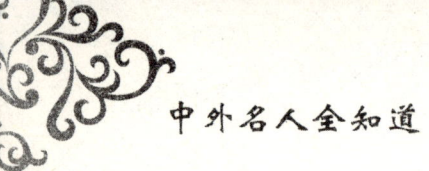

人文启蒙

文学是一种以语言为手段来塑造形象借以反映社会生活、表达作者思想的艺术形式。由于文学的主旨在于借助语言文字来实现对社会生活及心理活动的表达,因而它具有社会属性。

在文学发展的起步阶段,世界文坛中涌现出许多名师大家,他们创造出了大量脍炙人口的经典之作。

荷马

荷马(约前9世纪—前8世纪),相传为古希腊时期游吟诗人。他以当时人们口头流传的有关特洛伊战争的故事为基础,创作了两部史诗——《伊利亚特》和《奥德赛》,二者统称为《荷马史诗》。《荷马史诗》语言简洁,情节曲折生动,人物形象鲜明,整体结构严谨,是西方最早的一部重要文学作品,荷马也因此被誉为欧洲四大史诗诗人之首。

赫西俄德

赫西俄德(约前8世纪—前7世纪),继荷马之后又一位古希腊诗人,被人们誉为"希腊教训诗之父"。赫西俄德的作品有长诗《工作与时日》《神谱》《女人目录》《赫拉克勒斯的盾》等,其中只有《工作与时日》被公认为诗人本人的作品。如今,上述作品已成为研究古希腊神话、天文学及农业技术的重要文献。

伊索

伊索(约前620—约前560),古希腊寓言家。伊索四处漫游讲述寓言故事,深受古希腊人民的喜爱。现存的《伊索寓言》为后人据多种古希腊寓言传抄本综合编订的。《伊索寓言》多是动物故事,其中寓言短小精悍,比喻恰当,形象生动。

西蒙尼德斯

西蒙尼德斯（约前556年—前468），古希腊著名抒情诗人。他的一生有多半时间是在雅典度过的，人们认为他可能是首位为古代奥林匹克运动会的获胜者写抒情诗的人，而这种诗歌形式后来成了品达最典型的风格。除此之外，他还为李奥尼达率领的战死在温泉关的斯巴达三百勇士写了一段墓志铭。其传世作品有限，目前仅可见零星片断。

埃斯库罗斯

埃斯库罗斯（前525—前456），古希腊戏剧家，有"悲剧之父"之称。代表作为《被缚的普罗米修斯》等。埃斯库罗斯创作的悲剧气势磅礴，矛盾突出，惊心动魄，笔法大刀阔斧，线条粗犷。他的语言风格及使用的古希腊神话中的故事深深地影响了后人，被称为是古希腊最伟大的一位悲剧作家。

品达

品达（约前522—前442），古希腊合唱琴歌最著名的职业诗人。品达在其诗作中热情歌颂了奥林匹克运动会，及其他运动会中竞技比赛的优胜者与他们所在的城邦。他的诗歌词藻华美，风格庄重，表现形式完美，这对后世欧洲文学的发展产生了重大影响，在17世纪的古典主义时期，品达的诗被推为"崇高的颂歌"的典范。

阿里斯托芬

阿里斯托芬（约前448—前380），古希腊喜剧作家，古雅典人赞誉的"喜剧之父"。代表作品有《鸟》《阿卡奈人》《骑士》等。作者运用超凡的才华和旺盛的精力，对各个情景的描写赋予了别出心裁的活力，从而使之变得可信，同时又巧妙地抓住了观众的心。他的作品堪称为俗与雅、轻松与严肃、丑与美的完美结合。

米南德

米南德（前342—前291），古希腊的剧作家，新喜剧的代表作家之一。他的作品今天保存下来的主要有《公断》《萨摩斯女子》与《割发》的部分片段，及一部完整的喜剧《恨世者》。米南德的作品受到当时社会条件及作者自身的影响，主要题材为爱情故事及家庭关系，深刻地反映了当时的社会风尚。

忒奥克里托斯

忒奥克里托斯（约前310—前250），古希腊诗人，西方田园诗派的先驱。忒奥克里托斯一生都在从事诗歌创作，而他最主要的成就还在于田园诗歌的创作。他将原本是民间创作的所谓田园诗歌完全转化为纯文学体裁，并相继创作了三十篇此类作品，计二千七百零一行。在他的推动下，田园诗歌逐渐成为欧洲的主流文学体裁。

普劳图斯

普劳图斯（约前254—前184），古罗马剧作家。代表作品有《孪生兄弟》《一坛黄金》和《撒谎者》。普劳图斯的喜剧大大减少了之前古希腊新喜剧中的严肃气氛，增加了滑稽笑闹和计谋成分，风格粗犷有力，语言丰富多彩，人物形象鲜明生动。普劳图斯推动欧洲的喜剧艺术前进了一大步，对后世的喜剧作家产生了深远的影响。

埃纽斯

埃纽斯（前239—前169），古罗马诗人、剧作家，享有"罗马文学之父"的美名。其代表作为历史剧《萨比尼亚女子》《安布拉基亚》及诗歌集《编年纪》。《编年纪》是他的主要诗歌作品，作者模仿荷马史诗的风格和技巧写作，使得这部作品在古罗马受到了极高的赞誉。他的哲学著作、讽刺诗及其他著作均已不传于世。

卡图鲁斯

卡图鲁斯（前84—前54），古罗马最重要的一位抒情诗人。他传下的抒情诗共一百一十六首，其中包括时评诗、赠友诗、悼亡诗及其他内容的幽默小诗等，而其中的爱情诗则真正让卡图鲁斯享誉诗坛。卡图鲁斯善于运用警句式的语言来表达热烈而又微妙的感情，他的抒情诗对后来欧洲众多伟大诗人都产生过很深的影响。

维吉尔

维吉尔（前70—前19），古罗马最伟大的诗人之一。他的代表作品主要包括《牧歌》《农事诗》，以及模仿赫西俄德的《工作与时日》，这些作品主要表达了作者对于爱情、时政和乡村生活的独特感受。维吉尔的代表史诗《埃涅阿斯纪》，学习了荷马史诗的写作手法，全篇都充满了悲天悯人的忧郁基调，这也是西方文学史上的首部文人史诗。

贺拉斯

贺拉斯（前65—前8），古罗马诗人。贺拉斯早期创作以讽刺诗为主，后来又开始创作抒情诗，后人根据诗中庄重的风格，称其为"颂歌"。在写作中，诗人以古希腊诗歌为典范，同时吸收了各种格律的精华，从而将罗马抒情诗推向了新的高度。贺拉斯在当时及后来的西欧诗坛一直享有盛誉，他的代表诗作《纪念碑》的立意曾受很多著名诗人的追捧。

奥维德

奥维德（前43—18），古罗马著名诗人。他早期的作品以运用哀歌体格律创作的爱情诗为主，包括《列女志》《恋歌》《论容饰》《爱的医疗》《爱的艺术》等；创作于成熟期的作品主要有长诗《变形记》《岁时记》；后期作品有《哀歌》《黑海零简》等。其中，《变形记》代表了诗人的最高水平，并反映出诗人对于社会发展的一些基本看法。

塞内加

塞内加（约前4—65），古罗马剧作家。代表作品是讽刺散文《克劳狄乌斯变瓜记》和悲剧《疯狂的赫拉克勒斯》《特洛伊妇女》等。他的所有悲剧素材都来自于古希腊神话，用以映射现实，抒发作者对人生的看法。剧中人物通过长篇独白或明快、犀利的简洁对白来表达充沛的感情，他的作品往往带有修辞式的浮夸成分，影响了后世西欧的悲剧创作。

小普林尼

小普林尼（约62—约113），罗马元老和作家。小普林尼以其书信文著称。小普林尼在发表他的书信时特别注重书信的格式，包括收信人、发信人、称呼等格式，在每封信中他讨论一个问题，书信内容涉及罗马上层社会方方面面的生活问题，为后人提供了当时罗马社会、生活和政治的详细的描绘，具有史料价值。

鲁齐阿努斯

鲁齐阿努斯（约125—约200），希腊语讽刺散文家。出生于叙利亚。他的作品约有八十种，讽刺处于古代社会瓦解时期的各种宗教、哲学流派，以及修辞、文学等诸多方面。代表作有《诸神的对话》《死者的对话》等，反映了二世纪奴隶社会逐步瓦解时期奴隶主阶级思想意识的崩溃。他的散文风格轻松明快，富于机智，同时也染上过于修辞化的习气。

鲁达基

鲁达基（850—941），波斯诗人，"波斯文学之父"。代表作有颂诗《酒颂》和叙事长诗《卡里来和笛木乃》。他的诗歌体裁多变，题材多样，基调开朗豪放，赞美大自然的美丽和生活的欢乐，歌颂了帝王的功绩与王朝的兴盛，同时也批评了社会的贫富悬殊及统治者的伪善，对人民的疾苦表示了同情。鲁达基是"霍拉桑体"诗的奠基人，创立了颂诗和四行诗，对后世影响很大。

欧玛尔·海亚姆

欧玛尔·海亚姆（1048—1122），波斯诗人，哲学家，天文学家。他的四行诗继承了萨曼王朝时期霍拉桑体的诗风，语言明白畅达，朴实洗练，不饰雕琢，感情充沛。在严肃探讨自然、人生、社会和宗教等重要问题时，表现出深刻的哲理性思考和追求真理的执着精神。在以歌颂酒为主题的诗中，诗人大胆提倡了去追求现世人生的欢乐和自由幸福的生活。

萨迪

萨迪（1209—1291年），波斯诗人。代表作品有《果园》和《蔷薇园》。这两部书的散文尾韵自然，对仗工整；诗歌则用词平易，句式洗练，语言明白畅达、清新自然、质朴流畅，数百年来始终被认为是波斯文学的典范之作。萨迪的作品不仅在伊斯兰世界享有很高的威望，在世界文坛上同样有一席之地，是人类共同的精神财富。

吕特博夫

吕特博夫（约1230—1283），法国著名行吟诗人，市民抒情诗人中的代表人物。由于诗人长期生活在城市的下层社会，因而他对当时的黑暗社会生活有着真切的体验。他在作品中，对当时城市下层人民的艰难处境进行了真实反映。他在代表作《吕特博夫的穷困》《吕特博夫怨歌行》当中，坦露了自己的悲苦情怀，同时也真实记述了普通人的生活。

但丁

但丁（1265—1321），意大利中世纪伟大的诗人、学者、政论家。他的代表作长诗《神曲》，反映出意大利从中世纪向近代过渡的转折时期的现实生活变革，透露了新时代的新思想——人文主义的曙光。此外，但丁的作品显示出的新思想的萌芽，深刻影响了文艺复兴时期人文主义运动的发展。因此，他被公认为文艺复兴时期人文主义的先驱。

彼特拉克

彼特拉克（1304—1374），意大利文艺复兴早期著名诗人和学者，人文主义的奠基者。彼特拉克的代表作品包括意大利语抒情诗集《歌集》、拉丁语叙事诗《阿非利加》、散文《秘密》等。《歌集》分为"圣母劳拉之生"与"圣母劳拉之死"两部分，表达了诗人爱的幸福和失恋的痛苦，被认为是中世纪以来正面歌咏世俗爱情的优秀抒情作品之一。

薄伽丘

薄伽丘(1313—1375)，意大利文艺复兴时期代表作家之一。他青年时期曾创作小说《菲洛柯洛》、史诗《苔塞伊达》等一些骑士文学方面的作品。后来的长篇小说《菲亚美达》转向以现实生活为背景，侧重摹写人的爱情心理。其代表作《十日谈》尖刻地批判了宗教守旧的思想，提出"幸福在人间"，这部作品也因此成为了文艺复兴的宣言。

哈菲兹

哈菲兹（1320—1389），波斯诗人。代表作品的是近五百首"嘎扎勒"诗。哈菲兹继承并发展了这种古老的传统诗歌，注重抒发自身的感受和对可观景物的描写，抒情中蕴含哲理，充满浪漫主义色彩，在艺术和内容上都不愧为是波斯抒情诗歌的巅峰之作。哈菲兹的诗歌以手抄本和民间艺人吟唱的形式在伊斯兰世界广为流传。

乔叟

乔叟（约 1343—1400），英国著名诗人。他在意大利接触到了资产阶级人文主义进步思想，并创作了《百鸟会议》《特罗伊勒斯和克莱西德》及《好女人的故事》等作品。从 1386 年到 1400 年，乔叟主要从事著名的《坎特伯雷故事集》的创作。此外，他还创立了英雄双韵体，该诗体被后世英国诗人广泛使用，他也因此被誉为"英国诗歌之父"。

阿利奥斯托

阿利奥斯托 (1474—1533)，意大利文艺复兴时期著名诗人。他的代表作为传奇体叙事诗《疯狂的奥尔兰多》，在诗中他歌颂了爱情、友谊，以及忠贞、勇敢和牺牲的精神，热爱现实世界，热爱人体、自然和艺术之美，体现了反对宗教偏见与禁欲主义的人文主义思想。阿利奥斯托的诗韵律和谐优美，语言生动鲜明，对后来欧洲叙事诗的发展影响很大。

托马斯·莫尔

托马斯·莫尔 (1477—1535)，英国的空想社会主义者，文艺复兴时期一位重要的文学家，代表作是对话体散文《乌托邦》。在这部书中，莫尔借一位老海员之口描述了一个虚构的理想国家，深刻地讨论了现实社会中存在各种备受争议的问题。《乌托邦》作为乌托邦文学流派的先驱，详细介绍了理想中的社会形态，对欧洲的启蒙运动产生了深远的影响。

弗朗索瓦·拉伯雷

弗朗索瓦·拉伯雷（约 1483—1553)，法国文艺复兴时期代表作家之一。在拉伯雷的理想当中，人性是善良的，他还强调"做你愿意做的事"，这充分反映了人文主义者对个性解放的要求。拉伯雷最为后人称道的是其长篇巨作《巨人传》，该书一经问世，立即受到了城市资产阶级及社会下层人民的热烈欢迎，并在人类文明的道路上留下了光辉的一页。

蒙田

蒙田(1533—1592),法国文艺复兴后一位重要的人文主义作家。他赞美自由、静谧和闲暇,他向往恬适优雅的生活,体现在他的作品中便是"闲话家常,抒写情怀",其代表作《蒙田随笔全集》将这种风格、写作态度体现得淋漓尽致。

塔索

塔索(1544—1595),意大利诗人,文艺复兴晚期代表之一。代表作为叙事长诗《被解放的耶路撒冷》,歌颂了第一次十字军东征的胜利,这一主题在当时具有很强的政治意义。尽管塔索表达的宗教思想缺乏打动人心的力量,但在对人物形象和场面描写上,却显示出其非凡的艺术威力,是意大利文艺复兴时期最后闪耀的光芒。

塞万提斯

塞万提斯(1547—1616),西班牙文艺复兴时期杰出的小说家、诗人、剧作家。塞万提斯的创作开始于1569年所作的几首十四行诗。1582年,他开始为剧院创作剧本,短短四年间,他有二三十部作品问世。但是,由于这些作品未能出版,因此绝大多数已经佚失,仅有两部得以保存,其中,小说《堂·吉诃德》被评论家称为"文学史上的首部现代小说"。

埃德蒙·斯宾塞

埃德蒙·斯宾塞(1552—1599),英国文艺复兴时期的伟大诗人。斯宾塞的代表作包括长篇史诗《仙后》、组诗《情诗小唱十四行诗集》、田园诗集《牧人月历》等。他的诗情感细腻、辞藻典丽、优美动听,后世许多英国诗人都受到他的影响,斯宾塞因此获得了"诗人的诗人"的美誉,他的作品代表了文艺复兴时期英国戏剧文学的最高水平。

阿尔戈特

阿尔戈特(1561—1627),西班牙著名诗人,"贡戈拉主义"文学流派的创始人。他的短诗以谣曲、歌谣、十四行诗和十行诗为主,其中大多数都是讽刺诗。他的长诗,则主要是寓言诗和叙事诗,他特有的"夸饰主义"风格,在这一部分作品中得到了充分表现。1627年,阿尔戈特出版了《西班牙荷马的诗作》,这成了他

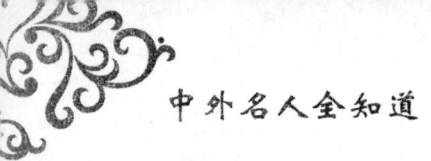

的传世经典。

费力克斯·德·维伽

费力克斯·德·维伽(1562—1635),西班牙文艺复兴时期著名的剧作家。维伽作品甚多,其中代表作是《羊泉村》,它揭露了封建主的专横暴虐,歌颂农民为维护自身的荣誉和自由而进行的正义斗争,这部巨作深深地影响了整个西班牙民族戏剧的发展。维伽被尊为西班牙民族戏剧之父。

威廉·莎士比亚

威廉·莎士比亚(1564—1616),英国文艺复兴时期一位伟大的戏剧家、诗人。代表作有四大悲剧——《哈姆雷特》《奥赛罗》《李尔王》《麦克白》,四大喜剧——《第十二夜》《仲夏夜之梦》《威尼斯商人》《皆大欢喜》。莎士比亚的戏剧内容新颖丰富。在艺术表现上也有创造性革新,真实反映生活的本来面目,人物形象真实生动,并以博大、深刻、富于诗意和哲理著称。莎士比亚的作品对各国文学发展产生了巨大、深远的影响,并已成为世界文化发展、交流的重要纽带和灵感源泉。

卡尔德隆

卡尔德隆(1600—1681),西班牙剧作家、诗人。代表作包括戏剧《人生如梦》和《扎拉美亚的镇长》。后者是卡尔德隆于1642年根据亲历写成,歌颂农民反抗贵族迫害的起义战争。他的剧作多以人的命运和荣誉为主题,同时笼罩着浓厚的宗教色彩。结构严谨,心理探索深刻,语言雕琢而考究,人物塑造定型。

彼埃尔·高乃依

彼埃尔·高乃依(1606—1684),法国古典主义悲剧的奠基人。代表作品有《熙德》《贺拉斯》《西拿》《波利耶克特》四大悲剧,其中《熙德》是古典主义戏剧的奠基作之一。他的作品多着力描写处于剧烈矛盾冲突中的英雄人物所展现出的个人魅力与精神感召力,从而歌颂其坚毅品质,赞美家族荣誉、国家利益战胜个人情感与利益。

外国名人

弥尔顿

弥尔顿(1608—1674),17世纪英国伟大的诗人、政论家和思想家。他的早期创作多为抒情诗,代表作有《快乐的人》《圣诞清晨歌》等,表现了纯真战胜诱惑的高洁品质与生命化为永恒的悲悼意识。弥尔顿中期作品以政论散文为主,主要有《论出版自由》《论教会必须反对主教制》等。

格里美尔豪森

格里美尔豪森(1621—1676),德国作家,以小说成就最为突出。他作有《痴儿历险记》《女骗子和流浪者大胆妈妈》《少见的轻浮兄弟》《神奇的鸟窝》等小说作品。他的小说源于民间话本,情节曲折,语言幽默,并采用大量比喻和双关语,借以表现人生的艰难险阻。他的作品被认为是17世纪德国文学领域的最高成就。

拉封丹

拉封丹(1621—1695),法国著名寓言诗人。他擅长先以诗体进行写作,然后再把叙事与想象都引入到寓言当中,从而成功地将寓言这种文学体裁提升到了诗的地位。他的寓言具有政治、道德、哲理等多方面的意义,深刻反映了17世纪后期的法国社会现实。他于1688年到1694年间创作的《寓言诗》对社会人生进行了辛辣的讽刺,具有很强的现实意义。

莫里哀

莫里哀(1622—1673),法国喜剧作家、演员、戏剧活动家。主要作品有《伪君子》《堂·璜》《悭吝人》等,其中《伪君子》是莫里哀创作高峰时期的代表作,在欧洲戏剧发展史中占有重要的地位。莫里哀的喜剧成就超越了古典主义悲剧,他的喜剧是法国古典主义文学最杰出的代表,他本人在欧洲戏剧史上也享有崇高的地位。

塞维涅夫人

塞维涅夫人(1626—1696),法国书信作家。她的文风生动、风趣,原汁原味地反映了路易十四时代法国的社会风貌,为法国文学不可多得的瑰宝。所著代表作品《书简集》真实地反映了当时宫廷内部和上层贵族们的生活,被誉为是

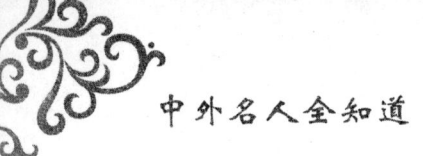

17世纪法国古典主义散文的杰出代表之一。

约翰·班扬

约翰·班扬（1628—1688），英国著名作家，布道家。他目睹了社会的黑暗，并以大量文学作品向基督的敌人宣战，抨击了社会上种种不公平现象，相继完成了《福音真理基要》《圣城》《丰盛的恩典》《天路历程》等作品。班扬与莎士比亚齐名，同为英国文艺复兴后期的著名作家。

德莱顿

德莱顿（1631—1700），17世纪后期英国杰出的诗人、剧作家和文学批评家。他写过很多政论诗，如发表于1682年的长诗《奖章》，猛烈地抨击了辉格党。他一生写有三十部剧作，其中有很多颂赞骑士与贵妇之恋的"英雄剧"。此外，他还是英国文学批评的创始人。他的《悲剧批评基础》和《论戏剧诗》对于古典主义文学的发展产生了巨大影响。

拉斐特夫人

拉斐特夫人（1634—1693），法国女作家，以小说见长。她出身巴黎望族，自幼受过良好的教育，经常出入沙龙，并与文友罗什富科、塞维涅夫人频繁往来。1662年，拉斐特夫人出版了第一部小说。1678年，她的《克莱芙王妃》面世，这部作品被誉为法国首部出色的小说，同时，它也成为法国心理小说的开山之作。

布瓦洛

布瓦洛（1636—1711），法国著名诗人、文艺批评家、美学家。在文艺理论专著《诗艺》中，他严格划分了各种文学体裁，精辟论述了三一律，并将古希腊、古罗马作家尊为典范。他的美学理论是一个矛盾的理论体系，对欧洲文坛影响深远；同时，在很大程度上促进了法国古典主义艺术尤其是戏剧的发展。

让·拉辛

让·拉辛（1639—1699），法国古典主义繁荣时期的悲剧作家，他的剧作多围绕被情欲淹没理智的王公、贵妇而展开，多以悲剧结尾来强调理性的重要性。《安德罗玛克》和《淮德拉》是拉辛的代表作,无情地揭露了封建统治阶级的荒淫生活,其作品具有鲜明的民主色彩。在艺术上,拉辛文笔婉转细腻,善于抒情,尤以刻画贵妇人的心理而见长。

丹尼尔·笛福

丹尼尔·笛福(1660—1731),英国启蒙运动中现实主义小说的奠基人,有"小说之父"之誉。1719年,笛福发表了他的第一部小说——《鲁滨孙漂流记》,后来这部小说成为了世界上著名的冒险小说之一,并给笛福带来了极高的声誉。

斯威夫特

斯威夫特(1667—1745),英国讽刺文学的创始人。斯威夫特具有很强的观察力,他的作品《桶的故事》和《书的战争》是其讽刺才华的最初显现。在晚期作品中,大多表达了他对英国统治集团的腐朽政治的斥责,并揭露了资产阶级唯利是图的剥削本质。1726年,斯威夫特完成了《格列佛游记》,这部作品成为他不朽的讽刺杰作。

阿兰·勒内·勒萨日

阿兰·勒内·勒萨日(1668—1747),法国18世纪初期的重要作家。其标志性的长篇小说《吉尔·布拉斯·德·山悌良那传》,该书真实地反映了法国当时封建社会行将崩溃的现实,是法国18世纪上半叶最优秀的现实主义小说。他的喜剧作品讽刺性强,常以暗示手法揭露封建社会的黑暗面,具有强烈的现实意义,在普通观众中颇受欢迎。

亚历山大·蒲柏

亚历山大·蒲柏(1688—1744),18世纪英国著名诗人。他在文学上推崇新古典主义,讲法则,重节制。他的作品精雕细琢,技巧十分圆熟。蒲柏善以哲理和议论入诗,其精练、锋利的语句受到广泛认同,而其对英雄双韵体的运用尤为纯熟。讽刺长诗《鬈发遇劫记》是蒲柏的代表作,该诗充分体现了他的艺术风格,诗人称其为"英雄滑稽诗"。

亨利·菲尔丁

亨利·菲尔丁(1707—1754),英国18世纪的戏剧家和杰出的小说家。代表作有小说《汤姆·琼斯》、戏剧《巴斯昆》等。他的戏剧辛辣地揭露了贵族的道德腐化和政府的贪污腐败,菲尔丁将诙谐怪诞的成分与现实中的重大政治问题杂糅,创造了社会政治喜剧这一新体裁。他的小说以现实主义手法描绘18世纪社会生活,为英国现代小说的三大奠基人之一。

戈特霍尔德·埃菲莱姆·莱辛

戈特霍尔德·埃菲莱姆·莱辛(1729—1781),德国作家、批评家与思想家。他的代表作品包括文学理论著作《拉奥孔》与《汉堡剧评》、古典戏剧的典范《明娜·冯·巴恩赫姆》、最早的市民悲剧《萨拉·萨姆逊小姐》和《爱米丽雅·迦洛蒂》等。

博马舍

博马舍(1732—1799),18世纪后期法国的喜剧家。其代表性剧作有喜剧《塞维尔的理发师》和《费加罗的婚礼》,均取得了非凡的艺术成就,剧中人物形象饱满、个性突出,情节逻辑性强,生活气息浓郁,且表达出先进的启蒙思想。博马舍的喜剧是古典主义戏剧向近代戏剧转变的里程碑,他的剧作对欧洲现实主义戏剧的发展产生了巨大的影响。

维兰德

维兰德(1733—1813),德国启蒙运动后期的代表人物。他前期的作品带有十分强烈的宗教感情,如教诲诗《事物的性质》和《被考验的亚伯拉罕》等。后来,他思想上开始摆脱了宗教的束缚,悲剧《约翰娜·格莱夫人》是这一时期的代表作品。在接受了伏尔泰的唯物主义思想之后,作家开始转向现实生活,并对后来德国文学的发展起到了推动作用。

萨德

萨德（1740—1814），法国作家，以创作色情和哲学书籍著称。他出身贵族，加入了极端的雅各宾派，并大力宣扬乌托邦的理想。他的主要作品有《于斯丁娜》《于丽埃特》《香阁侯爵》《萨克森王妃布伦瑞克的阿德莱德》及《巴伐利亚的伊莎贝拉秘史》等。1814年，74岁的萨德在疯人院去世。

杰尔查文

杰尔查文（1743—1816），俄国著名诗人。他的主要作品多为颂诗，如《费丽察颂》《攻克伊兹梅尔要塞》和《上帝》等。杰尔查文最初师法罗蒙诺索夫，后来打破了古典主义文学的模式，转而以生动自然的口语描写日常生活，从而极大地丰富了诗歌语言，使俄国诗歌更加接近现实。他的诗歌对当时及以后的诗人产生了积极的影响。

弗瑞诺

弗瑞诺（1752—1832），美国革命战争后期最著名的诗人、作家。弗瑞诺的诗作强烈地抨击了英国人的压迫，他也因此而被誉为"美国独立革命的诗人"。《印第安人殡葬地》《野生的金银花》及《尤托斯普林斯》等诗作展现了诗人超人的抒情才能。他与休·亨利·布雷肯里奇合著的《鲍姆勃神父的麦加朝圣》是已知美国历史上最早的小说。

威廉·布莱克

威廉·布莱克（1757—1827），英国早期浪漫主义代表诗人。布莱克前期的诗歌风格简洁明快，后期逐渐晦涩、玄妙，并带有浓郁的神秘色彩。他的诗集主要有《天真之歌》《经验之歌》等，对英国浪漫主义文学的发展产生了十分重要的影响。此外，布莱克还是一位画家，他曾为但丁的《神曲》创作插图，但由于疾病的困扰最终没有完成。

罗伯特·彭斯

罗伯特·彭斯（1759—1796），苏格兰诗人。他从1783年开始创作诗歌，1786年出版了《主要用苏格兰方言写的诗集》，并立刻引起轰动。彭斯后期以收集苏格兰民间歌曲和作词为主。他的诗作纯朴而又活泼，展现出诗人对于自由的追求。他最早创作的《友谊地久天长》，已经成为深受全世界人民喜爱的经典歌曲。

席勒

席勒(1759—1805)，18世纪德国杰出的诗人、戏剧家、文艺理论家。他早期著名的剧作包括《强盗》和《阴谋与爱情》；后期的代表作是历史剧三部曲《华伦斯坦》《奥尔良的姑娘》《威廉·退尔》。这些作品表现了席勒高超的现实主义技巧，他凭借其艺术上的巨大成就，成为了德国古典文学当中地位仅次于歌德的第二座丰碑。

克莱斯特

克莱斯特（1777—1811），德国著名剧作家。他的悲剧，兼容古希腊戏剧与莎士比亚戏剧的优点，并独树一帜。他的代表剧作《破瓮记》揭露了普鲁士司法制度的黑暗，被称为德国三大喜剧之一。此外，克莱斯特还是德国"逸事"文学体裁的开创者，并著有《论木偶戏》等一系列文艺理论著作。恩格斯还称他为反对拿破仑最彻底的普鲁士人。

百家争鸣

在18世纪到19世纪时期,文学发展呈现出百家争鸣的盛况,各个文学流派不断兴起,众多的文人名士在各自的领域内不断取得非凡的成绩。

歌德

歌德(1749—1832),德国剧作家、诗人、思想家。代表作是书信体小说《少年维特之烦恼》和诗剧《浮士德》等。前者抒发觉醒的市民知识分子精神的苦闷之情,表达了要求解放个性和发展"天才"的强烈愿望。后者塑造了一个不断探索进取的人物形象,这正是资产阶级上升时期追求真理、自强不息精神的真实写照。歌德是德国民族文学的最优秀的代表,并对欧洲文学的进步作出了巨大的贡献。

伊万·安德列耶维奇·克雷洛夫

伊万·安德列耶维奇·克雷洛夫(1769—1844),俄国作家、寓言家。克雷洛夫一生笔耕不辍,其中的名篇如《乌鸦与狐狸》《狼和小羊》等均已为人们所耳熟能详。他运用通俗易懂且睿智幽默的语言,配上精彩的故事情节,使得他的寓言超越了道德训诫的藩篱,成为讽刺文学的经典之作,赢得了文学界和公众热烈的欢迎,广为流传,经久不衰。

威廉·华兹华斯

威廉·华兹华斯(1770—1850),英国浪漫主义诗人,华兹华斯曾荣获"桂冠诗人"的称号,他也是著名的湖畔诗人,文艺复兴以来最重要的一位英语诗人。代表作有与塞缪尔·泰勒·柯勒律治合著的《抒情歌谣集》、长诗《序曲》《漫游》等。

瓦尔特·司各特

瓦尔特·司各特(1771—1832),19世纪英国著名历史小说家、诗人。代表作有《艾凡赫》《修墓老人》等。他的小说多以重大的历史事件为题材,宏伟壮丽、气势磅礴、扣人心弦,成功地再现了英格兰、苏格兰及欧洲历史上诸多重大转折时刻。司各特是欧洲历史小说创始人,狄更斯、雨果、巴尔扎克、普希金等许多著名作家都曾受到他的深刻影响。

诺瓦利斯

诺瓦利斯(1772—1801),德国诗人,早期浪漫主义代表人物。代表作《夜之颂歌》一诗,表达了对逝者的悼念,及追求"永恒之夜的奇妙王国"的理想。他未完成的长篇小说《亨利希·封·奥弗特丁根》中以蓝花象征对浪漫主义的憧憬,非常出名。他认为一切神秘的、奇妙的、童话般的东西,都是诗歌的真正的题材和值得追求的内容。

简·奥斯丁

简·奥斯汀(1775—1817),英国著名小说家。她以女性特有的细致入微的观察力,真实地描绘了她周围的小环境,她的作品主要关注乡绅家庭女性的婚姻和生活,格调轻松活泼,喜剧性冲突不断,文字风趣幽默,深受读者喜爱,代表作是《傲慢与偏见》。她的作品被称为"两寸牙雕",从一个小窗口中可窥视到整个社会的人情世故,对改变当时小说创作中的庸俗风气起到了积极的作用,被誉为地位"可与莎士比亚平起平坐"的作家。

司汤达

司汤达(1783—1842),法国19世纪杰出的批判现实主义作家。著有《红与黑》《巴马修道院》《阿芒斯》等优秀作品。其长篇代表作《红与黑》小说围绕主人公于连个人奋斗的经历与最终失败,反映了19世纪30年代法国社会各阶层、各方面的真实面貌,强烈地批判了复辟王朝时期贵族的反动,教会的腐败和资产阶级新贵的尔虞我诈、唯利是图。

华盛顿·欧文

华盛顿·欧文(1783—1859),19世纪美国著名作家。代表作《见闻札记》包括小说、杂感、散文等共32篇,作者以幽默风趣的笔调与富于想象的浪漫色彩,叙述了英美古老的风俗习惯与善良纯朴的旧式人物,文笔自然优雅,清新精致,温和地表露出幽默;饱含浓郁的民族生活情趣与浪漫色彩。欧文被尊为"美国文学之父"。

格林兄弟

格林兄弟是指雅各布·格林(1785—1863)和威廉·格林(1786—1859)两人,他们是德国19世纪著名童话搜集家、语言文化研究者。他们最卓越的成就是以几十年时间搜集完成的《儿童和家庭童话集》,即现在俗称的"格林童话",包括二百多篇童话和六百多篇故事。其中如《灰姑娘》《青蛙王子》《小红帽》《白雪公主》等均为脍炙人口的作品。

乔治·戈登·拜伦

乔治·戈登·拜伦(1788—1824),著名的英国浪漫主义诗人。代表作有《恰尔德·哈洛尔德游记》《唐璜》、诗剧《曼弗雷德》等,《唐璜》为其最杰出的作品,诗中生动形象地描绘了西班牙贵族子弟唐璜的游历、恋爱与冒险的浪漫经历,从而揭露了社会中黑暗、丑恶、虚伪的一面,为自由、解放和幸福的斗争擂起了战鼓。拜伦的诗不拘于任何成规,自由不羁,诗人的情绪在字里行间尽情挥洒,抒情自由酣畅、痛快淋漓,形成了诗人独特的个人风格。

波西·比希·雪莱

波西·比希·雪莱(1792—1822),英国文学史上最有才华的一位抒情诗人。他的抒情诗,如《西风颂》《云》《致云雀》等都为脍炙人口的诗篇,其中在其名篇《西风颂》中,作者用西风扫落叶的摧枯拉朽之势来比喻革命力量必将摧毁一切旧事物,名句"如果冬天已经来到,春天还会遥远吗",表达了诗人对未来、对革命充满必胜的信心。

约翰·济慈

约翰·济慈(1795—1821),英国文学史上优秀的抒情诗人之一。代表作著名的长诗《伊莎贝拉》借助中世纪的题材批判现实社会的丑恶,同时赞颂美妙的爱情。济慈的诗形象生动,想象丰富,色彩感及立体感较强,极具感染力。济慈的诗被认为是完美地体现了西方浪漫主义诗歌的特色,因此济慈也被推崇为欧洲浪漫主义运动的杰出代表。

玛丽·雪莱

玛丽·雪莱(1797—1851),英国著名作家。代表作《弗兰肯斯坦》于

1818年出版,在当时社会舆论特别是科学界引起广泛的争论。除科幻色彩外,这部作品中既有浪漫气氛,又有深切的人文关怀,更有令人不寒而栗的恐怖元素,故此也被人誉为"有史以来最伟大的恐怖作品之一"。玛丽则因为这部作品而被奉为"科幻小说之母"。

亨利希·海涅

亨利希·海涅(1797—1856),19世纪最重要的德国诗人:代表作有诗集《诗歌集》,其中《德国,一个冬天的童话》《西里西亚织工之歌》等篇章都是脍炙人口的名篇。他的作品被译成多种文字,其中一部分如《你好像一朵鲜花》《乘着歌声的翅膀》被多国著名音乐家谱曲,在世界范围内广为流传。

普希金

亚历山大·谢尔盖耶维奇·普希金(1799—1837),俄国著名的文学家、伟大的诗人,名作有长诗《自由颂》《致大海》《乡村》、童话叙事长诗《鲁斯兰与柳德米拉》、诗体小说《叶甫盖尼·奥涅金》、长篇小说《上尉的女儿》等。他是现代俄国文学的奠基人,19世纪俄国浪漫主义文学的卓越代表,现实主义文学的创始人,拥有"俄国文学之父"的誉称。普希金在诗歌、小说、戏剧乃至童话等多个文学领域都堪称俄国文学的典范。

巴尔扎克

巴尔扎克(1799—1850),法国19世纪伟大的批判现实主义作家,欧洲批判现实主义文学的奠基人。他的作品总集《人间喜剧》享有法国社会的"百科全书"的美誉,共有九十一部小说,《欧也妮·葛朗台》《高老头》《幻灭》《贝姨》等均为其中脍炙人口的名篇佳作,这些作品生动形象地将19世纪上半叶的法国社会生活的千姿百态呈现在读者眼前。

维克多·雨果

维克多·雨果(1802—1885),19世纪法国作家,浪漫主义文学运动的领袖,代表作长篇小说《巴黎圣母院》《悲惨世界》《九三年》《笑面人》《海上劳工》、短篇小说《"诺曼底"号遇难记》、诗集《光与影》等均是享誉全世界的不朽名作。他的作品可以说是法国文学乃至人类文化宝库中最闪耀的瑰宝之一。

亚历山大·大仲马

亚历山大·大仲马（1802—1870），19世纪法国浪漫主义作家。为与其儿子区别，人们称他为大仲马。大仲马一生著作甚丰，主要以小说和剧作闻名于世，最著名的是《三个火枪手》《基督山伯爵》，大仲马的小说多以真实的历史作背景，以主人公的奇遇为内容，情节曲折离奇。此外，大仲马的作品结构完整清晰，语言生动机智。

纳撒尼尔·霍桑

纳撒尼尔·霍桑（1804—1864），19世纪美国小说家。其代表作品《红字》已成为世界文学的不朽的经典。批评社会和人性的阴暗面是霍桑作品的首要特点，但霍桑并非一味揭露黑暗，他对许多善良的主人公也寄予了深切的同情。霍桑的小说想象丰富、结构严谨、构思精巧，不乏浪漫色彩。

安徒生

安徒生（1805—1875），丹麦童话作家，被尊为现代童话之父。名篇《丑小鸭》《皇帝的新装》《卖火柴的小女孩》等作品想象丰富，情节生动，揭露了资本主义社会的黑暗和金钱统治一切的罪恶，同情下层人民的悲惨。最可贵的是，他的作品中闪耀着最普遍的人性的光芒，超越了不同民族、种族与文化的界限，因此经久不衰，在世界各地广为流传。

果戈里

果戈里（1809—1852），俄国19世纪上半叶讽刺作家。他的讽刺喜剧《钦差大臣》、小说《死魂灵》《狂人日记》《外套》《鼻子》等都是脍炙人口之作。果戈理的作品如同一面面镜子，映出了当时社会达官显贵们的丑陋原形，揭露了农奴制俄国社会的黑暗、腐朽和反动。果戈里还是讽刺文学流派的创建者，批判现实主义文学的奠基人。

埃德加·爱伦·坡

埃德加·爱伦·坡（1809—1849），美国早期浪漫主义作家，侦探小说的鼻祖，其主要成就为诗歌与短篇小说。其小说将死亡与不可理喻的神秘和无法解释的怪诞结合在一起，使人产生一种毛骨悚然、不寒而栗的恐惧感；爱伦·坡还通过探索人心中的邪恶来说明人心底的邪恶是病态及无理性的隐藏的原始根源。爱伦·坡细致的心理分析，缜密的逻辑推理，极大地影响了西方侦探小说的发展。

瓦尔特·惠特曼

瓦尔特·惠特曼（1810—1892），美国诗人。他的代表作诗集是著名的《草叶集》，包括名篇《最近紫丁香在庭院里开放的时候》《啊，船长，我的船长》《神秘的号手》等。惠特曼创造了一种新型诗体：自由体诗，即不受格律束缚，任思想和语言自由驰骋。诗作《草叶集》奠定了美国诗歌的基础，并对美国及其他国家的诗歌艺术产生了相当大的影响。

查尔斯·狄更斯

查尔斯·狄更斯（1812—1870），英国维多利亚时期的小说家。代表作品有《雾都孤儿》《远大前程》《双城记》和《大卫·科波菲尔》。后者是狄更斯成就最高的作品，它揭露了资产阶级对劳动人民的剥削、政府的黑暗腐败。狄更斯一向赞美劳动者的朴实诚恳，抨击有钱人的自私、冷酷，常用讽刺、幽默、夸张的手法塑造鲜明的人物形象。他的作品经久不衰，对英国文学发展起到了重要的影响。

冈察洛夫

冈察洛夫（1812—1891），俄国小说家，代表作有《奥勃洛莫夫》《平凡的故事》和《悬崖》三部长篇小说。他的小说真实地描绘了19世纪中叶俄国社会演变的经过：腐朽没落的封建农奴制逐渐为积极进步的资产阶级务实精神所取代。小说结构严谨，人物典型，语言精细优美。

夏洛蒂·勃朗特

夏洛蒂·勃朗特（1816—1855），19世纪一位著名的英国作家。代表作《简·爱》，这是一部具有自传色彩的长篇小说，通过对女主人公孤女简·爱坎坷不平的人生经历，成功地塑造了一个不安于现状、不甘受辱、敢于抗争的女性形象。《简·爱》的问世曾经轰动了19世纪的文坛，在英国文学史上，被称为一部经典传世之作。

外国名人

乔治·艾略特

乔治·艾略特(1819—1880),英国女小说家。著有小说《弗洛斯河上的磨坊》《米德尔马奇》《织工马南传》等,她的小说中的人物大多性格比较复杂,而且性格的发展、人物的思想动机等背后都有可靠的心理与社会因素作依据,人物形象丰满鲜明,其所处的环境也真实可信。她重视对人物活动的环境的描写,重视细腻的心理分析,对后世的作家有较大的影响。

安妮·勃朗特

安妮·勃朗特(1820—1849),英国女小说家和诗人,其代表作是半自传小说《阿格尼斯·格雷》。小说讲述一个自幼娇生惯养的娇弱少女格雷因家道中落被迫外出,做了富人家的家庭教师,饱尝人间辛酸。安妮的风格不同于其两位姐姐夏洛蒂的含蓄中酝酿着力量和艾米莉的激情澎湃,朴素淡雅真挚自然,有些类似于散文,被称为"一首最好的散文诗"。

鲍日娜·聂姆曹娃

鲍日娜·聂姆曹娃(1820—1862),捷克批判现实主义文学的先驱。代表作有《老好人》《山村》《庄园内外》《野姑娘芭拉》等中、短篇小说,均真实描绘了捷克农民的生活及农村的阶级斗争。其长篇小说《外祖母》,赞美了捷克农妇的优秀品质和农村的风土人情,揭露了贵族地主穷奢极欲的奢靡生活,有捷克文学之瑰宝的美誉。

福楼拜

福楼拜(1821—1880),19世纪中后期法国现实主义小说家,代表作品《包法利夫人》《萨朗波》与《情感教育》均为不朽的名著。福楼拜的作品反映了1848年到1871年间法国社会面貌的变化,揭露了资产阶级社会黑暗、虚伪与丑恶。他在现实主义向现代主义过渡的过程中扮演了重要角色,成为19世纪现实主义的杰出代表,有现代主义的"鼻祖"之称。

陀思妥耶夫斯基

陀思妥耶夫斯基（1821—1881），俄国作家。代表作有《罪与罚》《白痴》《卡拉马佐夫兄弟》等，其中前者堪称近代世界推理小说的经典。他与列夫·托尔斯泰、屠格涅夫等人齐名，是俄国文学史上的卓越代表，有人曾这样评价他："托尔斯泰代表了俄罗斯文学的广度，陀思妥耶夫斯基则代表了俄罗斯文学的深度。"

夏尔·皮埃尔·波德莱尔

夏尔·皮埃尔·波德莱尔（1821—1867），19世纪法国著名的现代派诗人，象征派诗歌的先驱，其代表作为《恶之花》。在《恶之花》中，诗人表达了自己愤世嫉俗，对现实生活厌倦及逃避的态度。他揭露生活阴暗面，赞美丑恶事物，他甚至不厌其烦地描写一具《腐尸》成堆蛆虫，掩鼻恶臭，从而显示出其独特的爱情观。

亚历山大·尼古拉耶维奇·奥斯特洛夫斯基

亚历山大·尼古拉耶维奇·奥斯特洛夫斯基（1823—1886），俄国剧作家。主要作品有《大雷雨》《肥缺》《小绵羊》等，其题材多取自地主、商人、小官吏的家庭生活，重在揭露与抨击在宗法制度下的家庭关系和落后、庸俗的生活习俗，从而暴露出俄国社会在农奴制改革前的腐朽与黑暗，他的创作很大程度上影响了俄国批判现实主义戏剧的形成和发展。

小仲马

小仲马（1824—1895），法国剧作家、小说家。为与其同为作家的父亲相区别，遂多被称为小仲马。其作品有《私生子》《金钱问题》《放荡的父亲》等，大都以婚姻、妇女、家庭为题材，真实地反映出社会生活的一个侧面。小仲马最优秀的作品当数《茶花女》，该作品原为小说，后被改编为话剧。小仲马的作品生活气息浓郁，感情真切自然，语言通俗流畅。

约卡伊

约卡伊（1825—1904），匈牙利小说家。他是匈牙利文学中浪漫主义流派的重要代表作家，早期作品多以19世纪初匈牙利民族复兴为背景，歌颂了争取民族独立的精神。约卡伊也曾有谴责垄断金融资本家、揭露资本主义罪恶的作品。

其代表作品有《一个匈牙利富豪》《金人》《黑钻石》等。

亨利克·易卜生

亨利克·易卜生（1828—1906），挪威戏剧家、诗人。他的以《玩偶之家》为代表的一系列社会问题剧是其主要代表作，作者以其犀利的笔法和崇高的批判精神，剖析了社会弊端，作品涉及范围广泛，包括法律、道德、宗教、妇女地位等许多问题。易卜生的作品广泛而深刻地影响了现代戏剧的发展。

尼古拉·车尔尼雪夫斯基

尼古拉·车尔尼雪夫斯基（1828—1889），俄国革命家、哲学家、批评家和作家。主要作品有论著《俄国文学果戈理时期概观》《艺术对现实的审美关系》，以及小说《怎么办？》。其中《怎么办？》成为俄国19世纪现实主义文学的优秀代表。小说发表后引起了强烈的反响，极大地影响了俄国革命运动的进程。

凡尔纳

儒勒·凡尔纳（1828—1905），法国小说家、博物学家，"科幻小说之父"。代表作品有《格兰特船长的儿女》《海底两万里》《神秘岛》三部曲，《地心游记》《八十天环游地球》等。凡尔纳的作品，文笔流畅清新，情节曲折离奇，更难得可贵的是，他那卓越的想象力，浪漫而又符合科学的幻想，使读者沉浸其中，仿佛穿越时空隧道，提前领略了未来世界。

列夫·托尔斯泰

列夫·托尔斯泰（1828—1910），19世纪末20世纪初俄国最伟大的批判现实主义杰出代表。代表作包括著名的自传体小说三部曲：《童年》《少年》《青年》，长篇小说《战争与和平》《安娜·卡列尼娜》《复活》等。他凭借自己有力的笔触及卓越的艺术技巧辛勤创作了"世界文学中第一流的作品"，因此被列宁赞誉为具有"最清醒的现实主义"的"天才艺术家"。

埃米莉·狄金森

埃米莉·狄金森（1830—1886），美国著名女诗人。她留下诗稿一千七百余首，但生前仅出版过十首诗，死后近七十年狄金森才得到文学界的关注，并被现代派诗人追认为先驱。狄金森的诗主要关注生活情趣，自然、生命、爱情、友谊与信仰。其诗风凝练婉约、意向清新，描绘真切，极具独创性。

保罗·海泽

保罗·海泽（1830—1914），德国作家。重要作品有剧本《科尔堡》，长篇小说《人间孩童》，中篇小说《安德雷亚·德尔芬》《特雷皮姑娘》《骄傲的姑娘》《安妮娜》《尼瑞娜》等。其中尤以中短篇小说艺术成就最高，他的小说内容上寻求美与善的统一，形式上讲究和谐完整，理想主义色彩强烈，美学上倾向唯美主义，且蕴含中产阶级人道主义的传统。

比昂松

比昂松（1832—1910），挪威社会活动家、作家。比昂松在文学方面涉猎很广，主要文学成就为戏剧创作，其代表作有历史剧《战役之间》，现实主义喜剧《破产》《人力难及》等。比昂松的剧作针对时弊，揭露并批判了资本主义社会自私、虚伪、贪婪等丑恶本质，不过其结局常常都是矛盾得到和解，显现出改良主义色彩。1903年，比昂松获诺贝尔文学奖。

马克·吐温

马克·吐温（1835—1910），美国幽默大师、小说家，同时他也是一位著名的演说家，他是19世纪后期美国现实主义文学的优秀代表。其代表作品有长篇小说《哈克贝利·费恩历险记》《汤姆·索耶历险记》等。马克·吐温的写作风格总体上是将幽默和讽刺融合一体，其作品既富有独特的个人机智和妙语，同时又有深刻的社会洞察及剖析。他给后人留下的既有辛辣幽默的笑的杰作，又不乏悲天悯人的严肃。

托马斯·哈代

托马斯·哈代（1840—1928），英国作家。他的小说取材于农村生活，集中反映资本主义入侵英国农村城镇后所引起的社会各方面的剧烈变化和百姓的悲惨命运，揭露了资本主义道德、法律和宗教的虚伪本质。其代表作有小说《德伯家的苔丝》和《无名的裘德》等。他的作品承前启后，既传承了英国批判现实主义的衣钵，又为20世纪的英国文学奠定了基础。

阿尔封斯·都德

阿尔封斯·都德（1840—1897），19世纪法国著名的现实主义作家。代表作有长篇小说《达拉斯贡的戴达伦》《不朽者》《萨福》、短篇小说《最后一课》等。其作品《小东西》具有半自传性质，这部小说将都德的艺术风格特点体现得淋漓尽致，既讽刺却不带恶意，感伤但是含蓄，即所谓含泪的微笑。

埃米尔·左拉

埃米尔·左拉（1840—1902），法国作家，自然主义文学流派的领军人物。《萌芽》是左拉的代表作。小说以煤矿工人罢工为背景，揭露了矿工的悲惨艰苦生活，抨击了资本家的无耻罪恶。左拉的作品以场景壮阔，气魄宏大，文体粗犷有力，喜作夸张描写和大量的细节描写著称。

安布鲁斯·布尔斯

安布鲁斯·布尔斯（1842—1914），美国小说家、评论家、诗人，他以恐怖悬疑的鬼怪故事和具有神秘色彩的短篇小说闻名于世。其长篇作品中，辛辣的讽世作品《魔鬼辞典》最著名，短篇小说《鹰溪桥上》也广为人知。他与爱伦·坡、洛夫克拉夫特齐名，并称美国三大恐怖小说家。

勃兰兑斯

勃兰兑斯（1842—1927），丹麦思想家、文学评论家，其最主要的作品《十九世纪文学主流》，论述了欧洲浪漫主义文学，对西方文学批评的发展影响很大，迄今仍是研究欧洲文学史的必备参考书之一。正是凭借这本书及其他论著，勃兰兑斯被称为自泰纳以后欧洲最杰出的批评家。他另著有一系列文化巨匠如普希金、莎士比亚、高尔基等人的传记或专论。

爱德蒙多·德·亚米契斯

爱德蒙多·德·亚米契斯（1846—1908），意大利著名儿童文学家。他著有《爱的教育》，这是一部采用日记体的形式写成的小说，情感充沛且文笔优美，全书共一百篇文章，大致分成三个部分，其中《少年笔耕》《寻母三千里》等段落广为流传。

亨利克·显克维奇

亨利克·显克维奇（1846—1916），波兰作家。代表作品有中短篇小说《炭笔素描》《小音乐家扬科》《天使》，反映了被压迫民族和人民的苦难命运；有长篇历史小说《火与剑》《洪流》《伏沃窦约夫斯基先生》《你往何处去》等。显克维奇是波兰深受欢迎和有较深远影响的作家，其作品中人物形象丰满生动，情节扣人心弦，语言优美畅达。

波·普鲁斯

波·普鲁斯（1847—1912），波兰作家。代表作《玩偶》主要以波兰资产阶级上流社会的腐化、堕落、互相倾轧及尔虞我诈为主要内容，反映了1863年1月起义后波兰的社会状态。普鲁斯长于艺术概括，在矛盾斗争中揭示人物的性格，运用讽刺、幽默、虚构、夸张及朴质的叙述等多种手法描摹细节，作品蕴含浓郁的乡土气息。

米克沙特

米克沙特（1847—1910），匈牙利小说家。其主要作品有《奇婚记》《年轻的诺斯季和托特·玛丽的故事》等，这些作品揭露了匈牙利封建社会的腐朽和必定崩溃的趋势，表达了作者对被压迫与剥削的下层民众的关心及同情。米克沙特艺术风格独特，创作早期富含浪漫主义色彩，后期转向现实主义。他的小说从情节的安排直到人物形象的塑造，均不乏幽默诙谐。

莫泊桑

莫泊桑（1850—1893），19世纪后半期法国著名的批判现实主义作家，代表作品有《俊友》《羊脂球》等。其文学成就以短篇小说最为出色，他与契诃夫和欧·亨利并列为世界三大短篇小说巨匠。莫泊桑善于从平凡常见的事物中截取具有典型意义的片断，进而从小事中便可实现对真实生活的概括。莫泊桑的短篇小说构思独特，描写细致生动，刻画世态人情入木三分。

奥斯卡·王尔德

奥斯卡·王尔德（1854—1900），英国著名的作家、诗人、戏剧家。代表作有童话故事《快乐王子》、长篇小说《道林·格雷的肖像》及《不可儿戏》，后者是英国现代戏剧中最杰出的喜剧，表现上流社会中的绅士淑女们的轻松休闲生活，人物形象生动，语言幽默；情节曲折，妙趣丛生。

萧伯纳

萧伯纳（1856—1950），爱尔兰现代优秀的现实主义戏剧作家。其主要剧作有《鳏夫的房产》《华伦夫人的职业》《武器与人》《真相毕露》《康蒂妲》《魔鬼的门徒》等，其作品尖锐泼辣，充满机智，富于创新精神，在一定程度上揭露了资本主义的伪善和罪恶。

李曼·法兰克·鲍姆

李曼·法兰克·鲍姆（1856—1919），美国作家、演员、报纸编辑。《绿野仙踪》是鲍姆最优秀的作品。这是一个童话故事系列，以时间为脉络而展开，主要讲述了一个名叫桃乐斯的小女孩遍游奥兹国，和狮子、机器人、稻草人一起追寻勇气、善心及智慧的历险故事。此系列故事出版后广受赞誉，再版无数，成为美国流行文化史上最为著名的故事之一。

安东·巴甫洛维奇·契诃夫

安东·巴甫洛维奇·契诃夫（1860—1904），19世纪俄国批判现实主义杰出的代表作家，世界三大短篇小说巨匠之一。其代表作品有短篇小说《变色龙》《装在套子里的人》，以及戏剧《万尼亚舅舅》等。契诃夫的小说简洁朴素，短小精悍，生动的情节和幽默言语的背后是深邃的现实寓意。他善于从日常琐事中发掘素材，对幽默可笑的情节进行艺术概括，从而反映当时的俄国社会场景。

莫里斯·波利多尔·马里·贝尔纳·梅特林克

莫里斯·波利多尔·马里·贝尔纳·梅特林克（1862—1949），比利时诗人、剧作家、散文家，其主要作品有剧作《盲人》《青鸟》，散文集《双重的花园》《死亡》《蚂蚁的生活》等。梅特林克的作品主题主要围绕探讨死亡及生命的意义而展开，带有一定宿命论和神秘主义色彩。1911年，梅特林克成为诺贝尔文学奖得主。

欧·亨利

欧·亨利（1862—1910），美国小说家，美国现代短篇小说之父。他的作品构思巧妙，语言幽默，结尾常常出人意料，有"欧·亨利式结尾"之美誉；欧·亨利还因塑造了众多的人物，其作品饱含生活情趣，被誉为"美国生活的幽默百科全书"。其名篇如《爱的牺牲》《警察与赞美诗》《带家具出租的房间》《麦琪的礼物》《最后一片藤叶》等让他赢得了世界声誉。

罗曼·罗兰

罗曼·罗兰（1866—1944），法国思想家、批判现实主义作家、文学家、音乐评论家。其代表作是《约翰·克利斯朵夫》，这部作品并享有20世纪最伟大的小说之誉。它叙述了主人公约翰·克利斯朵夫的成长经历，描述了一位音乐天才的成长、奋斗与最终失败的故事，从而对资本主义社会中艺术受到的严重摧残予以抨击。

马克西姆·高尔基

马克西姆·高尔基（1868—1936），苏联作家。代表作有著名的自传体三部曲《童年》《在人间》《我的大学》，小说《母亲》，散文诗歌《海燕之歌》，剧本《在底层》《小市民》等。高尔基被列宁称为"无产阶级艺术最伟大的代表者"，他是伟大的社会主义现实主义文学创始人，无产阶级革命文学的领路人，苏联文学的奠基人。

符瓦迪斯瓦夫·莱蒙特

符瓦迪斯瓦夫·莱蒙特（1868—1925）波兰作家。其代表作长篇小说《福地》是工业题材，真实再现了劳资关系的实质，凭借这部作品，莱蒙特被誉为"波兰的左拉"。其四卷本长篇小说《农民》，描绘了1905年革命前后沙俄占领下的波兰的农村社会。这部现实主义巨著后来成为公认的波兰农村的百科全书。1924年，莱蒙特荣获诺贝尔文学奖。

安德烈·纪德

安德烈·纪德（1869—1951），法国作家。纪德的作品十分丰富，主要作品有《梵蒂冈的地窖》《田园交响曲》《人间食粮》《窄门》《背德者》《伊萨贝尔》等。

清新雅致的笔调，深邃细腻的思想，温柔和煦的语言，使纪德的作品颇具有古典美。

蒲宁

蒲宁（1870—1953），俄国作家。代表作品有自传体长篇小说《阿尔谢尼耶夫的一生》，中篇小说《乡村》，短篇小说《松树》《安东诺夫卡的苹果》《米佳的爱情》等。1933年蒲宁荣获诺贝尔文学奖，其获奖评语为"继承俄国散文文学古典的传统，表现出精巧的艺术方法"。

保尔·瓦雷里

保尔·瓦雷里（1871—1945），法国诗人。他的诗富含哲理，追求形式的完美，生与死、灵与肉、永恒与变幻等哲理性主题，瓦雷里常常以象征手法营造某种意境表达，《海滨墓园》描写诗人在海宾墓园沉思，被认为是哲理丰富、抒情优美的诗篇。其他作品有《幻美集》《年轻的命运女神》《旧诗稿》等。瓦雷里被称为"20世纪法国最伟大的诗人"。

马塞尔·普鲁斯特

马塞尔·普鲁斯特（1871—1922），20世纪法国伟大的小说家，意识流小说大师。其代表作《追忆似水年华》重点描述主观心理及"潜意识"活动，体现了一种新的小说观念，对欧美现代派文学产生了很大的影响。普鲁斯特是风格独特的语言大师，他的文字时而如九曲黄河，蜿蜒曲折；时而又极其简洁灵活，犀利辛辣，散发着作者智慧的光芒。

弗罗斯特

罗伯特·弗罗斯特（1874—1963），美国诗人。主要作品有诗集《新罕布什尔》《山间》《林间空地》《西去的溪流》，以及诗剧《理智的假面具》《慈悲的假面具》等。大自然和农民是弗罗斯特的抒情诗主要描写对象，其文笔形象而生动，具有很强的感染力，在各层次读者中都广受赞誉。

吉尔伯特·基思·切斯特顿

吉尔伯特·基思·切斯特顿（1874—1936），英国作家、文学评论者与神学家。切斯特顿擅写推理小说，其代表作即为系列侦探小说《布朗神父》，作家首创以犯罪心理学方式推理案情之模式，与福尔摩斯推崇物证推理的派别平分秋色。切斯特顿的文笔机锋处处，风趣幽默，而且涉猎范围甚广。

露西·莫德·蒙格玛丽

露西·莫德·蒙格玛丽（1874—1942），加拿大女作家。其主要作品是一套"安妮系列小说"，《红头发安妮》是这个系列的第一部。这部小说被译成几十种文字风行全世界，发行量超过八百万册。根据这部小说改编的电视剧曾在西方国家引起广泛影响，"红头发安妮"也成为最受全世界青少年欢迎的少女形象之一。

威廉·萨默塞特·毛姆

威廉·萨默塞特·毛姆（1874—1965），英国现代小说家、剧作家。他的喜剧如《小圈子》多以家庭、婚姻中的波折为主题，描绘了当时上流社会的一幅幅风俗画，长篇小说《月亮和六便士》，探讨的是天才、个性与物质文明，以及现代婚姻、家庭生活之间的冲突。毛姆以擅写短篇小说闻名，作品故事性较强，情节离奇曲折，又不落俗套。

杰克·伦敦

杰克·伦敦（1876—1916），是美国著名的现实主义作家。代表作有《马丁·伊登》《荒野的呼唤》。他的小说，笔力刚劲，文字质朴，情节离奇。主人公常常是被置于极端严酷、性命攸关的环境之下，人性中最真实的品格由此展露。杰克·伦敦赞美勇敢、坚毅和爱这些人类的高尚品质。他的作品不仅在美国本土影响深远，而且传播到世界各地。

马里内蒂

马里内蒂（1876—1944），意大利诗人、文艺批评家，未来主义创始人。1909年马里内蒂发表的《未来主义的创立和宣言》反对现实主义，否定一切文化遗传和传统。其长篇小说《未来主义者马法尔卡》又描绘了"未来的人"的形象，在小说中，马里内蒂认为"未来的人"仿佛是一架机器，具备无所不能的本领，但他们没有心灵，极端冷酷残忍，且卑鄙无耻。

赫尔曼·黑塞

赫尔曼·黑塞（1877—1962），德国著名作家。黑塞的诗歌浪漫气息浓郁，受德国浪漫主义影响颇深，以至黑塞成为"德国浪漫派最后的一个骑士"。其代表小说有《荒原狼》《彼得·卡门青特》《玻璃球游戏》《东方之行》等。象征手法是黑塞的作品中比较常用的手段，其文笔优美、笔触细腻。

莫里兹

莫里兹（1879—1942），匈牙利20世纪著名的批判现实主义小说家。《七个铜板》是莫里兹早期的代表作之一，它运用"哭"与"笑"、"忧愁"与"开朗"的强烈对比，表现了贫苦人民为了凑七个铜板买肥皂洗衣而不得不翻箱倒柜的凄惨生活，给人留下了强烈的印象。莫里兹的作品还有八十多部剧本，大部分改编自他的小说。

爱德华·摩根·福斯特

爱德华·摩根·福斯特（1879—1970），英国小说家、散文家。福斯特代表作是两部小说《霍华兹庄园》和《印度之旅》。后者是作者最重要也最受欢迎的一部小说，在这部作品中，福斯特通过对主人公阿苔拉小姐的经历的描述，反映出作者对殖民统治的厌恶与对被压迫民族的同情。

纪尧姆·阿波利奈尔

纪尧姆·阿波利奈尔（1880—1918），法国诗人，其诗歌代表作有诗集《醇酒集》，而阿波利奈尔的剧本《蒂雷西亚的乳房》是超现实主义戏剧的开山之作。在这部剧中，作者首创了"超现实主义"这个词。作者晚年曾尝试新的写诗手法，开始尝试用诗句来构成图案，这影响了后来诗歌形式的发展。

斯蒂芬·茨威格

斯蒂芬·茨威格（1881—1942），奥地利犹太裔著名作家，中短篇小说巨匠，以擅长人物的心理分析而闻名。其名篇《象棋的故事》《一个陌生女人的来信》《一个女人一生中的24小时》《看不见的珍藏》等均为享誉世界的不朽佳作。他还曾为狄更斯、巴尔扎克、托尔斯泰等人作传，从而创新了文学传记形式。

阿列克谢·尼古拉耶维奇·托尔斯泰

阿列克谢·尼古拉耶维奇·托尔斯泰（1883—1945），苏联作家。长篇小说、三部曲《苦难的历程》是其重要代表作品，描写了在一战、十月革命等重大历史事件的时代背景下，几个年轻的知识分子经历曲折的道路，最后走向革命的历程，作品生动揭示出知识分子只有与工农大众相结合、投身报国才能幸福这一重要主题。

詹姆斯·乔伊斯

詹姆斯·乔伊斯（1882—1941），爱尔兰作家和诗人。代表作小说《尤利西斯》描写了一个迷惘、苦闷的小市民布卢姆、他的寻欢作乐的妻子莫莉·还有寻找精神上的父亲的青年学生德迪勒斯这三个人二十四小时中的经历，实质上是反映了现代西方社会中人的孤独、无聊与绝望，是20世纪欧美意识流小说最重要的代表作。

弗吉尼亚·伍尔夫

弗吉尼亚·伍尔夫（1882—1941），英国现代女作家。其代表作有长篇小说《远航》《雅各的房间》《到灯塔去》《黛洛卫夫人》《海浪》和《幕间》等。伍尔夫在小说中尝试使用意识流的写作方法，以描绘出人们心底的潜意识，被尊为意识流小说大师。伍尔夫在英国文学史上是举足轻重的作家，她还是引领现代主义文学潮流的先驱。

弗兰茨·卡夫卡

弗兰兹·卡夫卡（1883—1924），20世纪德语小说家。卡夫卡的代表作为《变形记》，通过推销员变成甲虫的经历影射出西方人当时真实的生存状态，暴露了人际关系的陌生感和孤独感。其文笔明净，想象诡异，写作手法别具特色。卡夫卡和法国作家马赛尔·普鲁斯特、爱尔兰作家詹姆斯·乔伊斯并列为西方现代主义文学的三位先驱与大师。

大卫·赫伯特·劳伦斯

大卫·赫伯特·劳伦斯（1885—1930），20世纪英国作家，20世纪英语文学中重要的代表人物，同时，他也是备受争议的一位作家。其主要作品有《儿子与情人》《虹》《恋爱中的女人》《查泰莱夫人的情人》，这些小说的核心内容，都围绕性生活展开，劳伦斯把人的性欲意图，看成是引起一切生活现象的根源，他的创作深受弗洛伊德心理分析学影响。

托马斯·艾略特

托马斯·艾略特（1888—1965），英国著名现代派诗人与文艺评论家。他的代表作有长诗《空心人》《圣灰星期三》《四个四重奏》《荒原》，其中《圣灰星期三》是作者的中期作品，暴露出西方的一代人在精神层面上的幻灭，此诗也被视为西方现代文学中里程碑式的作品。1948年艾略特获诺贝尔文学奖。

费尔南多·佩索阿

费尔南多·佩索阿（1888—1935），葡萄牙诗人与作家。佩索阿的诗集有《使命》和《作品全集》九卷。此外，佩索阿还著有《美学及文学理论和评论集》和《哲学读本》。佩索阿是葡萄牙后期象征主义最杰出的代表人物，他的诗作对葡萄牙当代诗人影响极大，被认为是葡萄牙文学史上继卡蒙斯之后的又一位伟大诗人。

阿赫玛托娃

安娜·阿赫玛托娃（1889—1966），俄国"白银时代"的代表性诗人，阿克梅派的杰出代表。其代表作品有诗集《黄昏》《念珠》、组诗《安魂曲》等。她的诗多短小精致，抒发诗人复杂的内心矛盾。诗人对中国古典诗歌十分喜爱，曾将《离骚》和李商隐的无题诗译成俄文。

霍华德·菲利普·洛夫克拉夫特

霍华德·菲利普·洛夫克拉夫特（1890—1937），美国恐怖小说作家。洛夫克拉夫特最优秀的作品，首推《克苏鲁神话》。洛夫克拉夫特用他影响巨大的作品改变了恐惧、奇幻和科幻小说的面貌。他创造的令人惊悚的神话，在已知的宇宙和充满恐怖的外星球一个古老空间之间架起了一座桥梁，为他赢得了惊悚小说历史上永久的一席之地。

韦尔弗

韦尔弗（1890—1945），奥地利作家。韦尔弗在诗歌、小说及戏剧方面均建树颇高，他的诗歌宗教气息较浓，如诗集《世界之友》《我们是》《彼此》等，表达出人类的普世之爱。剧本《特洛伊女人》是韦尔弗根据古希腊悲剧作家欧里庇得斯的剧本改写而成，表达了作者反战的立场。

卡雷尔·恰佩克

卡雷尔·恰佩克（1890—1938），捷克当代作家。主要作品有科学幻想剧《罗素姆万能机器人》、长篇幻想小说《大战鲵鱼》和剧本《白色病》《母亲》等。他长于讽刺幽默和幻想，并以运用虚幻、象征的现代派手法著称。作家采用寓意及童话手法影射资本主义社会中的丑恶现象。其作品语言明晰幽默，只需三言两语，一个鲜活人物形象即跃然纸上。

弗拉基米尔·弗拉基米罗维奇·马雅科夫斯基

弗拉基米尔·弗拉基米罗维奇·马雅科夫斯基（1893—1930），苏联著名诗人。早期诗作带有未来主义色彩。十月革命后的《革命颂》《我们的进行曲》等诗作歌颂了十月革命，呼吁艺术家参与革命。曾出访过法国、西班牙、墨西哥等国家，发表《我发现美洲》《百老汇》等国际题材的诗篇。另外，还著有讽刺喜剧作品，如《臭虫》《澡堂》等。

布莱希特

布莱希特（1893—1956），德国剧作家、戏剧理论家、导演。其重要剧作有《第三帝国的恐怖与灾难》《圆头党和尖头党》《卡拉尔大娘的枪》《四川好人》《大胆妈妈和他的孩子们》等。此外，布莱希特还著有演说、论文等作品，阐述了史诗戏剧的理论原则与演剧方法。布莱希特戏剧是20世纪德国戏剧的重要学派之一，对世界戏剧的发展有较大影响。

伊·埃·巴别尔

伊·埃·巴别尔（1894—1941），苏联著名短篇小说家。其代表作品是短篇小说集《红色骑兵军》和《敖德萨的故事》。前者描写了骑兵师官兵的生活，后者记录了十月革命之前的穷苦犹太人的生活。作品构思独特，生活细节刻画生动。

叶赛宁

叶赛宁（1895—1925），俄国诗人。其早期诗歌以农村自然景色为描写对象，表现出作者对俄罗斯这片热土炽热深沉的爱，但稍有美化宗法制农民生活之嫌。后期诗歌《致一位女子的信》《母亲来信》及组诗《波斯抒情》，抒发了叶赛宁对美好的爱情和对祖国的深切眷恋，情景交融，感情真挚。叶赛宁的诗作底蕴丰富，清新自然，富有感染力，对后来抒情诗发展影响较大。

保尔·艾吕雅

保尔·艾吕雅（1895—1952），法国当代杰出诗人。艾吕雅出版诗集多达数十种，主要有《为了在这里生活》《痛苦的都城》《公共的玫瑰》《不死之死》《丰采的眼睛》《诗与真》《凤凰》等。他的诗语言明朗流利、散发出生活的气息，诗风朴素平易，抒情意味十足，诗人的真情实感于字里行间若隐若现。

弗朗西斯·斯科特·基·菲茨杰拉德

弗朗西斯·斯科特·基·菲茨杰拉德（1896—1940），美国小说家，是"迷惘的一代"代表作家。其代表作品有《尘世乐园》《人间天堂》和《了不起的盖茨比》等。他的作品反映了美国从一战结束到经济危机爆发之间这所谓的"爵士时代"时期城市青年的厌战情绪、精神幻灭与醉生梦死的放荡生活。

欧内斯特·海明威

欧内斯特·海明威（1899—1961）美国记者、作家，"新闻体"小说的创始人、20世纪世界著名的小说家。其主要作品包括《太阳照样升起》《永别了，武器》及《老人与海》等。海明威的写作以轻描淡写、惜墨如金而独树一帜，他对美国文学乃至世界文学发展都有极为深远的影响。1953年海明威获得普利策奖，次年又获得诺贝尔文学奖。

亨利·米肖

亨利·米肖（1899—1984），法国诗人、画家。1927年亨利·米肖发表第一部诗集《我曾是谁》，此外，他还写有《可悲的奇迹》《他乡》《内心世界》《天使柱》等。米肖是一位融会东西方文化的大家，他的诗既将卓别林式的幽默和求识的科学精神蕴含其中，又富有东方务虚映实的艺术气韵。

豪尔赫·路易斯·博尔赫斯

豪尔赫·路易斯·博尔赫斯（1899—1986），阿根廷作家。其主要作品有短篇小说集《交叉小径的花园》《世界丑事》《阿莱夫》等。博尔赫斯在创作上受到西班牙极端主义流派和爱伦·坡、卡夫卡等人的影响，逐渐形成自己的风格，常以东方国家异国情调为背景，情节新颖奇特、富于幻想，神秘色彩浓重。

紫式部

紫式部（约978—约1016），日本平安时代女文学家。本姓藤原，紫式部系宫中称呼。主要作品长篇小说《源氏物语》描写人物心理细腻，文字典雅，情节曲折，为日本古代最优秀的文学作品，有"东洋红楼梦"之称；同时《源氏物语》也是公认的世界最早的长篇小说，在日本文学的发展中影响很大。

井原西鹤

井原西鹤（1642—1693），日本江户时代著名小说家、俳谐诗人。其早年作品主要是俳句，主要有《西鹤大矢数》《五百韵》，风格独特。后期，井原西鹤主要转向小说创作，以商人和市民的生活为主要内容，不再像过去的文学传统仅以贵族、武士的生活为中心。他的艳情小说《好色一代男》，开日本文学史上"浮世草子"（社会小说）的先河。

罗宾德拉纳特·泰戈尔

罗宾德拉纳特·泰戈尔（1861—1941），印度抒情诗人。其作品主要有诗集《吉檀迦利》《新月集》《飞鸟集》及长篇小说《沉船》《戈拉》等。这些著作揭露英国殖民统治下的底层百姓的悲惨生活和妇女的痛苦遭遇，抨击封建主义和种姓制度。诗歌格调清爽，民族风格强烈。1913年泰戈尔荣获诺贝尔文学奖，成为首个获得此奖的亚洲人。

夏目漱石

夏目漱石（1867—1916），日本近代作家。主要作品有小说《我是猫》《哥儿》以及《过了春分时节》三部曲等，长篇小说《我是猫》是夏目漱石的重要代表作。夏目漱石在日本近代文学史上享有很高的地位，他的作品堪称日本批判现实主义文学史的丰碑，极大地影响了后世的作家。

尾崎红叶

尾崎红叶（1868—1903），日本小说家。作品有其成名作《两个比丘尼的色情忏悔》、长篇小说《多情多恨》、中篇小说《三个妻子》《香枕》等。其中，长篇小说《金色夜叉》以恋爱和金钱问题为中心，全面地展现了当时社会的各阶层人物形象及其生活图景，在一定程度上促进了日本近代文学的发展。

芥川龙之介

芥川龙之介（1892—1927），日本小说家。他专攻短篇小说，代表作有《罗生门》《竹林中》《地狱变》《影灯笼》等。他的短篇小说篇幅很短，取材新颖，情节离奇，多揭露社会丑恶现象，这使得他的小说一方面不乏极高的艺术性，一方面又深刻地反映了当时的社会现实。

德永直

德永直（1899—1958），日本小说家。他的作品主要有长篇小说《静静的群山》《妻啊！安息吧》《没有太阳的街》、短篇小说《蛤蟆》《镑儿头》《熬煎》等。其自传体长篇小说《妻啊！安息吧》，通过叙述妻子在日本战败前夕贫病交加而死的悲惨遭遇，揭露日本军国主义给人民带来的深重灾难，是公认的战后日本民主主义文学的杰出代表。

川端康成

川端康成（1899—1972），主要作品有《伊豆的歌女》《雪国》《禽兽》《浅草的少男少女》《睡眠的美女》《千羽鹤》等。作品印象主义色彩浓厚，语言洗练纯净，意境高雅，突出抒情和描写主观感觉，不过作者受佛教影响较深，常带有消极悲观意味。他在1968年成为获得诺贝尔文学奖首位日本作家。

小林多喜二

小林多喜二（1903—1933），日本无产阶级文学的代表作家、小说家。作品有小说《在外地主》《为党生活的人》、报告文学《一九二八年三月十五日》等。《蟹工船》描写了捕蟹工人在非人环境下的悲惨命运，记录了他们从自发到自觉斗争的成长历程，是无产阶级文学的奠基作品。深沉真挚的感情，简洁凝练的语言，质朴淡雅的文风是小林多喜二的作品特点。

太宰治

太宰治（1909—1948），日本小说家。代表作为中篇小说《人间失格》，作品以手记形式描述了主人公大庭叶藏患病后自甘堕落，最终变成一具行尸走肉。书中多处可以看见作者自身生活经历的影子，浓厚的悲剧气氛令人窒息。他的作品多取材于个人生活经历，真实与虚构并存。

渡边淳一

渡边淳一（1933—），日本作家。1965年他以《死人化妆》成名，主要作品有：《华葬》《梦断寒湖》《绮情梦》《色之酷》《失乐园》等。渡边生活阅历极为丰富，再加上从医经历，使他的小说笔触极为细腻，对现实生活中男女关系的描写尤其细致而透彻、精辟。现代人的孤独脆弱与彷徨是渡边淳一常见的作品主题。

大江健三郎

大江健三郎（1935—），日本当代存在主义作家。主要作品有《万延元年的足球队》《个人的体验》《新人啊，醒来吧》《洪水涌上我的灵魂》等。在小说创作理念上，大江主张边缘文化，这是一种与传统主流文化相对立的文化。他擅长从性意识的角度透析人生，构筑文学世界。1994年大江健三郎荣获诺贝尔文学奖。

村上春树

村上春树（1949—），日本小说家、美国文学翻译家。主要作品有《挪威的森林》《且听风吟》《百分百的女孩》等。《挪威的森林》出版时销售量惊人，村上春树因此成为日本最畅销的作家。其创作深受欧美作家影响，风格轻盈，少有日本战后阴郁沉重的文字气息。他是公认的首位纯正的"二战后时期作家"，有日本"20世纪80年代的文学旗手"之称。

政坛领袖

他们总是活跃在国家的最高领域,自从有了国家,政治领袖便随之产生,他们决策着一个国家的发展方向,引领着一个民族的兴衰起伏。

汉谟拉比

汉谟拉比(前1792—前1750),为巴比伦第一王朝的第六代君主,他自称为"月神的后裔",其在位期间实现了对两河流域的统一,并颁布了著名的《汉谟拉比法典》。前1766年汉谟拉比在入侵美索不达米亚平原的过程中,败于巴比伦和拉尔萨联盟,后来他又再次发起战争,终于在前1763年实现对下美索不达米亚平原的占领。后来他又不断地向北用兵,最终实现对整个美索不达米亚的控制。

埃赫那吞

埃赫那吞(约前1379—前1362在位),是古埃及历史上著名的第十八王朝的国王。他之所以在历史上为后人所称道,是由于他进行了一次著名的社会改革。在他统治之前,埃及阿蒙神庙僧侣集团的势力日渐强大,威胁中央集权。埃赫那吞为了巩固统治,有效加强中央集权,依靠中小奴隶主及新兴军事贵族的力量,进行了一次全面的社会改革。但是改革未能坚持下来,埃赫那吞死后不久,一切改革成果即被废除。

拉美西斯二世

拉美西斯二世(前1314—前1237),为古埃及第十九王朝一位著名的法老,在其执政阶段,埃及新王国进入到最后的强盛时期。拉美西斯二世曾发起了一系列的远征,目的是恢复埃及在巴勒斯坦的统治。他曾率领埃及军队与当时同样强大的赫梯发生战争,此次战争一直持续到前1270年,最后双方缔结了历史上第一个国际协定。

居鲁士

居鲁士（前599—前529），即居鲁士二世，他创建了波斯帝国，同时他也是阿契美尼德王朝的开国君主。公元前558年居鲁士领导了波斯部落联盟，不久他又率军征服米底，并称"米底诸国国王"。此后他不断发起战争，不断开拓本国疆域。前539年，居鲁士大军攻占巴比伦，此时波斯的扩张达到顶峰。之后他接受尊号"巴比伦之王，众国之王"。

塞尔维乌斯

塞尔维乌斯（前578—前534年在位），古罗马历史上一位杰出的政治家。他最突出的政绩是在其在位期间，进行了一次全面的社会改革。其改革内容主要包括：以五个等级对能服兵役的公民的财产进行划分，并分别为每个等级提供不同数目的军事百人队，共有一百九十三个百人队，并规定这些百人队，每队有一票表决权。创建百人队大会。以地区将氏族部落分为四个。塞尔维乌斯的改革的推行，标志着古罗马由氏族制成功实现向国家的过渡。

伯里克利

伯里克利（约前495—前429），古代世界十分杰出的一位政治家。他曾经同埃菲阿尔特合作，对贵族派首领客蒙坚决反对；他还极力提倡扩大平民阶层的权利。前443年到前429年，他成为雅典的实际统治者。在他的统治下，雅典迎来了发展的极盛期，这一时期史上被称为"伯利克里时代"。伯利克里毕生坚持的民主政治对希腊的发展影响深远。

提贝里乌斯·塞姆普罗尼乌斯·格拉古

提贝里乌斯·塞姆普罗尼乌斯·格拉古（前168—前133），也称提比略·格拉古，古罗马著名的政治家，优秀的平民派领袖。在历史上通常将他和其弟盖约·格拉古合称为"格拉古兄弟"。格拉古曾以平民保民官的身份，发起一场以将贵族和大地主多得的地产分给平民为目标的改革。由于这次改革有悖于贵族特别是元老院的利益，因此导致改革未能顺利进行，格拉古也因此而丧命。

苏拉

苏拉（约前138—前78），是古罗马时期著名的政治家、军事统帅。他早年

曾在马略麾下任职。前88年苏拉出任执政官，后来在争夺米特拉达梯战争指挥权的过程中与马略发生了冲突，二人相互仇杀。前82年苏拉将马略派彻底肃清，他率军占领罗马城，颁布了著名的"公敌宣言"。苏拉执政期间对古罗马宪法多次进行改革，其性格勇敢又狡猾，因而有人称他是"半狐半狮"。

托勒密十二世

托勒密十二世（前117—前51）是古埃及托勒密王朝的一位国王。在其继位之初，托勒密十二世与克利奥帕特拉六世共同执政，为了实现独裁，他想尽各种办法试图除掉克利奥帕特拉六世。前58年托勒密十二世被埃及人推翻，但很快他又在罗马统帅庞培的军事支持下夺回了王位。托勒密十二世在去世前，他立自己的女儿克利奥帕特拉七世为共同执政者。

克拉苏

克拉苏（前115—前53），是古罗马杰出的政治家、军事家。他曾在内战中帮助苏拉夺权进而建立起独裁统治。前72年至前71年，克拉苏率领罗马军队对斯巴达克奴隶起义实行了残酷的镇压。在苏拉隐退以后，克拉苏与恺撒、庞培组成了三头政治同盟。后来克拉苏在前53年对安息帝国的战争中，不幸兵败被俘。

庞培

庞培（前106—前48），是古罗马时期一位著名的政治家、军事统帅。他很早就跟随父亲参加了同盟者战争。后来在多年的征战中，庞培逐渐确立其政治地位。前60年庞培与克拉苏及恺撒结成"前三头同盟"，后来同盟解体，庞培与恺撒反目，当他被恺撒穷追不舍投奔托勒密之时，不幸被托勒密出卖，遇害身亡。

恺撒

恺撒（前102—前44），是罗马共和国末期一位优秀的政治家、军事统帅。前60年时恺撒和克拉苏、庞培秘密结成历史上著名的"前三头同盟"，后来恺撒又成为高卢总督，并用八年时间使高卢全境臣服。前49年，恺撒大军占领了罗马，在那里实行独裁统治。除了政治家的身份，恺撒还是一位杰出的军事家，他的军事战略思想与战术原则受到西方许多著名军事统帅的追捧。

马克·安东尼

马克·安东尼（约前83—前30）是古罗马一位杰出的政治家与军事家。他曾为恺撒手下重要的管理人员与军队指挥官，是恺撒的得力助手。恺撒被刺后，安东尼和屋大维及雷必达组成"后三头同盟"。前33年"后三头同盟"破裂，安东尼与屋大维逐渐发生政治冲突，后来在双方的交战中，安东尼战败自杀。

克利奥帕特拉七世

克利奥帕特拉七世（约前70—约前30），为古埃及克罗狄斯·托勒密王朝最后一任女法老。传说她最后让一条毒蛇咬死了自己，从而结束了自己的生命，也终结了埃及的历史。至此而后，埃及并入罗马帝国，直至5世纪西罗马帝国灭亡之时。在文学和艺术上，克利奥帕特拉七世多被刻画成为保卫国家免受罗马吞并而色诱恺撒及其手下安东尼，因此她又被称为埃及艳后。

屋大维

屋大维（前63—14），有"奥古斯都"的尊称，他为罗马帝国的开国君主，其对罗马的统治达四十三年之久。前27年，屋大维在罗马实行元首制，将政治、司法、军事及宗教等大权独揽于一身。在他的统治下，罗马结束了有一个世纪之久的内战，从而进入罗马发展史上相当长一段和平年代，并达到其发展的辉煌时期。屋大维去世后，经罗马元老院决定屋大维被列入"神"的行列，同时8月也被定为"奥古斯都"月。

阿格里皮娜

阿格里皮娜（15—59），是古罗马一位著名的皇后，她也是有名的暴君尼禄的母亲。据史载，阿格里皮娜一生共有三次婚姻，49年，阿格里皮娜与他的叔叔喀劳狄一世结婚，不久喀劳狄一世收尼禄为养子。54年，在喀劳狄一世死后，尼禄顺利继承王位，但此时阿格里皮娜妄图控制尼禄以掌握政权，尼禄此时与母亲之间有了嫌隙，后来当尼禄同波皮亚·塞宾娜的婚姻受到阿格里皮娜反对时，尼禄便疯狂地杀死了母亲。

君士坦丁大帝

君士坦丁大帝（280—337），是古罗马历史上首位信仰基督教的皇帝。在他影响下，不到百年的时间内，基督教迅速成为当时世界上最大帝国的法定宗教。在政治方面，君士坦丁在统一古罗马帝国后，集中发展皇帝的独裁统治。他重建并扩建了拜占庭，并在 330 年时宣布迁都拜占庭并定名为君士坦丁堡，从此，君士坦丁堡开始了它辉煌的历史。

佩特罗尼乌斯·马克西穆斯

佩特罗尼乌斯·马克西穆斯（396—455），罗马贵族，仅执政两个半月的皇帝。420 年，马克西穆斯出任罗马行政长官。454 年，他诬告帝国军队统帅埃提乌斯谋反得逞，不久埃提乌斯被处死。之后他又串通亲兵发动宫廷政变，篡位为帝。但他在继位后因逼婚事件，不久便丧命罗马。

克洛维一世

克洛维一世（466—511），是法兰克王国的缔造者。克洛维一世在位期间，他曾被其妻子劝说，从而放弃日耳曼人一直信奉的阿里乌教派，转而皈依了天主教。他的这种转变在法国甚至是西欧的历史上都产生非常大的影响，信仰的改变对后来克洛维一世将其统治领土扩张到原罗马帝国的高卢地区也发挥了重要的作用。

查士丁尼大帝

查士丁尼大帝（483—565），是拜占庭帝国一位伟大的皇帝。查士丁尼在位时，一度致力于内政的革新，同时他还积极发动一系列战争。他曾主持编纂了《查士丁尼法典》《查士丁尼法学阶梯》《查士丁尼学说汇编》等多部对后世影响深远的著作。他还曾率军侵入北非，他的军队曾占领了达尔—阿兰王国，并征服了意大利的东哥特王国。在他领导下，拜占庭帝国的疆域空前广大。

圣德太子

圣德太子（574—622），在日本飞鸟时代被看成是皇族，他也是女帝推古朝的杰出的改革推动者。其本名为厩户，"圣德太子"的名称在平安时代被广泛使用。在大和豪族纷争的时代，在崇峻天皇被暗杀后，推古女天皇即位，此时圣德太子辅政。在其辅政时期，他大力推行改革，并遣使学习中国的制度，后来他又大力推行新政。自 1958 年至 1983 年期间在日本流通的一万日元银行券上的币面人物就为圣德太子。

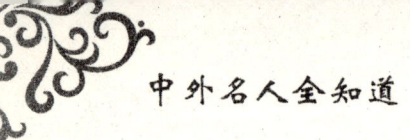

查理·马特

查理·马特（676—741），是法兰克王国一位著名宫相，但在他任职期间，他实际上是当时法兰克王国的掌权者。查理在欧洲中世纪也可算是一位重要的人物，其政治功绩主要有：他夯实了卡洛林王朝的基础，他还建立采邑制，对当时的封建社会制度进一步巩固并予以发扬。正因为他的贡献，查理在历史上因此有"铁锤查理"之称。

查理大帝

查理大帝（742或747—814），是法兰克王国加洛林王朝的一位伟大的国王，他也是神圣罗马帝国缔造者。法兰克王国的重臣丕平三世是查理的父亲，丕平三世曾因教皇的支持而创建了卡洛林王朝。这种关系令其子查理在继任后仍与罗马教皇保持着联盟的关系。丕平病逝后，根据其遗嘱的划分，在苏瓦松，查理的弟弟卡洛曼即位，同时查理在努瓦永登基。后来卡洛曼去世后，查理将其弟的国土也合并到自己辖下。

布赖恩·博罗

布赖恩·博罗（941—1014），是爱尔兰历史上一位杰出的首领，他为爱尔兰的统一也作出了巨大的贡献。他即位后不久就陆续发动了征服战争，1002年在布赖恩·博罗的努力下，爱尔兰统一王国建立。1013年在王国东部发生了叛乱，在都柏林附近的克朗塔夫双方展开了鏖战，尽管布赖恩军队战胜，但他本人不幸战死，此后爱尔兰便陷入分裂状态。

巴西尔二世

巴西尔二世（958—1025），为马其顿王朝东罗马帝国一位杰出的皇帝。在他的统治下，中世纪的拜占廷帝国进入其发展的极盛时期。巴西尔二世还是一位优秀的骑手，而且他对打仗十分热衷。他率领的军队几乎无往不利，他曾在平息了国内的政敌后，将注意力转向国外，由于他在战争中的行为非常残酷，因而巴西尔二世还有一个"屠杀保加利亚人的刽子手"的绰号。

哈德克努特

哈德克努特（1018—1042），为丹麦历史上一位著名的国王，同时他也是英格

兰的一位杰出的君主，在英国的历史上，哈德克努特是丹麦统治英国时代的末任君主。1035年，哈德克努特在继承其父的王位后，成为丹麦国王，即后来的克努特三世。1040年哈德克努特又成为英格兰国王，他被称为克努特二世。1042年哈德克努特病逝后，丹麦时代便宣告结束，此后爱德华继位，威塞克斯王朝不久复辟。

（英国）威廉一世

威廉一世（1028—1087），他是著名的英格兰国王、诺曼底公爵，有"征服王威廉公爵"之称。在即位之初，他在法王支持下胜利平息了公国内反对派的对抗，从而使自己的地位得以巩固。此后，威廉将他的战略目光投向了英格兰。在威廉的残酷入侵下，英格兰成为他的占领地。

腓特烈一世

腓特烈一世（约1122—1190），有"红胡子"的绰号，他是神圣罗马帝国皇帝，同时他也是霍亨斯陶芬王朝的德意志君主。像所有颇有建树的伟大皇帝一样，腓特烈一世在德意志境内也试图使各个桀骜不驯的诸侯臣服于他。1158年腓特烈一世颁布了采邑法令，规定所有接受采邑者都必须为皇帝服兵役。同时他还分割了大的诸侯领地，由此在1156年腓特烈一世把奥地利从巴伐利亚公国分出来，从而使之成了独立公国。

（神圣罗马帝国）腓特烈二世

腓特烈二世（1194—1250），是霍亨斯陶芬王朝一位著名的德意志国王，他同时也是神圣罗马帝国的君主。腓特烈二世对于皇帝的威严非常注重，他曾命人以罗马皇帝为造型雕出了大量的雕塑，这些现存的雕像为后人窥探他的容貌提供了一些依据。腓特烈二世为后世铭记的是他领导的十字军堪称十字军东征史上绝无仅有的一次。他避免任何战场上的正面交锋，而是通过谈判的手段赢回了耶路撒冷。甚至连埃及苏丹也曾对他赞誉有加，认为他是最好的欧洲君主。

罗伯特·布鲁斯

罗伯特·布鲁斯（1274—1329），即罗伯特一世，他是苏格兰历史上一位伟大的国王，他也是苏格兰人民心中的民族英雄。在他的率领下苏格兰人战胜了英格兰军队，从而实现了国家的独立。罗伯特的政治之路多是与战争相伴，他曾在

1297 年苏格兰爆发的独立运动中借机叛乱,但是未获成功。后来在苏格兰人在斯特林桥之役取得胜利后,罗伯特再次活跃。1309 年 3 月他首次组织并召开了自己的国会,此后他相继获得苏格兰教士阶层及教皇的承认。1328 年,英格兰国王承认罗伯特苏格兰国王的地位。

曼萨·穆萨

曼萨·穆萨(生卒年不详),为 14 世纪马里帝国一位伟大的国王。在曼丁戈语系中"曼萨"表示人民对统治者的尊称。1307 年曼萨·穆萨即位为王,他成为马里帝国的第九位国王。曼萨·穆萨拥有一支十万人的军队,其中骑兵达一万人。在曼萨·穆萨的统治时期内,马里的疆域北达沙漠边缘,南至森林边缘,西接大西洋岸,东抵塔凯达铜矿和商队汇集中心,其面积之广,使马里进入当时世界上大国之列。

伊丽莎白一世

伊丽莎白一世(1533—1603),是英国历史上一位伟大的国王,作为都铎王朝最后一任国君,她也是爱尔兰的女王。因其终身未嫁,因而得名"童贞女王"。伊丽莎白一世曾采取有效的措施最终实现了英格兰的稳定与统一,并很快使英格兰步入欧洲最强大、富有的国家之列,因而此时英格兰文化也出现其发展中的一个顶峰。

丰臣秀吉

丰臣秀吉(1537—1598),是日本战国时代及安土桃山时代一位伟大的武将与大名,他在日本自室町幕府分裂后再次实现了日本的统一,在其毕生的政治生涯中,丰臣秀吉最高等级官位达到了关白。在丰臣秀吉执掌日本的政事阶段,其经贸政策多是源自织田信长,他大力发展南蛮贸易,并以朱印船贸易及乐座乐市等来实现商业振兴;他还致力规范经济、确立税制,实现了兵农分离。他的一系列举措为江户时代的幕藩体制奠定了基础。

德川家康

德川家康(1543—1616),其全名为德川次郎三郎源朝臣家康,他为日本战国时代一位名声显赫的大名和江户幕府将军。他的父亲松平广忠为三河国的大名,其母亲于大之方是水野忠政的女儿。德川家康在日本发展的过程中作出的最大的贡献就是他成立了江户幕府，并统治达二百多年，由此也开始了日本的幕府时代。如今日本日光东照宫等处所供奉的神明东照大权现，即为德川家康。

阿拔斯一世

阿拔斯一世（1571—1629），是伊朗萨非王朝的一位伟大的沙阿（意即君主）。在其统治期间，伊朗实现了国力发展的巅峰。阿拔斯一世十分重视对中央集权的巩固，以及对经济力量的发展，因而他采取了很多措施，以壮大本国的实力。在国外，阿拔斯一世也采取了积极的外交政策，他先后发起多次战争，积极扩展本国的版图。在阿拔斯一世时期，波斯的都城自加兹温迁到了伊斯法罕，阿拔斯一世进而对伊斯法罕进行了大规模重建，如今很多当时壮观的建筑物现在还完好地保留着。

沙贾汉

沙贾汉（1592—1666），为印度莫卧儿帝国伟大的皇帝。沙贾汉在位时期内，他曾为其妻子修筑举世闻名的泰姬陵。此外，在他的执政期间，莫卧儿帝国在财源有限的情况下仍然得以扩张。沙贾汉的统治同时还促进了本国涌现许多大商业中心与手工业中心，这些城市与港口往往通过水陆交通紧密相连。在沙贾汉统治印度期间，莫卧儿帝国的艺术与建筑也取得了辉煌的成就。

查理一世

查理一世（1600—1649），同为英格兰、苏格兰及爱尔兰的国王，他也是英国历史上唯一一位被推上断头台的国王。查理在位期间长期与议会意见相左，后来由于他未经议会同意而肆意征税，而且其军队纪律也甚为混乱，由此导致民怨四起。后来在国王与议会不断的矛盾冲突中，英国经历了"短期议会"与"长期议会"两个阶段。但是查理与议会的矛盾始终没有缓和，终于导致了英国内战的爆发。内战结束后查理一世被俘。1649年1月30日，查理一世以叛国罪被判处死刑。

路易十四

路易十四（1638—1715），是法国历史上一位著名的国王。他曾凭借红衣主教黎塞留与马萨林的帮助，在法国建起了一个以他为核心、巴洛克式的专制王国。在其大臣柯尔贝的协助下路易十四使整个法国的官僚机构都在他的控制下，进而使国王在财政、军事及机构方面的力量得以增强。由于在路易十四的发展时期，法国逐渐走向强大，因而路易十四也成为备受法国人民尊敬的一位君主，但也由于他不断地发动战争，因而也成为法国国家经济崩溃的导火线。

彼得大帝

彼得大帝（1672—1725），即彼得一世，他是俄国一位著名的沙皇，也是俄罗斯帝国的统治者。彼得大帝是公认的俄国最杰出的沙皇。他曾制定出西方化政策，从而逐步促使俄国加入世界强国之列。彼得一世在位期间，俄国的国号第一次被定为"俄罗斯帝国"。这位伟大的君主在俄罗斯的内政外交上做出了显著的成绩。他结束了为期二十年的"北方战争"，在南方，他又控制了里海及亚速海的门户。在国内，他实行大刀阔斧的改革。

腓特烈二世

腓特烈二世（1712—1786），史称腓特烈大帝，他是普鲁士国王杰出的君主，而且他在哲学、政治、经济、法律及音乐各方面也建树颇多。在其统治时期，普鲁士在军事方面有极大发展，从而在普鲁士成为了德意志的霸主。腓特烈二世不仅是一位伟大的君主，他也因其杰出的军事才能为后世尊敬。腓特烈在西方的历代名将中，其地位仅居亚历山大、恺撒、汉尼拔和拿破仑四人之后。他还曾写出重要的军事理论著作《战争原理》。

塞缪尔·亚当斯

塞缪尔·亚当斯（1722—1803），是美国独立战争时期一位杰出的政治家。亚当斯从小便接受到良好的古典教育。他曾经是一名职业律师，在工作的过程中，他逐渐对英国王权产生了质疑。1772年亚当斯率先在马萨诸塞州成立了通讯委员会，翌年他又积极参与策划了著名的波士顿倾茶事件。大陆会议期间，亚当斯坚决拥护美国独立。1788年亚当斯当选为马萨诸塞州反联邦派领导人，1794年至1797年期间他出任马萨诸塞州州长。

叶卡捷琳娜二世

叶卡捷琳娜二世（1729—1796），俄罗斯帝国著名的女皇，她也被称为凯萨琳大帝。在她与彼得三世婚后不久，由于彼得三世另有新欢，其皇后地位受到威胁，因而她遂于1762年发动政变，并即位为女王。叶卡捷琳娜二世在国家治理上多受伏尔泰、狄德罗等法国思想家的影响，她主张开明专制、法治主义，倡导法律面前人人平等。在其在位期间，俄罗斯还发动了一些对外战争，使得此时的俄罗斯成了真正意义上的欧洲最强国家之一。

乔治·华盛顿

乔治·华盛顿（1732—1799），美国国父，他是美国历史上备受推崇的一位总统。在美国独立战争期间，华盛顿出任大陆军总司令，他率领大陆军顽强抵抗，终于赢得了独立战争的胜利，为美利坚民族的独立作出了巨大的贡献。1789年华盛顿当选总统，1793年他再选连任。此后他在美国建国、发展本国经济、促进建设民主法制及巩固联邦基础等方面都做出了显著的成绩。1797年华盛顿在两届总统任期期满后，他拒绝参加竞选，归隐回乡。

梅特涅

梅特涅（1773—1859），是奥地利一位优秀的政治家，他曾为奥地利帝国的外交大臣兼首相。梅特涅的政治思想受伯克的保守主义影响很大，他曾在对拿破仑战败后，撮合玛丽亚·路易丝公主同其联姻，遂而为奥地利赢得了喘息的机会。1815年梅特涅积极主张建立神圣同盟，作为神圣同盟及四国同盟的核心人物，梅特涅代表当时的复辟势力，他积极拥护镇压欧洲革命。

何塞·圣马丁

何塞·圣马丁（1778—1850），为阿根廷著名的将军，他也是南美西班牙殖民地独立战争的杰出领袖。他曾率领南美洲南部人民摆脱了西班牙的殖民统治，他同西蒙·玻利瓦尔并称为美洲的解放者。圣马丁因为在南美解放运动中建立了不朽的功勋，所以在后来他被任命为阿根廷北方军总司令，并获得了秘鲁、智利、阿根廷三国的"祖国之父"及"南方的华盛顿"、"自由的奠基人"等许多称号。

梯也尔

梯也尔（1797—1877），亦称为阿道夫·梯也尔，他是法国知名的政治家与历史学家。在法国七月革命之后，他曾先后出任内阁大臣、总理及外交大臣等职。在1871年至1873年期间，梯也尔还成为第三共和国的首任总统，但是由于他曾经对巴黎公社起义进行过血腥镇压，导致法国历届政府都不敢在巴黎为其建立纪念碑和铜像。除了政治方面的建树，梯也尔还创作过很多历史作品，如《领事和帝国的历史》《法国革命的历史》等。

威廉一世

威廉一世（1797—1888），是著名的普鲁士国王及德意志帝国皇帝。在即位之初由于未料到自己会登上王位，因而威廉所受教育很少。1814年威廉参加了反拿破仑的战争。1848年他曾成功地粉碎了针对其兄长的政变，并得"霰弹亲王"的称号。在他即位以后，他任用俾斯麦为首相，此后俾斯麦逐渐成为掌管普鲁士内政与外交实权的人。此后普鲁士不断发展，普法战争胜利后，1871年威廉在巴黎凡尔赛宫称帝，即德意志皇帝。

亚伯拉罕·林肯

亚伯拉罕·林肯（1809—1865），是美国历史上一位著名的政治家，他也是第一位共和党籍的总统。林肯任职期间，美国爆发了内战，史称南北战争。这是一场南方种植园主与北方资产阶级之间在奴隶制存废问题上而发生的战争，林肯作为北方资产阶级的代表，坚决支持废奴运动。此后在长期的战争中，以林肯为代表的北方军队取得了最终胜利，从而维护了国家的统一，并进一步推动了美国资本主义的发展。但是由于林肯的举措触犯了南方种植园主的利益，因而在内战结束后不久，林肯不幸遇刺身亡。

维多利亚

维多利亚（1819—1901），英国伟大的女王。其执政六十三年，成为英国历史上在位时间最长的国王。维多利亚在执政之初，曾积极参与朝政，但是本国君主立宪制政体的限制，使她的权力受到各种制约。在其统治后期，维多利亚开始理解立宪君主的意义，她开始安做虚君，充分行使自己的"鼓励权"，由此推动了英国资本主义的发展。维多利亚在位期间，国家经济空前发展，此段时期在英国历史上被称为"维多利亚时代"。

安东尼

安东尼（1820—1906），是著名的美国女权运动的领袖人物。她从1854年起积极投身到美国废奴运动及女权运动中。内战结束后，安东尼和斯坦顿合作在纽约出版了周刊《革命》，通过此周刊安东尼极力宣扬妇女应享有的选举权、支配财产权和离婚后对子女的监护权等。此后安东尼先后组织过"国际妇女理事会"

与"国际女权运动联盟"。

克拉拉·蔡特金

克拉拉·蔡特金（1857—1933），是伟大的国际妇女运动的表率，她也是"第二国际"的先驱。克拉拉在被驱逐出德国后，曾流亡巴黎，在那里她与其丈夫投入到工人运动的组织中。后来在"法国大革命一百周年"的大会上，克拉拉作了《为了妇女解放》的专题演说，由此进一步强调男女同工同酬、妇女经济独立，以及变更现行社会制度的观点。

西奥多·罗斯福

西奥多·罗斯福（1858—1919），是美国杰出的政治家、军事家，他也是美国历史上最年轻的一位总统。由于他倡导的独特个性及改革主义的政策，从而使他成为美国历史上非常伟大的一位总统。其在任期内，在国内罗斯福主张资源保护政策，推行公平交易法案，加强劳资和解，在国外，奉行门罗主义，宣扬扩张政策，并干涉美洲事务。

威廉二世

威廉二世（1859—1941），为著名的末代德意志帝国君主与普鲁士国王。威廉二世在位期间实行帝国主义，他极力宣扬著名的世界政策，此政策充满强烈的军国主义色彩。他曾先后通过1897年和1900年的新海军方案，以此推行提尔皮茨计划，促进德国的海军扩张。提到世界历史上引起一战的萨拉热窝事件也总会提到威廉，在这次事件中被杀的斐迪南大公是威廉的朋友，得知朋友被暗杀，威廉虽然支持镇压，但不倾向武力解决，但他最终未能阻止帝国主义侵略的步伐。

沃伦·哈定

沃伦·哈定（1865—1923），是美国一位政治家，他是美国第二十九任总统。哈定曾多次参与美国的州竞选与总统竞选，在他于1919年参加总统竞选时获得成功。虽然哈定在竞选时顺利就任，但是在其执政期间内，他却并没有像竞选时承诺的那么好。在他成为总统后，哈定经常怠于职务，同所谓的"俄亥俄帮"常常在白宫喝酒玩牌，故哈定的内阁被称为"扑克内阁"。有鉴于此，哈定内阁丑闻迭出也就不足为怪了。

尼古拉二世

尼古拉二世（1868—1918），是俄罗斯帝国的皇帝，他也是俄国最后一个沙皇。尼古拉二世以残忍著称，他曾亲手酿造了著名的"流血的星期日"，此暴行终于导致俄国1905年革命的爆发。革命爆发后，尼古拉二世采取血腥镇压，从而使俄国陷于反动分子的恐怖之中。在对外政策上，尼古拉二世主张侵略扩张，他曾在1896年攫取了中东铁路的建筑权，此后他又派兵强占中国的旅顺、大连。1904年至1905年他又发起了日俄战争。

甘地

甘地（1869—1948），即莫罕达斯·卡拉姆昌德·甘地，亦称"圣雄甘地"，有印度国父的美誉，他是印度民族主义运动的先驱，同时也是印度国大党的领袖。在他的带领下，印度在国家独立、脱离英国殖民统治的道路上不断前进。甘地曾提出著名的"非暴力"的哲学思想，由此他倡导了影响深远的"非暴力不合作运动"，他的这一思想对全世界的民族主义者，以及那些争取和平变革的国际运动都产生了深远的影响。

列宁

列宁（1870—1924），是著名的马克思主义者、苏联杰出的政治家、革命家。他是苏联共产党（布尔什维克）与国际共产主义运动的知名领袖，也是苏维埃国家的缔造者。列宁在继承并发展马克思和恩格斯的思想与事业的同时，结合新的历史条件创立了列宁主义。同时，他还创作了大量的无产阶级著作。1924年1月21日，伟大的革命导师列宁因脑溢血辞世。

卡尔·李卜克内西

卡尔·李卜克内西（1871—1919），是德国知名的马克思主义政治家、律师，他也是德国社会民主党和第二国际左派领袖，德国共产党创始人之一。卡尔在社会活动方面较其父更为激进。1912年，李卜克内西以德国社会民主党左翼分子及社会民主党人的身份被推选加入国会。后来他被自由军团劫持到柏林的一个旅馆后，不幸被杀害。

弗里德里希·艾伯特

弗里德里希·艾伯特（1871—1925），是德国杰出的政治家。1913年他出任德国社会民主党的主席，1918年德国爆发革命后，艾伯特积极促成了社会党联合政府的建立。1919年艾伯特参与制定魏玛宪法，并成为魏玛共和国的首任总统。其任职期间受到了左右两翼猛烈攻击：左派以其曾残酷镇压过工人起义并杀害了一些著名左翼领袖而指责艾伯特是"革命的叛徒"；右派也因其在十一月革命时曾逼迫德皇退位并同协约国签署和约而指责其是"民族的叛徒"。

卡尔文·柯立芝

卡尔文·柯立芝（1872—1933），是美国著名的政治家。柯立芝继哈定后成为美国总统，他也是对美国自由市场未干预的最后一位总统，他坚持自然发展的经济周期。在其总统任期内，美国的经济发展出现了一个飞速发展的时期，所谓咆哮的20年代，即历史上著名的"柯立芝繁荣"。在对外政策上，柯立芝奉行孤立主义。由于他的卓著政绩使得他得以连任，在第二任届满后，柯立芝谢绝了再次被提名为总统候选人。

赫伯特·胡佛

赫伯特·胡佛（1874—1964），杰出的政治家，美国第三十一任总统他也是一位因人道主义而著称的美国总统。一战结束后，胡佛积极主张组织欧洲的"救济委员会"，并大力支持对苏联的武装干涉。其在任期间，美国经济正值历史上最为严峻的大萧条。他曾姑息日本的侵略，以此帮助恢复德国军事工业的实力；在国内，由于其在任期，美国正值历史上最为严峻的经济大萧条，因而胡佛实行保护大资本家的"放任政策"。

温斯顿·丘吉尔

温斯顿·丘吉尔（1874—1965），是英国杰出的政治家、军事家、演说家与作家，他曾在1940年到1945年担任英国首相，他曾在第二次世界大战中领导英国联合美国，取得了对法西斯作战的胜利，丘吉尔因此成为公认的20世纪最具影响力的政治领袖。此外，丘吉尔在文学上也取得了很高的成就，并于1953年成为诺贝尔文学奖的获得者。

富兰克林·罗斯福

富兰克林·罗斯福（1882—1945），是公认的美国历史上最伟大的一位总统，他是20世纪最受美国民众期望与爱戴的领袖，他也是美国历史上唯一的连任四届的总统。其在位期间，他以"新政"来应对当时国内的经济危机，并颇见成效。二战初期，美国曾支持不介入政策，但对希特勒态度强硬，但不久美国参战。此期间罗斯福作为美国代表两次参与了协约国的"三巨头"会议，后来罗斯福政府提出的同盟国无条件投降原则及建立联合国的构想均得以完美实施。

季米特洛夫

季米特洛夫（1882—1949），是伟大的国际共产主义运动活动家，保加利亚杰出的政治家。季米特洛夫很早就致力于领导工人阶级的战斗，在积极从事本国的党的组织及工会工作以外，他在政论工作方面也十分活跃。他曾写了大量的小册子、文章及工人指南，对工人运动起到很好的指导作用。季米特洛夫对于国际工人运动的发展也十分关注，他多次参加共产国际的代表大会，并对国际工人运动也作出很多贡献。

墨索里尼

墨索里尼（1883—1945），是意大利著名的政治家、思想家，他是意大利王国的第四十任总理，同时他也是法西斯主义的缔造者。一战结束后，受到战争鼓动的墨索里尼开始逐步实现自己的夺权计划，他于1919年在米兰重新建立起一个法西斯组织，即"意大利战斗法西斯"，此后他积极宣扬法西斯，热衷于投身到法西斯的战争中。此后墨索里尼多次与希特勒接触，终于在双方达成战争协议后，二者很快结成战略同盟，共同掀起了世界规模的战争。

杜鲁门

杜鲁门（1884—1972），是美国历史上一位知名的政治家。在其任职初期，美国在外交事务方面风起云涌：他曾亲历盟军对纳粹德国的作战、广岛和长崎原子弹的爆炸、日本投降及二战结束。之后又有联合国的成立、"马歇尔计划"的落实、杜鲁门主义与共产主义的对抗、冷战的爆发等。面对这些重大变故，杜鲁门以其谨慎果断的作风冷静应对，并巧妙得以解决。

希特勒

希特勒（1889—1945），是世界历史上一位知名的政治家，他因发动第二次世界大战而成为法西斯的代名词。希特勒自1933年起出任德国总理，翌年他又成为了民族社会主义德意志工人党（纳粹党）的领袖，以及纳粹德国的元首，直至去世。在第二次世界大战期间，希特勒兼任德国武装力量的最高统帅，他是公认的第二次世界大战的发动者，同时他也是一名著名的演讲家、军事冒险家、野心家与阴谋家。

赫鲁晓夫

赫鲁晓夫（1894—1971），是苏联著名领导人。他曾在苏共二十大上，以秘密报告的方式，深刻批判了斯大林在大清洗中的暴行，从而开始了世界范围内的去斯大林化运动。赫鲁晓夫还提倡东西方缓和，为避免核战争，他曾数次到美国等西方国家访问，尽管如此其对外政策仍成为美苏核对抗的肇端。他也是美苏冷战期间苏联重要的领导人，第二次柏林危机、古巴导弹危机等许多重大事件，赫鲁晓夫也是主要策划者。

金日成

金日成（1912—1994），原名金成柱，他领导朝鲜人民创建了朝鲜民主主义人民共和国，自1948年直到其去世，金日成一直是朝鲜国家的最高领导人。1998年经宪法批准，金日成成为"国家不朽的主席"。1992年4月，他接受朝鲜民主主义人民共和国授予他的大元帅称号。在金日成的领导下，朝鲜民主主义人民共和国形成了一个斯大林式的社会主义政治经济体系。其发表过的很多文章及讲话都被编辑进三十八册的《金日成著作》。

尼克松

尼克松（1913—1994），是美国著名的政治领袖，他曾为美国第三十六任和第三十七任总统，他也是美国历史上唯一一位在任职期间，以辞职方式而卸职的美国总统。尼克松本性多疑，因而在美国政坛他被称为"难以捉摸的迪克"。在其任期内，美军撤离越南，摆脱了一场令国家陷入危机的战争。此后美中苏三角外交的态势逐渐成型，在很长时期内此种关系成为影响国际形势的重要因素。

菲德尔·卡斯特罗

菲德尔·卡斯特罗（1926—），是古巴著名的领导人。他曾在1953年时领导了反对巴蒂斯塔独裁政治的武装起义，但是起义未能成功，此后他在流亡墨西哥期间又筹划了"七·二六运动"。1959年，卡斯特罗再次率领起义军起义，终于推翻了巴蒂斯塔的独裁政权，并成立了革命政府，并由其出任政府总理及武装部队的总司令。

让·布隆代尔

让·布隆代尔（1929—），法国杰出的政治学家。布隆代尔曾先后在巴黎政治学院和牛津大学圣安东尼学院学习，此后他在学术上多有建树，布隆代尔在当代西方政治学的研究上使其在该领域享有很高的地位，其相关的著作主要有：《选民、政党与领袖》《政府组织》《比较立法机构》《政治学》《世界领袖》《当代世界的政府部长》《政党》等。

戈尔巴乔夫

戈尔巴乔夫（1931—），出生在俄罗斯南部的斯塔夫罗波尔附近，他是苏联历史上一位著名的政治家，同时他也是苏联发展史上一位具有标志性意义的领导人。自1985年到1991年期间戈尔巴乔夫任苏联共产党中央委员会总书记。其在职时期所推行的政策导致了冷战的结束，为此他还成为1990年诺贝尔和平奖的获得者，但是他所实行的一系列改革政策最终也将苏联推向了解体的深渊。

外交神话

在纷繁复杂的国际形势下,外交家是调整国际关系的润滑剂,正是他们的活动才使得国际关系向着有利于人们的方向迈进。

阿里斯蒂德·白里安

阿里斯蒂德·白里安(1862—1932),法国伟大的政治家与外交家。1901年白里安出任法国社会党总书记。此后他又担任过法国总理。白里安因其在国际外交上所作出的贡献,于1926年成为诺贝尔和平奖的获得者。1927年,白里安在其任外交部长的时期,他又与美国国务卿凯洛格共同发起订立《巴黎非战公约》,即"白里安—凯洛格公约"的倡议。

克贝斯蒂安·路易斯·兰格

克贝斯蒂安·路易斯·兰格(1869—1938),挪威人,国际知名的外交家,挪威历史学家。兰格曾为挪威议会诺贝尔委员会的第一任书记,同时他还有担任国际议会联盟秘书长长达二十四年的经历。在国际议会联盟秘书长的任期内,他在日内瓦长期居住,负责大量重要的国际性工作,他的工作对世界和平事业的发展作出了较大的贡献。为此,他成为1912年度诺贝尔和平奖的获得者。

张伯伦

张伯伦(1869—1940),英国著名的政治家,20世纪30年代他是绥靖政策的倡导者。张伯伦出任英国首相之时,正值欧洲安全受到德意法西斯威胁之际,此时张伯伦推行以牺牲别国利益为代价的"绥靖政策"。张伯伦相继默认了德国侵占奥地利、意大利入侵埃塞俄比亚、德意武装干涉西班牙,以及日本侵略中国的一系列行径。1938年张伯伦还同希特勒签署了《英德互不侵犯宣言》。

科德尔·赫尔

科德尔·赫尔(1871—1955),美国杰出的外交家、政治家。其在威尔逊总统任期内，曾倡导降低关税，以撤除贸易壁垒的方式来保障世界和平。对于威尔逊提出建立国际联盟的倡议，赫尔积极支持。在罗斯福总统执政后，赫尔曾代表美国参加在乌拉圭举办的泛美会议。在二战后期，赫尔还积极拥护建立联合国组织，并为此作了大量的努力。由于其作出的重大贡献，罗斯福总统甚至称他为"联合国之父"。

金文泰

金文泰（1875—1947），著名外交家，英国资深的殖民地官员，同时他也是知名的"中国通"。金文泰早年曾在香港殖民地政府供职，后来他又出使印度、英属圭亚那及锡兰等地，在1930年他又调任为海峡殖民地总督。尽管在金文泰任两地总督期间，他曾推行了很多争议性颇大的改革，但是其快捷的工作效率、严谨的处事手法及其在学术上的造诣，仍使他受到的评价很高。

戴高乐

戴高乐（1890—1970），为世界知名的外交家、政治家与军事家，他是法兰西第五共和国的缔造者及首任总统。他亲历两次世界大战，并在二战结束后，在其执政期间积极推行独立自主的外交政策，加强法国与第三世界国家的外交关系。在其努力下法国成为当时首个与中国建立大使级外交关系的西方国家。戴高乐在维护世界和平方面作出了巨大的贡献。

里宾特洛甫

里宾特洛甫（1893—1946），德意志第三帝国著名的外交部长。希特勒上台后，里宾特洛甫颇受赏识，同时他积极参与德国很多重大外交活动。他曾代表德国同日本代表谈判并签署了《德日反共产国际协定》。他还是柏林—罗马—东京轴心形成的促成者。在其为外交部长的任期内，他积极为纳粹德国效力。二战结束后，里宾特洛甫被英军抓获，并被纽伦堡国际军事法庭处以绞刑。

乔治·肯南

乔治·肯南（1904—2005），美国著名的外交家、政治学家及历史学家。乔治·肯南是闻名世界的遏制政策之父。乔治·肯南曾在苏联及欧洲许多国家从事外交工作。1946年，乔治·肯南在出任驻苏联代办的任期内对苏联内部社会及对外政策进行了细致地分析，并向美国政府提出针对苏联的长期战略，即遏制政策，此后该政策被采纳。该政策的提出对20世纪后半叶的世界政治产生了非常重大的影响。

大平正芳

大平正芳（1910—1980），日本重要的内阁总理大臣、著名外交家。大平正芳于1952年被选为众议员，并成为日本自民党内第二大派系大平派的领袖。大平正芳曾出任过外务大臣、内阁官房长官及大藏大臣等重要职务，并在中日邦交正常化活动中扮演了重要角色。他还曾参与了三木内阁时代的倒阁行动。

肯尼迪

肯尼迪（1917—1963），美国第三十五任总统，著名的外交家、政治家。其任职期间，由于国际形势的复杂多变，肯尼迪采取了灵活的外交政策。其对外政策主要围绕"不对有可能会伤害美国的那些国家的武装力量进行支持和帮助，不提供武器给共产主义国家，不提供核武器给中东国家"而展开。他曾亲历了古巴导弹危机与猪湾事件、柏林墙的建立、太空竞赛及越南战争的早期活动等许多重大国际事件。

曼德拉

曼德拉（1918年—），出生于南非特兰斯凯，先后获南非大学文学士和威特沃特斯兰德大学律师资格。曾任非国大青年联盟全国书记、主席。于1994年至1999年间任南非总统，是首位黑人总统，被尊称为南非国父。

在任职总统前，曼德拉是积极的反种族隔离人士，同时也是非洲国民大会的武装组织民族之矛的领袖。当他领导反种族隔离运动时，南非法院以密谋推翻政府等罪名将他定罪。依据判决，曼德拉在牢中服刑了二十七年。1990年出狱后，转而支持调解与协商，并在推动多元族群民主的过渡期挺身领导南非。自种族隔离制度终结以来，曼德拉受到了来自各界的赞许，包括从前的反对者。

曼德拉在四十年来获得了超过一百项奖项，其中最显著的便是1993年的诺贝尔和平奖。2004年，其被选为最伟大的南非人。

拉宾

拉宾(1922—1995)，世界著名的倡导和平的将军，以色列国总理、国防部长。在第二次世界大战期间，拉宾加入了反轴心国的军事组织。二战结束后，多年的军事生涯使拉宾意识到，和平是历史的趋势，唯有顺应历史潮流，以色列才能生存并发展。冷战的结束后，拉宾再次出任总理，他积极地向阿拉伯国家发起和平攻势，此后拉宾一直致力于实现中东地区的和平事业。为此他曾获得诺贝尔和平奖。

亨利·阿尔弗雷德·基辛格

亨利·阿尔弗雷德·基辛格（1923—），一位生于德国的著名美国犹太人外交家，诺贝尔和平奖得主。作为现实政治的拥护者，在1969年至1977年期间的美国外交政策中，基辛格扮演了重要角色。在其任期内，他主张倡导缓和美苏之间紧张的关系，并获得采纳，在1972年中美谈判中，基辛格积极促成了中国的开放及中美联盟的形成。

撒切尔夫人

撒切尔夫人（1925—2013），英国第一位著名的女首相，她也是欧洲历史上首位女首相，杰出的外交家、政治家。她曾凭借其强硬的政治手腕而叱咤英国政坛达十一年，并取得了卓著的政绩，被世人称为英国政界的"铁娘子"。撒切尔夫人在任期内，多方斡旋，曾四次出访中国，就香港回归中国问题与中方领导人谈判。她还将被阿根廷占领了十周的福克兰群岛成功夺回。其在外交上的作为，使英国进入了"撒切尔时代"。

普京

普京（1952—），俄罗斯总统，著名的外交家、政治家，曾担任俄罗斯总理兼俄白联盟部长会议主席。2000年至2008年任总统期间，使俄罗斯在军事与政治实力上均有相当的提升，在民主方面遭到很多争议，是一位"铁腕总统"。普京在俄罗斯国内获得了极高的支持率。2007年普京被美国《时代》周刊选为当年的年度风云人物。2008年普京卸任总统后，第二度出任总理兼统一俄罗斯党主席。2011年11月，普京作为总统候选人参加2012年俄联邦总统大选的提名获得全票通过，正式宣布2012年参选总统。2012年3月，普京赢得总统选举，于2012年5月7日宣誓就职。其积极的外交政策对世界的和平进步及俄罗斯稳步发展做出了极大的贡献。

色彩幻境

绘画是指在二维的平面上借助手工的方式临摹自然的一种艺术表现。画家运用手下的画笔，在小小的画面上向观众呈现了色彩斑斓的神奇世界。

乔托·迪·邦多纳

乔托·迪·邦多纳（1267—1337），意大利文艺复兴时期著名的画家、雕刻家、建筑师，意大利现实主义绘画的拓荒者，被誉为"欧洲绘画之父"。乔托是在西方绘画历史上率先运用写实风格，并将此与明暗远近透视法相结合起来加以运用的艺术家。乔托在绘画中把优美的叙事情节同忠实的细节观察相结合，让绘画不再是对文字的简单图解，而是具有相对独立的含义。

马萨乔

马萨乔（1401—1428），意大利文艺复兴时期绘画早期繁荣的代表人物，现实主义绘画的奠基者。马萨乔在绘画中结合解剖学、透视学知识，具有科学探索精神。马萨乔是文艺复兴画家中最早掌握透视法的人，作品在衣纹之下能够隐显人体结构，并且广泛运用明暗对比手法。他在绘画中将风景放进构图，让风景具有壮丽、概括、真实的性质，扩大了画面范围，赋予画面辽阔的空间感。

包茨

包茨（？—1475），荷兰画家。早年在家乡哈勒姆接受艺术训练，后又前往布鲁塞尔。早期作品如《哀悼基督》受到韦登的影响。成熟期作品注意构图形式的推敲，画风写实趋于冷静，显示出其描绘风景特定氛围的能力，代表作为卢万圣餐会兄弟会绘制的《圣餐三叶坛画》（主画为《最后晚餐》）、为卢万市政厅绘制的《奥托皇帝的公审案》是其最杰出的作品。

波提切利

波提切利（1445—1510），15世纪末意大利著名画家，肖像画的先驱，佛罗伦萨画派的最后一位画家。他擅长于画圣母子像。15世纪90年代后，波提切利开始追随"沙瓦耐罗拉"风格，因此后期的宗教画中体现出增加了对宗教的虔诚。他的绘画以秀逸的风格、明艳的色彩和轻灵流畅的线条，在文艺复兴各大家中可谓独树一帜。

达·芬奇

达·芬奇(1452—1519)，又译"达文西"，全名列奥纳多·迪·瑟皮耶罗·达·芬奇，是意大利文艺复兴时期多个领域的博学者。他在绘画方面热心于创作以及理论研究，希望用线条和立体造型去表现形体的各个方面，描绘出真实可感的艺术形象。他与米开朗琪罗、拉斐尔并称"文艺复兴三杰"。代表作品有《蒙娜丽莎》《最后的晚餐》《自画像》等。

阿尔布雷德·丢勒

阿尔布雷特·丢勒（1471—1528），德国画家、木版画设计家，北部文艺复兴时期的代表人物。当欧洲各国开始走出中世纪，进入了政治、经济和文化的开放与繁荣时期的时候，德国的政治、思想和文化还是一片混乱。于是，在这样大环境下的德国艺术家丢勒只能在一个代表着陈旧的落后国度里，努力追求和传播着"现代"欧洲的先进思想。他的主要作品有《基督大难》《启示录》等。

卡拉瓦乔

卡拉瓦乔（1573—1610），意大利最具影响力的画家。他以其强劲的绘画原创风格和个性化的艺术表现，对欧洲现实主义美术尤其是新兴的巴洛克艺术的发展产生重要影响，并因此形成著名的"卡拉瓦乔主义"。卡拉瓦乔绘画的出现极大地改变了欧洲美术史的发展和进程，他本人的艺术是研究欧洲美术发展史的重要现象，并且是人类的绘画财富。

夏尔丹

夏尔丹（1699—1779），法国画家，洛可可艺术风格的代表人物。初期师从学院派画家卡泽，后成为科伊佩尔的助手。1728年因展出静物画《鳐鱼》而一举成名，入皇家学院供职。他的作品能赋予静物以生命的气息，给人以动感。晚期创作多为家庭风俗画，表现社会底层小人物的家庭生活，画风平易朴实，感觉平和亲切，体现出新兴市民阶级的美学理想。

托马斯·庚斯博罗

托马斯·庚斯博罗（1727—1788），英国画家。自幼受到母亲的良好艺术教育熏陶，后又给法国画家格霍夫洛特做助手，并与海曼一起共事。庚斯博罗的创作是发自内心的、直觉的、即兴的、充满激情的和无拘无束的，他所作的肖像画通常将人物和自然景色巧妙地融合在一起，突破既定的程式往往使人耳目一新，这也是庚斯博罗能够成为皇家宠爱的画家的原因所在。

爱德华·马奈

爱德华·马奈（1832—1883），法国画家，19世纪印象主义的奠基人之一。马奈自幼受到良好的教育，思想进步，具有鲜明的自发革命意识。其实他并不是严格意义上的印象派画家，也从未参加过印象派的画展，但是他与印象派画家有着密切的关系，深受印象派画家敬重。马奈以其具有革新精神的艺术观念，深深影响了塞尚、莫奈、梵·高等一大批新兴画家，进而将绘画艺术引上现代主义的道路。

埃德加·德加

埃德加·德加（1834—1917），法国著名人物画家。他在1855年遇见安格尔，并受到这位大师的影响走进了通往官方画展的大门。而后，他积极发掘新的题材，用自然主义的手法表现现代巴黎生活。无论赛马、芭蕾舞还是歌剧等巴黎社会众多活动，均成为他青睐的题材。他个性独立，从不借鉴其他技法，但仍积极参加了绝大多数印象派画展。

克劳德·莫奈

克劳德·莫奈（1840—1926），法国画家，印象派代表人物。莫奈画作数量惊人，并倾其毕生精力于印象主义，在他的带领下，一大批艺术家通过不懈的努力，冲破了学院派保守思想的束缚，对19世纪后期在西方画坛占统治地位的官方艺术造成了极大的冲击，从而掀开西方现代绘画史崭新的一页，为后人留下了极为宝贵的艺术财富。《日出·印象》是莫奈画作中最具典型性的作品。

亨利·卢梭

亨利·卢梭（1844—1910），法国卓有成就的伟大画家。亨利·卢梭善于以纯真无瑕的双眼来观察世界、感受生活，从而使画作具有十分鲜明的个性。他的绘画题材包罗万象，除巴黎市郊以外，他还创作手法率真而直接的人物像，以及瑰丽奇特的寓言性作品。1891年起，亨利·卢梭常到植物园观赏热带景物，因此而受到激发，创作了大量幻想式的作品，如《睡着的吉卜赛姑娘》《梦》等。

伊里亚·叶菲莫维奇·列宾

伊里亚·叶菲莫维奇·列宾（1844—1930），19世纪晚期俄国杰出的批判现实主义绘画大师。列宾对生活有着充分观察和深刻理解，以鲜明、丰富的艺术语言创作了大量的风俗画、历史画和肖像画，生动而全面地展示了当时俄国的社会生活。列宾还为俄国画坛培养了一大批精英，晚年时期以自传体形式写了回忆录《抚今追昔》，其中一些关于艺术的评论，具有很好的参考价值。

保罗·高更

保罗·高更（1848—1903），法国画家，与塞尚、梵·高同为美术史上杰出的"后期印象派"画家。他的绘画，早期受印象派影响，不久走上反印象派之路，用主观化色彩表现经过简化和概括了的形体，追求东方绘画的线条感、节奏感和装饰性。高更的艺术理论和创作实践影响了一大批画家，被艺术界誉为继印象派之后在法国画坛产生重要影响的艺术革新者。

瓦西里耶夫

瓦西里耶夫（1850—1873），俄国19世纪晚期优秀的风景画家。早年跟随风景大师伊凡·伊凡诺维奇·希施金学画。他不幸在23岁时就绝笔于世，从事绘画创作的时间很短，但却创作出很多在俄罗斯民族风景画史上有重要意义的作品。瓦西里耶夫的风景画富有抒情意趣和浪漫主义激情，同时也流露出淡淡的哀愁，具有抒情和叙事的双重特征。

梵·高

梵·高（1853—1890），又译作"凡·高"，荷兰画家，后期印象画派代表人物，是19世纪最杰出的艺术家之一。梵·高热爱生活，但在生活中却屡遭挫折。他的绘画以大胆创新著称，不仅学习前辈画家伦勃朗等人的风格，还注重吸收印象派画家在色彩方面的经验，受到东方艺术尤其是日本版画的影响，形成独特的艺术风格。他的作品洋溢着生活激情，富于人道主义精神，表现心中的苦闷、哀伤、同情及希望，至今饮誉世界。

乔治·修拉

乔治·修拉（1859—1891），法国画家，点彩派（新印象画派）的创始人。他经过学院系统的绘画学习后，先在卢浮宫研究古希腊雕塑艺术，而后又研读历代绘画大师的作品：从安格尔、德拉克洛瓦、委罗纳斯、勃朗到谢弗勒尔等。修拉认为印象派的用色方法会出现不透明的灰色。为了充分发挥色调分割的绘画技巧，修拉用不同的色点并列构成画面。代表作品为《大碗岛上的一个星期日》。

爱德华·蒙克

爱德华·蒙克（1863—1944），挪威籍著名画家，北欧表现主义的先驱者。他的童年经历在心灵中留下深刻的印象，也成为创作时的灵感。蒙克长期居住在德国柏林，对德国表现主义产生至关重要的影响，为其发展开辟了道路。他要表现对现实生活的不满，不是通过描绘生活本来的丑恶和罪孽，而是通过对罪恶生活有了深刻认识后而产生的愤恨来表达。

康定斯基

康定斯基（1866—1944），俄国抽象派艺术家。三十岁时受莫奈画作的启发，毅然决定放弃在大学学习的律师课程而改行当画家。他的画作开启了抽象表现艺术的风潮，为现代艺术开拓出另一个视角，从而带来全新的感受。康定斯基一生画风复杂多变，从早期注重写实的临摹，到印象派、野兽派、表现主义及后来的几何学构成，到最后更是发展出抒情抽象的神秘形式。

思斯特·路德维希·凯尔希纳

思斯特·路德维希·凯尔希纳（1880—1938），德国画家，创立桥社的关键人物。他的绘画以蒙克为榜样，另外波利尼西亚和黑人艺术的发现，也帮助他超越了存在于自己早期作品中的"新印象派"倾向，转而通过大片的平涂来达到简练的形色效果。他和友人们的共同探索，其中1907年至1909年的探索尤为重要，从而使他将这种画法变得更加系统全面。

安德烈·德兰

安德烈·德兰（1880—1954），法国野兽派著名画家。作为野兽派的先驱，德兰和他的好友弗拉芒克一样热衷于强烈的色彩表现，使用的是分段的色块、生硬的颜色和快速的曲线。1906年，德兰在伦敦创作了一组表现泰晤士河的作品，其中的典型代表为《威斯敏斯特桥》。整幅作品色彩斑斓，色调明丽，形状简洁，笔触有力，充分反映出画家处理画面色彩和结构的高超技艺。

巴勃罗·毕加索

巴勃罗·毕加索（1881—1973），西班牙画家、雕塑家，西方现代派绘画的杰出代表，是最有创造性和影响力的艺术家。毕加索画风多变，一生都在追求艺术革新，他充分利用西方现代哲学、心理学的最新成果，注重从民族、民间艺术中汲取营养，因此他的艺术语言极具表现力，艺术手法极端变形和夸张，在表现畸形的资本主义社会，以及人与人之间的扭曲关系方面，具有独特的艺术力量。

米开朗琪罗

米开朗琪罗·博那罗蒂（1475—1564），意大利文艺复兴时期伟大的画家、雕塑家、建筑师和诗人，是那一时期雕塑艺术最高峰的代表。他手下的人物雕像雄伟健壮、气魄宏大、力量无穷。他的创作思想受人文主义和宗教改革运动的影响很深，因此作品在写实的基础上加以完美的理想加工，体现市民阶层的爱国主义和为自由而斗争的精神面貌，成为整个时代的典型象征。

光影播客

随着科技的发展，逐渐出现融入新元素的艺术门类，艺术的内容丰富起来，其中电影的出现，可看成艺术发展中具有里程碑意义的一件事。随着电影的发展，相继而生的众多的活跃在荧幕背后的光影播客们，也演绎出了千变万化的人生百态。

乔治·梅里爱

乔治·梅里爱（1861—1938），法国著名导演，兼任编剧、绘景等其他摄制工作。他影响和推动了电影的发展，是首位将电影引向戏剧的人。他将电影理解为一种魔术，不再采取实地拍摄外景片和记录自然片的方式，而是研究起了"排练片"和"变形片"。梅里爱对电影最突出的贡献在于他对电影拍摄对象的变革上。他拍摄的《月球旅行记》至今还是研究电影人的必读课。

斯坦尼斯拉夫斯基

斯坦尼斯拉夫斯基（1863—1938），俄国导演、演员、戏剧教育家、理论家。1897年6月，与聂米罗维奇·丹钦科合作，决定创建莫斯科艺术剧院。1898年10月执导了历史悲剧《沙皇费多尔·伊凡维奇》。不久与丹钦科联合执导了契诃夫名剧《海鸥》，产生轰动效果，标志着一个新的戏剧流派，即现实主义的诞生。

卢米埃尔

卢米埃尔（1864—1948），法国电影发明家、导演。1895年，他与弟弟获得电影放映机的发明专利。1895年12月28日，在位于巴黎大咖啡馆的印度厅，他首次在公众场合放映了自己拍摄的影片《火车到站》《工厂大门》等，标志着电影的诞生。他的影片是早期电影的经典之作。从1896年起，他培训大批放映员于各地巡回放映，把电影传播到全世界。

唐狄拉吉·戈温特·巴尔吉

唐狄拉吉·戈温特·巴尔吉（1870—1944），印度电影之父。他对印度电影所作的贡献是极其巨大的，他为印度电影的内容及表现形式提供了至今仍在沿用的具体的模式。宝莱坞影城就是以他名字命名的。巴尔吉是个全才，他先后建立了巴尔吉制片公司和印度斯坦影片公司，经常在影片生产过程中担任各种工作。作品有《哈里什昌德拉国王》《迷人的巴斯马苏尔》和《萨达万和萨维特里》等。

大卫·格里菲斯

大卫·格里菲斯（1875—1948），美国电影开创时期最重要的电影导演之一，有"好莱坞之父"、"美国电影之父"、"电影界的莎士比亚"等光荣称号。他从二十二岁开始在一家剧院担任喜剧演员。曾尝试当剧作家，但失败了。1908年导演了首部电影《桃丽历险记》，此后五年中，他导演出四百五十部电影，绝大部分为短片，题材非常广泛。他还推出了道格拉斯·范朋克、玛丽·壁克馥等表演大家。

查理·卓别林

查理·卓别林（1889—1977），美国好莱坞著名导演、演员。英国人，出生于音乐之家，1920年到美国发展。一生共拍摄了八十多部喜剧影片，如《淘金记》《摩登时代》《大独裁者》《舞台生涯》等，这些影片引起了美国及世界各地观众的浓厚兴趣。

亨弗莱·鲍嘉

亨弗莱·德弗瑞斯特·鲍嘉（1899—1957），一位旗帜性的美国男演员，在其逝世了几十年后，仍在全世界观众和电影界保留着传奇性地位。1999年，美国电影学院将其评为电影诞生一百年来最伟大的男演员。1942年，他饰演《卡萨布兰卡》中的男主角成为美国人民永远的偶像，他因此获得奥斯卡最佳男演员奖提名。1951年，凭借《非洲女王号》获奥斯卡最佳男主角奖。

詹姆斯·卡格尼

詹姆斯·卡格尼（1899—1986），美国著名电影演员。1925年开始在百老汇出演舞台剧，1926年与华纳兄弟公司签约，几年后因出演《人民公敌》成为明星。

1942年他因在传记音乐片《胜利之歌》中的出色表演,获得了第15届奥斯卡最佳男主角金像奖。他还曾试图导演一些电影,曾获得由美国电影学院颁发的第一个终身成就奖。

斯宾塞·屈赛

斯宾塞·屈赛(1900—1967),美国著名男影星。早年当过海军,1922年进入美国戏剧艺术学院学习,并开始在百老汇登台表演。他的一生主演了六十多部影片,曾九次获得奥斯卡提名,首部电影为《大闹禁宫》,后来以《怒海余生》和《孤儿乐园》连续两年获奥斯卡最佳男主角奖。40年代,常与凯瑟琳·赫本搭档演出,在银幕内外传为佳话。

贾利·古柏

贾利·古柏(1901—1961),美国著名影星。他一生参演了百余部影片,这在好莱坞电影史上是很少见的,曾三度荣获奥斯卡金像奖。1941年因在《约克军曹》(又译《神枪手》)中的精彩演出而首次获得奥斯卡最佳男演员奖。1943年,与英格丽·褒曼共同主演的《战地钟声》,引起世界影坛的轰动。1952年凭借影片《正午》再度荣获奥斯卡奖。

詹姆斯·卡梅隆

詹姆斯·卡梅隆(1954—),美国导演,兼编剧、制片,出生于加拿大。他在拍摄电影的时候不惜花费巨额金钱以追求最极致的视觉效果,作品极富想象力和震撼力,曾经两度创造电影投资的最高纪录,并且曾创造影史票房最高纪录。

葛丽泰·嘉宝

葛丽泰·嘉宝(1905—1990),瑞典电影明星,好莱坞默片时代知名度最高的影星之一,也被誉为好莱坞历史上最神秘的女人。嘉宝在瑞典开始演艺生涯,随后前往好莱坞,当时有声影片刚刚问世,她的表演受到观众的欢迎。1941年,在《两面女人》遭到批评之后,她宣布退出影坛。在剩下的四十多年中,她深居简出,成了神秘的隐士。影片有《安娜·卡列尼娜》等。

约翰·韦恩

约翰·韦恩（1907—1979），著名美国电影明星，以出演西部片而著称，以其强壮的体魄、沉默的性格成为那个时代所有美国人的化身。他的一生共拍片二百五十部，影响甚巨。1939年他在著名影片《关山飞渡》里饰演角色，并以该片蜚声世界影坛。他在《沉静的人》中扮演一名退休的拳击冠军，其中一场激烈搏斗被认为是电影史上最逼真的拳击场面。

劳伦斯·奥利维尔

劳伦斯·奥利维尔（1907—1989），英国戏剧演员、电影演员、导演和制片人，著名女影星费雯·丽的爱人，他是20世纪最著名和最受尊崇的演员。在众多身份中，最为世人所熟识的是莎士比亚剧的表演大师。他把英国一些经典之作搬上银幕，曾凭借影片《哈姆雷特》获得最佳男演员奖和最佳影片奖。

贝蒂·戴维斯

贝蒂·戴维斯（1908—1989），原名露丝·伊丽莎白·戴维斯，美国电影、电视和戏剧演员，曾两度荣获奥斯卡最佳女主角奖。她饰演的角色风格多变，演出影片类型包括侦探剧、历史剧及喜剧等，其中以爱情剧最受观众喜爱。1962年出版自传《孤独的生活》，1977年美国电影研究院授予她终身成就奖。她所出演的影片有《女人，女人》《吉萨蓓尔/红衫泪痕》《尼罗河上的惨案》等。

费雯·丽

费雯·丽（1913—1967），原名维维安·玛丽·哈特利，英国电影演员。她在其三十年的表演生涯中，留下十九部作品，饰演的角色多变，从诺埃尔·科沃德和萧伯纳喜剧的女主角到经典的莎士比亚剧作中的角色。她因在《乱世佳人》和《欲望号街车》中的出色表演，两度获得奥斯卡奖。1999年，她在美国电影学会的评选中被评为百年来最伟大的女演员第十六名。

格里高利·派克

格里高利·派克（1916—2003），19世纪四五十年代美国最耀眼的男明星。他不仅以在银幕上的精湛演技受到人们的喜爱，生活中还以近乎完美的风度和品格令人折服。1962年凭借在影片《杀死一只知更鸟》中的演出，获得奥斯卡最佳男演员奖，后又获得美国电影艺术与科学学院的琪恩·汉旭特团结友爱奖。代表影片有《罗马假日》等。

柯克·道格拉斯

柯克·道格拉斯（1916—），美国好莱坞电影演员，柯克曾于20世纪50年代三次入围奥斯卡金像奖最佳男主角，但皆未获奖，1996年获颁奥斯卡终身成就奖。他曾出演了舞台剧《飞越疯人院》，该剧后来被其子迈克尔·道格拉斯拍成同名影片，成为留名影史的经典之作。1999年，他被美国电影学会选为百年来最伟大的男演员第十七名。

马龙·白兰度

马龙·白兰度（1924—2005），美国最优秀的男演员之一。在那个男演员们都表现出谦谦君子风度的时代，他展示了男人粗野的一面。他在《欲望号街车》《码头风云》《狂野的人》中所塑造的沉默寡言的男子汉形象，堪称经典，在《教父》一片中刻画了美国电影史上最经典的黑帮老大形象。曾两次摘得奥斯卡最佳男演员奖。

玛丽莲·梦露

玛丽莲·梦露（1926—1962），美国著名电影演员，被誉为美国的"性感女神"。她自幼于孤儿院长大。1947年她拍摄了第一部电影《危险的时代》。之后，她连续在《歌舞团的女士们》《幸福的爱情》《柏油丛林》《夜阑人未静》等二十多部电影中饰演角色。

西德尼·波埃特

西德尼·波埃特（1927—），原籍巴哈马，被认为是好莱坞第一位黑人巨星。1950年，二十世纪福克斯公司邀请他出演《医生与凶手》一片，他所饰演的医生角色引起大银幕的注意，因此之后的片约不断，不久他就被认为是那一时期最优秀的黑人演员。由于在挑选角色上不具备白人的优势，他又经过了七年的努力才达到同时代电影巨星的地位。

秀兰·邓波儿

秀兰·邓波儿（1928—），美国著名童星，美国历史上第一位女礼宾司司长。1934年，小邓波儿便在爱国歌舞片《起立欢呼》饰演一个角色，影片大获成功。随后她在福克斯公司出演了《新群芳大会》《小安琪》《小情人》等八部影片。由于出色的表演，她因此跻身十大明星之列。在她十岁时，已经是美国最具票房号召力的明星。她还获得过第七届奥斯卡特别金像奖。

格蕾丝·凯莉

格蕾丝·凯莉（1929—1982），好莱坞历史上十大电影女神之一，著名的美国女影星。在与米高梅制片厂签下了七年的合约之后，又被大导演希区柯克看中，接连主演了他的三部作品：《电话谋杀案》《捉贼记》《后窗》，均获得好评，更是凭借《乡下姑娘》成为奥斯卡影后。50年代凯莉嫁给摩纳哥王子雷尼尔三世。成了王妃后，放弃钟爱的电影事业，转而投身于公众及慈善事业，深受国民爱戴。

奥黛丽·赫本

奥黛丽·赫本（1929—1993），比利时人，20世纪五六十年代好莱坞著名的舞台剧和电影演员，晚年曾任联合国儿童基金会特使。1953年她与格利高里·派克一起出演了由威廉惠勒导演的《罗马假日》，她在影片中塑造了一个清新隽永、纯洁可爱的形象，并由此赢得了全世界影迷的爱戴。该片令她获得当年奥斯卡最佳女演员奖，同时她还因在百老汇戏剧《翁丹》中的表演，荣获托尼奖。

伊莉莎白·泰勒

伊莉莎白·泰勒（1932—2011），美国电影史上最具有好莱坞色彩的人物，素有"好莱坞常青树"和"世界头号美人"之称。她出生于伦敦，在1939年随家人移居洛杉矶。她曾两次获得奥斯卡最佳女演员奖。2000年被英国女王授予爵士勋章，以表彰其对电影事业作出的卓越贡献。晚年投身于慈善事业，致力于防治艾滋病的公益事业。她的影片有《埃及艳后》等。

《天籁之音》

绘画大师可以给人带来视觉的震撼,而音乐名家则可以给听众奉上听觉的饕餮盛宴。众多的音乐家在人类的发展历程中,用一曲曲美妙的乐曲感动了生命。

季多

季多(约990—1050),意大利音乐理论家。他创造了现代音乐记谱法"五线谱"。约1026年,他写成《音乐理论剖析》一书,在这本书里,他详细地讲述了教授音乐的方法和经验。他还创造性地发展了五线谱表的形式,他提出用四条线组成谱表,线端分别注上音,如 f、a、o、c 等,并将线与间合用,在谱表内,用以纽姆符号记录。他创造的这个记谱法已接近于后世的五线谱。

希尔德加德

希尔德加德(1098—1179),德国中世纪女作曲家。她是首个载入史册的女作曲家,被称为"莱茵的先知"。他追求音乐与诗歌的绝对内在关联,大胆运用丰富的想象力、高度艺术化的旋律形式和表情,创造出了许多令人敬佩的圣歌。这些作品风格缥缈而深邃、宁静而谦卑、简单而优美,带给人一种别具一格的神秘意境。代表作品有《上天启示的和谐旋律》《同声咏唱》《哦,耶路撒冷》《道德剧》和《圣徒》等。

德普雷

德普雷(约1440—1521),法国作曲家。他的风格表现为:常常借助于模仿手段和歌词的节奏,戏剧性地突出他为之配乐的音乐歌词;大量地运用模仿;以表情对歌词进行处理;追求自然,重视丰富的和声因素。在欧洲文艺复兴鼎盛时期,他的影响最大。主要作品有五十余首经文歌、三十余部弥撒曲和约七十首法国歌曲。其中最著名的有《万福,海之星》《武士歌》《我的舌头要唱歌》等。

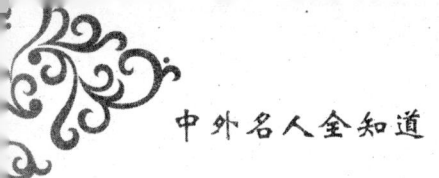

帕莱斯特里那

帕莱斯特里那（1525—1594），意大利作曲家，原姓皮耶路易吉，以出生地得名。他是罗马乐派的创始人，创作了大量的多声部弥撒曲、经文歌、圣母颂歌、宗教牧歌和世俗牧歌，开创了庄重明朗的无伴奏合唱风格的先河，后世称赞为帕莱斯特里那风格。作品有很多，包括一百零四部弥撒曲、六十八部奉献仪式曲、二百五十部经文歌、四十五部颂歌和诗篇等。

约翰·塞巴斯蒂安·巴赫

约翰·塞巴斯蒂安·巴赫（1685—1750），德国作曲家，是将西欧各民族的音乐风格自然融为一体的开山大师。他是一位多产的作曲家，将法国、德国和意大利传统音乐中的精华珠联璧合地结合到一起，作品深沉、悲壮、广阔，充满了18世纪上半叶德国现实生活的气息，并对后来将近三百年整个德国音乐文化以至世界音乐文化产生了深远的影响。

亨德尔

亨德尔（1685—1759），英籍德国作曲家。他是乐坛上的多面手和常青树：在其近六十年的音乐生涯中，在德、英、意三国乃至整个欧洲都赢得了巨大声誉；他的音乐作品将德国严谨的对位法、英国的合唱传统及意大利的独唱艺术熔于一炉，成为世界音乐史上的珍宝。他与维瓦尔第、巴赫一起，为辉煌的巴洛克时代画上了一个圆满的句号。

贝多芬

贝多芬（1770—1827），德国伟大作曲家、维也纳古典乐派代表人物之一。贝多芬的音乐创作宏伟壮丽，内容丰富，从一个侧面体现了同时代欧洲社会生活的节奏和旋律。他力求摆脱古典主义、追求自由、热情奔放。其作品风格简明朴实，平易近人，带有一种鼓舞的力量、向上的震撼。代表作品有《第九合唱交响曲》《第六田园交响曲》《第五命运交响曲》《庄严弥撒曲》《月光钢琴奏鸣曲》《第三、第四、第五皇帝钢琴协奏曲》《悲怆钢琴奏鸣曲》等。

格鲁克

格鲁克（1714—1787），德国作曲家。在法国、意大利、奥地利、瑞典、英国的音乐戏剧发展史上，格鲁克对歌剧的改革，具有里程碑式的意义。"质朴和真实是一切艺术作品的伟大原则,歌剧必须有深刻的内容,音乐必须从属于戏剧",这是他歌剧改革的核心主张。他的歌剧追求质朴、典雅、庄重的艺术风格。其歌剧代表作有《阿尔米德》《伊菲姬尼在奥利德》、芭蕾舞剧《唐璜》等。

弗朗茨·约瑟夫·海顿

弗朗茨·约瑟夫·海顿(1732—1809),维也纳古典乐派的奠基者,奥地利人。海顿在交响乐方面,首先确立了近代配器法与乐队的双管编制规则,从而为近代交响乐队的发展打下了基础。另外,他还塑造了新的交响曲主调音乐形式,并在功能和声的基础上,进一步发展了复调手法。他的作品常取自日常生活,充满了朴实、明朗、乐观的艺术气质。弗朗茨·约瑟夫·海顿在世界音乐史上产生了巨大的影响。

莫扎特

莫扎特(1756—1791),奥地利作曲家,欧洲维也纳古典乐派的代表人物之一。他的主要成就是歌剧创作,与格鲁克、瓦格纳和威尔第并称欧洲歌剧四大巨子。作品风格欢快优美,又带有淡淡的伤感,这些创作主要反映了18世纪末时欧洲小市民群体的生活状况。代表作品有《安魂曲》,歌剧《假园丁》《牧人王》等。莫扎特被称为欧洲古典主义音乐的典范。

帕格尼尼

帕格尼尼(1782—1840),欧洲最著名的小提琴家,意大利人。帕格尼尼是近代小提琴演奏技巧的开创者,他技艺精湛,情绪丰富,演出常常能引人入胜。他还首创将吉他的演奏技巧用于小提琴,由于他对小提琴发展作出了卓越的贡献,因此有"小提琴之王"的称号。代表作品有《二十四首随想曲》《bE大调协奏曲》《无穷动》《女巫之舞》《威尼斯狂欢节》等。

罗西尼

罗西尼(1792—1868),意大利歌剧作曲家。19世纪上半叶意大利歌剧的杰出代表之一,在正歌剧和喜歌剧的创作上,罗西尼开创性地把正歌剧的严肃主题和喜歌剧的活泼气息融合在一起,相互吸收、彼此借鉴,他的这种改革使意大利正歌剧和喜歌剧都重新焕发出蓬勃的生命力。他的作品描写生动,个性鲜明,情节紧凑,朝气蓬勃。代表作品有《塞尔维亚的理发师》《威廉·退尔》等。

舒伯特

舒伯特（1797—1828），奥地利作曲家。他的作品体现了古典主义与浪漫主义的风格特色。他将自己的独特气质渗透进他的音乐当中，使他的作品具有绝妙的抒情性风格，塑造出随想性、自发性和意料不到的音乐个性。代表作品有《魔王》《圣母颂》《野玫瑰》《鳟鱼》《菩提树》《小夜曲》、声乐套曲《冬日的旅行》《美丽的磨坊女》等。

葛塔诺·多尼采蒂

葛塔诺·多尼采蒂（1797—1848），意大利著名歌剧作曲家。他吸收了意大利喜歌剧的传统精华，且进一步将其发展完善。作品代表了意大利浪漫主义歌剧的成就。正歌剧《拉美莫尔的露契亚》，旋律委婉曲折，不但歌唱效果良好，表现力也很丰富，体现了他的独特风格。他还善于杂在伴奏音乐的配器下，追求作品的完美效果。他在创作手法上的许多优点，被后来的G·威尔迪所吸收完善。

贝里尼

贝里尼（1801—1835），意大利歌剧作曲家。贝里尼的主要成就集中在歌剧方面，他开创性地运用了专门表现浪漫、感性的旋律为主的唱法，即美声唱法。这种唱法要求歌声不断地快速翻高后，再半音滑下，其间还要穿插大量的花腔。这种唱法在他的一些被奉为经典的咏叹调中，体现得更加完美。歌剧风格浪漫，旋律清丽。代表作品有《诺尔玛》《梦游女》《清教徒》等。

肖邦

肖邦（1810—1849），波兰作曲家。肖邦的作品从一个侧面反映了19世纪30—40年代波兰人民为压迫和奴役而进行的反抗斗争。他的最大成就是形成了自己独具特色的"肖邦风格"，这使他在欧洲音乐史上占有不可替代的重要地位。一方面，他与古典传统有着深刻的联系；另一方面，又大胆突破。创造出无与伦比的艺术表现力。代表作品有《军队》《英雄》《雨滴》《离别》《革命》等。

罗伯特·舒曼

罗伯特·舒曼（1810—1856），德国著名作曲家、音乐评论家。罗伯特·舒曼是19世纪上半叶德国最杰出的作曲家，他吸收了德意志浪漫主义钢琴音乐风格，并将之在作品中淋漓尽致地发挥出来。他擅长于运用浪漫主义的诗词，来展示人物内心的生活感受，借以达到诗歌化的意境。他在音乐评论方面的一些积极的观点，推动了浪漫主义音乐的发展和完善。代表作品有《第一交响曲》《第三交响曲》《歌曲集》等。

李斯特

李斯特（1811—1886），匈牙利作曲家、钢琴家。李斯特受雨果、拉马丁、夏多布里昂等浪漫主义文艺家思想的影响，确立了学院风浪漫主义原则，被称为"哗众取宠的钢琴大师"。他的作品描述了本民族的风情和历史概貌，被匈牙利人民称为"民族艺术家"。其代表作品有《浮士德交响曲》《但丁交响曲》《爱之梦》、交响诗《前奏曲》《旅行岁月》等。

奥芬巴赫

奥芬巴赫（1819—1880），德裔法国作曲家、大提琴演奏家。奥芬巴赫的杰出艺术贡献为法国轻歌剧的发展奠基了基础。他的创作结合了舞台剧的传统，借助喜歌剧、巴黎林荫路演出与城市民谣的形式，采用生活舞蹈题材，对后世产生了深刻的影响。代表作品有《霍夫曼的故事》《地狱中的奥菲欧》《美丽的海伦》等。

小约翰·施特劳斯

小约翰·施特劳斯（1825—1899），奥地利著名作曲家、小提琴家、指挥家，老约翰·施特劳斯是他的父亲。他的一生创作了一百二十余首圆舞曲，这些圆舞曲优美动听，脍炙人口，他因此获得了"圆舞曲之王"的称号。他的作品风格独特、旋律柔美、自然优雅、活泼欢快。代表作品有《蓝色多瑙河》《艺术家的生活圆舞曲》《维也纳森林的故事圆舞曲》《安娜波尔卡》及《春之声圆舞曲》等。

约翰奈斯·勃拉姆斯

约翰奈斯·勃拉姆斯（1833—1897），德国19世纪后半叶最卓越的作曲家，古典乐派最后一位代表人物。他在风格上，融合了古典和浪漫两种特点，不仅气势宏大，还善于在他的作品中，流露出田园牧歌的自然气息。代表作有《a小调小提琴、大提琴双协奏曲》《D大调小提琴协奏曲》。在德国音乐史上，由于巴赫（Bach）、贝多芬（Beethoven）和勃拉姆斯（Brahms）姓名的第一个字母都为"B"，因此称他们三人为"三B"。

德彪西

德彪西(1862—1918),法国作曲家,音乐评论家。他是印象主义音乐的创始人。他的独特的"印象主义"创造风格,就是把色彩印象视作音乐发展的一个突破点,将印象派画派的色彩描绘手法运用于音乐创作,借助各种音响组合、东方音乐意境和西班牙舞曲、爵士乐节奏,从而使作品展现出变化纷呈的色彩印象。代表作有《浮士德交响曲》《但丁交响曲》等。

瓦格纳

瓦格纳(1813—1883),德国作曲家。在传统歌剧、乐队的结构和形式等方面,他力求改革,创造了"特里斯坦"和弦。他主张乐剧要以神话为题材,综合应用音乐、歌词与舞蹈等艺术形式,广泛使用主导动机、和声及配器效果,将浪漫主义歌剧艺术风格推向高峰。他的主张对20世纪音乐观念产生了重要影响。代表作品有《尼伯龙根的指环》《众神的黄昏》《莱茵的黄金》《齐格弗里德》《女武神》《漂泊的荷兰人》等。

威尔第

威尔第(1813—1901),意大利歌剧作曲家。他主张在依靠民族民间音乐的基础上,吸收国外歌剧艺术的精华。他的歌剧题材反映广阔的社会生活,对人物和环境的描写质朴真实,把音乐与戏剧紧密结合起来。他的最主要的成就就是确立了声乐歌唱的核心地位及丰富多彩的动人旋律,他成就了意大利歌剧新的历史高峰,在世界歌剧艺术史上占有重要地位。代表作有《弄臣》《游吟诗人》《茶花女》和《阿伊达》等。

欧仁·鲍狄埃

欧仁·鲍狄埃(1816—1887),法国革命家、诗人、巴黎公社的主要领导人之一,世界无产阶级歌曲《国际歌》的词作者。后来作曲家皮埃尔·狄盖特为《国际歌》编写了曲谱。很快这支战歌便从法国迅速传遍了全球,先后被翻译成西班牙文、挪威文、德文、英文、意大利文、俄文、中文。全曲慷慨激昂,文字雄奇壮烈,节奏扣人心弦。《国际歌》是一首永远鼓舞着全世界人民团结奋斗、勇往直前的战歌。

鲍罗廷

鲍罗廷（1833—1887），19世纪俄国作曲家。他的作品主要表现了英雄性和史诗性的内容，描绘了俄罗斯人民社会生活的方方面面。他的音乐充满了俄罗斯民族情调，有时还融入一些东方民族的风俗。由于他为整个俄罗斯民族音乐作出了巨大的贡献，因此在世界音乐史上占有重要的地位。代表作有歌剧《伊戈尔王》《第二交响曲》，交响音画《在中亚细亚的草原上》等。

勃拉姆斯

勃拉姆斯（1833—1897），德国古典主义最后的作曲家。勃拉姆斯融合了古典和浪漫两种风格，交响乐曲既有宏伟壮阔的气势，又有田园牧歌的气息。代表作品有《D大调小提琴协奏曲》《第一交响曲》《第四交响曲》《匈牙利舞曲第五号》等。

尼古拉·鲁宾斯坦

尼古拉·鲁宾斯坦（1835—1881），俄国作曲家、钢琴家、指挥家、音乐教师。他与安东·鲁宾斯坦是兄弟俩。小时候他们就表现出非凡的音乐天才，李斯特、迈耶贝尔、车尔尼等大师对他们极为推崇。1866年，尼古拉·鲁宾斯坦创办了莫斯科音乐学院，兄弟俩同为俄罗斯学院派的创立者，主张学习西欧扎实的音乐训练。柴可夫斯基就是他的学生。

柴可夫斯基

柴科夫斯基（1840—1893），俄国音乐史上最伟大的人物，欧洲古典音乐与俄国民族音乐的集大成者。他主张通过生活性和思想性来表现音乐的美感。他善于通过相对起伏的主题、形式多样的音乐形象，来表现人物复杂的内心感情。代表作品有《叶甫根尼·奥涅金》《黑桃皇后》、芭蕾舞剧《天鹅湖》《睡美人》、交响曲《第四交响曲》、交响诗《罗密欧与朱丽叶》等。

德里戈

德里戈（1846—1930），意大利作曲家、指挥家。曾在威尼斯音乐学院学习，后在彼得堡担任歌剧指挥兼宫廷舞剧指挥家，他一生创作了许多歌剧、舞剧、钢琴曲及艺术歌曲。代表作品为舞剧《百万富翁的丑角》，广为流传的通俗乐曲《小夜曲》，又称为《爱情小夜曲》《小丑小夜曲》，就是里面的曲子。这首曲子旋律优美、委婉动听，为各国人民所称赞。

雅纳切克

雅纳切克（1854—1928），捷克作曲家。他的作品更接近于俄罗斯民族音乐特色，作品通常由旋律较小的短句组成，善于使用一些极限音域，这使他的作品彰显出一种力度。其风格独特，旋律强劲有力，感情真挚浓烈，在旋律间歇的瞬间，喜欢运用调性和情绪之间的变化来制造气氛。另外，他还在和声、弦音的间距、和弦的并置等方面较有研究。

普契尼

普契尼（1858—1924），意大利歌剧作家，真实主义歌剧的重要人物。他的作品多反映贫苦阶层的生活，但这种反映有时缺乏深刻的理解。他的作品音乐旋律优美，语言娴熟，表现出很强的歌唱性。他擅长通过配器与和声技术制造舞台戏剧效果。除名作《曼侬·列斯科》之外，作品还有《蝴蝶夫人》《托斯卡》《艺术家的生涯》《西部女郎》等十余部。他在歌剧《图兰朵》中运用了中国民歌《茉莉花》。

阿尔韦尼斯

阿尔韦尼斯（1860—1909），西班牙作曲家、钢琴家。出生于莱里达，4岁时就在巴塞罗那登台演奏钢琴。是L.布拉桑、F.李斯特的学生。他的作品摒弃了民间曲调，并用变化的和声和乐汇，多样的民间歌舞旋律，吉他琴的音色节奏，烘托出浓郁的西班牙风格，如歌剧《佩比塔·希梅内斯》、钢琴曲《伊比利亚》等。阿尔韦尼斯是西班牙现代民族乐派的开创者。

勋伯格

勋伯格（1874—1951），20世纪杰出作曲家之一，"新维也纳乐派"，也就是"表现主义"音乐流派就是指他和他的学生贝尔格、威伯恩三人。勋伯格具有非凡的胆识和创新精神，无调性音乐"十二音体系"就是他的首创。他在音乐方面所进行的史无前例的改革，虽然引起过很大的争议，但却对后来一大批作曲家，如达拉皮科拉、欣涅克以及肖斯塔科维奇等人产生了深刻的影响。

拉韦尔

拉韦尔（1875—1937），法国作曲家。在罗马大奖赛上，他一连四届都没获胜，引起人们对评委的极度不满，使当时的评委主席、巴黎音乐学院院长辞职。20世纪初，他创作了钢琴组曲《镜》;后为俄国芭蕾舞团作《达夫尼斯和赫洛亚》。他的作品风格单一而独特，妙趣横生，幽默诙谐，结构清晰。足迹遍布欧美各国，他的很多作品具有世界声誉。晚年隐居巴黎郊外，生活艰难。

帕瓦罗蒂

帕瓦罗蒂（1935—1996），世界三大男高音歌王，20世纪人类史上古典美声的最杰出代表。幼年贫寒，卖过面包，当过小学教师。1961年获得国际大赛冠军，从此开始了他伟大而卓绝的艺术生涯。他以轻松愉快、华丽绚烂、典雅高贵、丰厚圆润、富有震撼的声音，把古典美声推广到大众之中，并使之受到了有史以来最热烈、最广泛的欢迎。对于古典歌剧艺术的普及，作出了杰出的贡献。

鲍博·马利

鲍博·马利（1945—1981），美国雷盖音乐家。马利创建了全球第一个著名的雷盖乐队。他赞成非洲的"拉斯法里主义"，抨击现存政治，要求黑人获得解放，受到人们的欢迎，但也险些被人暗杀。他的作品比较出名的有《没有女人，就没有哭泣》《起来，起来》《我打死了法官》等，他的专辑《出走》与《起义》更是影响巨大。在牙买加，人们尊称马利为民族英雄。

迈克尔·杰克逊

迈克尔·杰克逊（1958—2009），流行音乐之王，他的才华盖过猫王。他在音乐的众多领域都具有杰出的贡献。其音乐融合了黑人音乐、蓝调与白人摇滚乐的精华，形成了自己独特的MJ风格，时而高亢愤慨、时而轻灵美妙，让无数歌迷如痴如醉。他拥有全球销量第一的专辑《THIRLLER》，他的唱片总销量数已超过7.5亿张。他独创的太空舞步更是使无数观众倾倒。吉尼斯世界纪录曾授予他"世界最成功的艺术家"的称号。

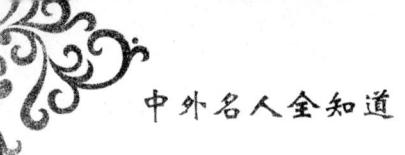

化学巨匠

化学是基于实验基础上的一门科学。在我们认识并利用物质的过程中，化学研究起到了重要作用。化学家是指众多在化学研究领域作出了突出成绩，并对人类社会的文明进程起到推动作用的人。

拉齐斯

拉齐斯（865—925），阿拉伯帝国时期的临床医生、化学家。他不仅是外科上串线法的发明人，而且还写有许多关于炼金术方面的著作，尤其是其中的一部《秘典》更为著名和有极大的影响，甚至一直到14世纪，这本书还是化学知识的一个宝库。拉齐斯还是一位杰出的临床医生。他发明了在外科上使用串线法，并著成一部医学百科全书式的《医学集成》。

尼古拉·勒梅

尼古拉·勒梅（1330—1417），法国冶金学家。他受过良好的教育，并精通拉丁文和希腊文，且擅长抄写和书法。他以手抄稿本作为职业，也收些学生来教授他们抄写和绘画插图。当时经常有贵族雇用他抄录珍稀稿本，他可能因而抄到炼金术的文稿，但他还是将炼金所得的财富用于发展慈善事业上。勒梅在巴黎不仅修建了十四家医院，还兴建和修整了教堂。

罗伯特·波义耳

罗伯特·波义耳（1627—1691），英国爱尔兰的现代化学先驱、自然哲学家。波义耳在1661年出版的《怀疑派化学家》，让化学史家将1661年作为近代化学的开始年代。波义耳主张化学的研究目的在于认识物体的本性，这就让化学成为一门独立科学。为了让化学更加科学化，波义耳认为元素非常重要，并且强调实验方法和观察自然界是进行科学思维的基础。

约瑟夫·布莱克

约瑟夫·布莱克（1728—1799），英国化学家、物理学家。在化学方面，布莱克的主要贡献是首先使用天平来研究化学作用所产生的变化，并从而创造出定量化学分析的方法。布莱克使用这个方法发现，当人们煅烧石灰石时，石灰石并未因为吸收燃素而增加重量，却因为放出"固定气体"而失重，这个实验动摇了当时流行的燃素说，从而开创气体化学的崭新时代。

舍勒

舍勒（1742—1786），瑞典18世纪的化学家，曾经发现过无数的元素。虽然在他生活的年代里，化学发展还处于"燃素说"这种错误理论盛行的时代，尽管他也拥护燃素说，但却在实验方面发现许多新的化学事实。舍勒是最早发现氧气的科学家，他在1773年时就能用两种方法来得到比较纯净的氧气，但却未能正确解释燃烧现象。

克拉普罗特

克拉普罗特（1743—1817），德意志分析化学家、矿物学家。他发现和证实了许多新元素，如1789年的铀元素和锆元素，1795年的钛元素，1798年的碲元素，1803年的铈元素。他不仅改进了分析化学还对其进行系统化应用，在重量分析中则强调沉淀物必须经过烘干或是灼烧后达到恒重。同时，他是拉瓦锡反燃素说的拥护者。克拉普罗特编有《矿物学的化学知识》一书。

安托万·拉瓦锡

安托万·拉瓦锡（1743—1794），法国化学家先驱，近代化学奠基人之一，被人称为近代化学之父。拉瓦锡与他人一同合作而制定出化学物种的命名原则，从而创立出化学物种分类的新体系。根据总结化学实验的经验，拉瓦锡用明了的语言阐明了质量守恒定律及它在化学中的运用。他的代表论文是《化学概要》，标志着现代化学的诞生。

克劳德·贝托莱

克劳德·贝托莱（1748—1822），法国著名化学家。贝托莱与拉瓦锡共同制定了化学命名法，而且这种命名法至今还在沿用。贝托莱主要研究染料和漂白剂，他发现氯气实际上具有漂白的作用。通过实验，他确定了氨气的成分。在科学论证上，他与普鲁斯特发生过近八年的论战，最后确定了定比定律。

加多林

加多林（1760—1852），芬兰化学家。受到其父亲的影响，加多林自幼就喜欢天文学和物理学的教育。加多林最初是燃素论者，但后来又同意并支持拉瓦锡的观点。1794年，他在瑞典发现一种新矿石中含有一种新的"土"。一个世纪之后，人们发现加多林所指的稀土或类似稀土的矿物中竟然含有十多种不同的元素，如今这些元素被称为稀土元素。

道尔顿

道尔顿（1766—1844），物理学家和化学原子论的先驱，也是首位发现色盲现象的科学家。道尔顿提出较为系统的化学原子学说，并引入原子和原子量，且开拓了容积分析方法。道尔顿的原子论是理论化学的一次重大进步，揭示出原子运动是一切化学现象的本质，明确化学的研究对象。

阿莫迪欧·阿伏加德罗

阿莫迪欧·阿伏加德罗（1776—1856），意大利的物理学家和化学家。他在1811年提出了分子说，即认为分子是由原子组成的。而且提出阿伏加德罗定律，即在同温同压下，相同体积的气体中含有同等数目的分子。阿伏加德罗是首位认识到物质是由分子组成，而分子是由原子组成的科学家。他的《有重量的物体的物理学》是第一部关于分子物理学教程的著作。

盖·吕萨克

盖·吕萨克（1778—1850），法国化学家、物理学家。他从1805年开始研究空气成分，并在一次实验中证实了水是能用体积比例为一比二的氧气和氢气来制取的。三年之后，他证明在参加反应的气体和在反应物与生成物之间存在着一定比例体积的关系。盖·吕萨克还发明了制备碱金属钾、钠等方法，并发现了硼、碘等新元素。

启普

启普（1808—1864），荷兰化学家，是"基普氏气体发生器"的发明者。启普根据前人制作的能产生硫化氢气体的简单装置，又新设计出一种气体发生器。这种发生器根据酸液的上升或下降，能够随时控制气体的产生。这种气体发生器基本上是由启普发明创造的，并且是由会吹玻璃的工人吹制而成的仪器，因而被后人称为启普发生器。

埃伦迈尔

埃伦迈尔（1825—1909），德国化学家。埃伦迈尔合成一种重要的氨基酸，即酪氨酸。他不仅合成出有机物胍，并推断出胍这种物质及它的化合物肌酸酐的结构式。埃伦迈尔在表述凯库勒理论时，用几条直短线来代表化学键，如两画就表示双键，三画就表示三键，并一直沿用至今。埃伦迈尔指出萘的结构式是一个具有公共边的两个相连的六角苯环。

坎尼扎罗

坎尼扎罗（1826—1910），意大利化学家。他从1852年就开始研究苯甲酸和苯甲酸的反应特征，发现苯甲醛和碱液之间相互作用能生成苯甲酸和苯甲醇。1853年时，他发表了这个研究成果，这类反应被后人称为坎尼扎罗反应。坎尼扎罗不仅精通化学实验，而且还注意研究化学的基本理论问题。1891年，英国皇家学会授予坎尼扎罗科普利奖章。

贝特洛

贝特洛(1827—1907)，法国物理化学家、有机化学家和科学史学家。贝特洛不仅证明甘油是醇的一种，而且发现甘油能与适当的酸进行化合反应。通过物理化学实验，他在热化学方面提供大量的精确数据并证明了盖斯定律。贝特洛自1870年起开始研究炸药，并发现了爆炸波。1883年，他是最先指出空气中的氮能被微生物固定在土壤中的科学家，并用无声放电来帮助植物生长。

阿列克萨得尔·米哈依洛维奇·布特列洛夫

阿列克萨得尔·米哈依洛维奇·布特列洛夫（1828—1886），俄国化学家，是化学结构理论的创立者之一。1861年，他作了《论物质的化学结构》的报告，主要强调化学结构的概念,这种结构学说极大地推动了有机化学的发展。1864年,他在《有机化学通论导言》一书中,根据有机物的分子结构来将有机物作了分类。另外,他还发现了异丁烯的聚合反应。

诺贝尔

诺贝尔(1833—1896),瑞典的化学家、工程师、实业家,也是诺贝尔奖的创立人。诺贝尔从未进过高等学府学习,他所有的知识都是自学而来。他一生都致力于应用化学的研究,曾经发明过的炸药有无烟火药、猛炸药和"巴立斯梯"或称C89号。1880年,他获得了瑞典国王创义颁发的科学勋章,也得到了法国大勋章。

门捷列夫

门捷列夫(1834—1907),俄国化学家,他的最大贡献就是发现化学元素周期律,被称为门捷列夫周期律。1860年,门捷列夫在写《化学原理》时,开始搜集每一个已知元素的性质和数据等资料。然后,他尝试着将这些元素进行排列,从而发现元素化学性质的规律性。他一直花了近二十年的工夫,才最终在1869年发表了元素周期律。

詹姆斯·杜瓦

詹姆斯·杜瓦(1842—1923),苏格兰物理学家、化学家和发明家。他提出苯的结构设想,并进行了大量的光谱分析工作,并主要研究低温学。大约在1880年,他开始研究液氧;并在1885年时,他改进了工艺并能集齐一瓶液氧。1892年,他发现杜瓦瓶这个真空的容器,并将其用于研究低温的现象,然后又开始研究氢气的液化和固化。1904年,杜瓦与皮埃尔·居里一起研究镭衰变成氦的过程。

勒夏特列

勒夏特列(1850—1936),法国化学家。他不仅研究过水泥的煅烧和凝固状态和制造磨蚀剂,而且还研究过如何发展燃料、玻璃和炸药等问题。他尤其对科学与工业之间的关系非常感兴趣,而且极力想得出如何从化学反应中得到最高产率的结果。勒夏特列发明了热电偶和光学高温计,这种光学高温计能测定三千摄氏度以上的高温。他通过研究乙炔气体而发明了氧炔焰发生器,至今还用于切割和焊接金属。

威廉·拉姆齐

威廉·拉姆齐（1852—1916），英国化学家，他因发现空气中的稀有气体元素且确定这些元素在周期系中的位置而荣获了1904年诺贝尔化学奖。他不仅发现了除氡之外的所有稀有气体，如氖、氩、氪、氙气，还第一次从空气中分离出氦气。拉姆齐有《无机化学体系》《现代化学》《大气中的气体》《元素和电子》等主要著作。

莫瓦桑

莫瓦桑（1852—1907），法国化学家，因在1886年制取了单质氟而荣获了1906年度的诺贝尔奖。他发明了莫氏电炉，这种电炉能够简单而迅速地熔炼各种金属，并且莫瓦桑用它已经制出铀、钒、钨、钛、铬、铝等十多种金属。莫瓦桑是世界上首位制造人造金刚石的化学家。他在一生中获得过许多荣誉，有《氟及其化合物》《电炉》等诸多著作。

威廉·奥斯特瓦尔德

威廉·奥斯特瓦尔德（1853—1932），德国物理化学家，被认为是物理化学的创立者之一。奥斯特瓦尔德提出稀释定律，并验证了电离理论和质量作用定律。他研究结晶学和催化现象时，引用了化学热力学原理，并成功地完成催化剂的工业化应用，从而提出奥斯特瓦尔德过程。1909年，因威廉·奥斯特瓦尔德在研究催化剂作用、化学平衡和化学反应速率方面的突出贡献，被授予了诺贝尔化学奖。

斯万特·阿伦尼乌斯

斯万特·阿伦尼乌斯(1859—1927)，是瑞典化学家、电离理论的创立者，也是物理化学的始祖之一。阿伦尼乌斯解释并阐述溶液中元素是如何被电解分离的，而且研究温度对化学反应速度产生如何的影响，从而得出著名的阿伦尼乌斯公式。阿伦尼乌斯提出过分子活化理论、等氢离子现象理论和盐的水解理论，并对天体物理、宇宙化学学和生物化学等领域也有所研究。

爱德华·毕希纳

爱德华·毕希纳(1860—1907)，德国著名的有机化学家，拜耳的学生。他曾经担任过基尔大学、柏林大学、蒂平根大学、布雷劳和维尔茨堡大学的教授。毕希纳主要研究发酵过程和酶化学，并在1896年取得了重大研究成果。他证明酵母所含的各种酶能让碳水化合物发酵，并证明酿酶能够从酵母细胞中提取出来。1907年，他因为这项证明获得了诺贝尔化学奖。

瓦尔特·能斯特

瓦尔特·能斯特（1864—1941），德国化学家。能斯特提出了热力学第三定律，这个定律对于化学中计算亲合力显得尤为重要，因此他成为1920年度诺贝尔化学奖的得主。能斯特不仅促进现代物理化学的发展确立，更在热力学、电化学、固态化学和光化学等方面有着重大贡献，并提出能斯特方程。

亚瑟·哈登

亚瑟·哈登（1865—1940），英国生物化学家，并与奥伊勒成为1929年诺贝尔化学奖的共同得主。哈登自幼在工厂里长大，因此对化学分析非常感兴趣。他在德国留学期间，主要攻克糖发酵的项目，年仅二十三岁时就获得博士学位，后来就一直在英国著名的李斯特防治医学研究所担任领导职务，一直到退休。哈登主要研究酵母的酒精发酵和酵母中各种酶的性质。

居里夫人

居里夫人（1867—1934），原名是玛丽·斯可罗多夫斯卡，她在波兰出生，是法国物理学家、化学家。她主要研究放射性现象，并从中发现了镭和钋这两种天然的放射性元素，曾经获得诺贝尔物理奖和诺贝尔化学奖。居里夫人用了多年时光来研究镭的特性，她更对社会有一定的影响。

弗里茨·哈伯

弗里茨·哈伯（1868—1934），德国化学家，荣获1918年诺贝尔化学奖。他自小就对化学工业产生浓厚的兴趣，在1904年时他通过两位企业家的帮助开始研究合成氨的工业化生产，并五年之后取得成功，成为首位从空气中制造氨的科学家。这个发明不仅让人类摆脱依靠天然氮肥的被动局面，更加速世界农业的发展。哈伯也因此获得1918年的诺贝尔化学奖。

普雷格尔

普雷格尔（1869—1930），奥地利著名的分析化学家，也是有机化合物微量分析法的创始人，1923年诺贝尔化学奖得主。他研究有机物的微量分析技术，他使用能称量到微克级别的微量天平，利用一些微量分析技术，只要用一毫克到三毫克的试样就能进行准确而迅速的定量分析。1912年，他建立一整套微量分析有机物中碳、氮、氢、硫、卤素、羰基等的方法。普雷格尔著有《有机微量定量分析》等名著。

阿贝格

阿贝格（1869—1910），德国化学家。他主要忙于研究原子的新电子观点，以及这种观点对化学价的影响。他认为，惰性气体原子内的电子排布非常稳定。根据氯和钠的原子排列，推断出化学反应其实就是电子之间的转移，而化学键也成为具有不同符号的电荷之间相互吸引所产生的作用。

维克多·格林尼亚

维克多·格林尼亚（1871—1935），法国有机化学家，获得1912年诺贝尔化学奖。格林尼亚最著名的成就是发展并利用有机镁试剂来合成各种有机化合物的通法，这种通法简称为格氏反应。他对这种反应作出比较深入的研究，并发明了格氏试剂。1912年瑞典皇家科学院鉴于格氏试剂重要影响了当时有机化学的发展，授予格林尼亚诺贝尔化学奖。

卡尔·博施

卡尔·博施（1872—1940），德国工业化学家。他对哈伯首创的高压合成氨的催化方法进行改进，并找到合适的氧化铁型催化剂，让合成氨生产形成工业化模式，这被称为"哈伯—博施法"。他在发展高压化学方面取得巨大的成就，并因此而获得1931年的诺贝尔化学奖。第一次世界大战期间，博施氧化了工业合成的氨，并制成硝酸，继而制成炸药。

物理奇才

物理，是以大自然的现象与规律为研究对象的科学。自19世纪开始，物理由哲学中得以分离并发展成独立的一门实证科学。在物理学的发展中，它总是与其他许多自然科学紧密相连的，如数学、生物、化学及地理等。作为物理学家，他们的知识构成通常很丰富，而不仅仅局限于一方面。众多的物理学家通过他们的努力，在人们生活的许多方面都产生了影响。

阿基米德

阿基米德（约前287—212），古希腊物理学家和数学家，也是静力学与流体静力学的奠基者。阿基米德享有"力学之父"的美称，他不仅发现杠杆原理，还用几何演绎方法得出许多关于杠杆的命题，并给予严格的证明，如"阿基米德原理"。

惠更斯

惠更斯（1629—1695），荷兰著名的物理学家、天文学家和数学家。他在历史上是物理学先驱，对发展力学和研究光学都作出伟大的贡献，并且在天文学和数学方面也有突出成就，是位开拓近代自然科学的科学家。惠更斯建立了向心力的定律，并提出动量守恒原理，还对计时器加以改进。他善于将科学实践和理论研究相结合来透彻地解决问题，因此在发明摆钟、设计天文仪器等方面有着突出的成就。

牛顿

牛顿（1643—1727），英国著名物理学家、数学家、天文学家和自然哲学家。他在晚年时，曾经主要研究神学。牛顿在1665年获得英国剑桥大学三一学院的文学学士学位。他在随后的两年里，制订出许多重要的科学创造蓝图。他在1696年担任皇家造币厂的监督，并于1703年担任英国皇家学会会长。他创建了经典力学，如牛顿运动定律、万有引力定律等，为发展物理学作出卓越的贡献。

库仑

库仑（1736—1806），法国工程师、物理学家。他在 1773 年提出了计算物体上面的应力和应变分布情况的方法，这成为结构工程的理论基础。他在研究静电和磁力的过程中发明了扭秤，并且确立了弹性扭转定律。他分析了摩擦力和压力的关系，表述出摩擦定律、滚动定律和滑动定律。他使用扭秤来对静电力和磁力进行测量，产生著名的库仑定律。

布儒斯特

布儒斯特（1781—1868），苏格兰物理学家。他在 1815 年被选为皇家学会会员，并于 1819 年获得冉福德奖章。他主要研究光学方面，在 1812 年发现了布儒斯特定律，即当入射角的正切与媒质的相对折射率相等时，反射光线将是线偏振光。布儒斯特还发明了万花筒，发现了双轴晶体。他还制造了马蹄形的电磁铁和灯塔用透镜，并于 1849 年对体视镜进行改造。

法拉第

法拉第（1791—1867），英国物理学家、化学家，是电磁场理论的奠基人。他在 1821 年时，发现载流导线能够绕着磁铁进行旋转。并在 1823 年时，发现将氯气和其他气体进行液化的方法。他发现两条电解定律，即法拉第第一和第二电解定律。他还测定了电解一克当量物质时所用电量为 96484.6 库伦，这个数值被称为"法拉第常数"。法拉第有《电学实验研究》《化学和物理学实验研究》等著作。

楞次

楞次（1804—?），俄国物理学家、地球物理学家，主要研究电学并建立楞次定律。他发现了有关电磁感应的楞次定律，以及与电热效应相关的焦耳—楞次定律。1833 年，楞次在圣彼得堡科学院提出了楞次定律，是关于电磁现象的能量守恒定律。1831 年，楞次用冲击法定量研究了电磁现象，确定线圈中的感应电动势等于每匝线圈中的电动势之和。1844 年，楞次得出分路电流定律。

麦克斯韦

麦克斯韦（1831—1879），英国物理学家、数学家。麦克斯韦是一位在电磁学方面有伟大成就的科学家。他根据前人的发现和实验成果，建立起首个完整的电磁理论体系。麦克斯韦不仅科学预言电磁波是存在的，而且还揭示出光、电、磁现象的本质是统一的，进行并完成对物理学的大综合。这个理论的成果，为现代电力工业、电子工业和无线电工业奠定了基础。

范德瓦尔斯

范德瓦尔斯（1837—1923），荷兰物理学家。他在1873年以论文《论气态和液态的连续性》进入了第一流物理学家的行列，并于1880年发表了"对应态定律"。范德瓦尔斯在毛细现象的热力学理论中认为，液体与蒸气之间的边界层中，密度是逐渐变化且非常快。他的另一项重大成就就是在《荷兰年鉴》上刊出了关于"二元溶液理论"的第一篇论文。

范德华

范德华(1837—1923)，荷兰物理学家。他在1874年发表的论文《论液态和气态的连续性》得到学术界的关注，并因而得到莱顿大学的博士学位。通过实验研究，他发现如果假定气体分子没有体积，分子之间没有引力，那么就能从气体分子的运动论中得到理想气体的状态方程。1881年，他通过在方程中引入两个分别表示分子大小和引力的参量，而得出一个更为准确的方程，称为范德华方程。

达伦

达伦（1869—1936），瑞典物理学家，也是1912年诺贝尔物理学奖的获得者。他是首位将乙炔用于照明那些无人管理的航海仪器上的科学家，因而被誉为"水手的保护人"。达伦发明了连接煤气贮存器的自动调节装置，还发明了能够与燃点航标、浮标气体蓄电池一同使用的自动调节装置。为表彰达伦在机械工程方面作出的贡献，他获得了1912年瑞典皇家科学院授予的诺贝尔物理学奖。

瑞利

瑞利（1842—1919），英国物理学家。瑞利的科学名著《声学原理》奠定了近代声学的基础。他通过解释天空为何是蓝色而导出了分子散射公式，即瑞利散射定律。瑞利研究和实验了光栅分辨率和衍射，明确定义了光学仪器的分辨率，这对研究光谱学起到重要的作用。他还发现了空气中的一个稀有元素氩，因此荣获了1904年度诺贝尔物理学奖。

伦琴

伦琴（1845—1923），德国物理学家，因发现 X 射线而荣获 1901 年诺贝尔物理学奖。伦琴研究过电介质在充电电容器中运动时所产生的磁效应，还在研究晶体导热性、气体比热容、热释电和压电现象等物理学领域做出一定的贡献。

洛伦兹

洛伦兹（1853—1928），荷兰物理学家、数学家，是经典电子论的创立者。他认为任何物质的分子都有电子，而电子是能放出阴极射线的粒子。他用以太与物质之间的相互作用就是以太与电子的相互作用来成功地解释了塞曼效应，并与塞曼一同获得 1902 年度诺贝尔物理学奖。洛伦兹还提出著名的洛伦兹变换公式，他指出光速是物体相对于以太运动的极限速度。

赫兹

赫兹（1857—1894），德国物理学家。赫兹用实验证明电磁波是存在的，且电磁波的传播速度相当于光速，赫兹实验为无线电、雷达和电视等无线电电子技术的发展开拓了创新途径。他对紫外光对火花放电的影响进行了研究，并从中发现了光电效应，认为在光的照射下物体能够释放电子，这个发现成为爱因斯坦建立光量子理论的基础。

普朗克

普朗克（1858 年—1947），德国物理学家，是开创量子物理学的奠基人，荣获了 1918 年的诺贝尔物理学奖。普朗克所创立的量子理论不仅结束了经典物理学的统治局面，而且还是物理学史上的一次重大变革。普朗克假设物质不能辐射出连续的能量，只能是某个最小能量的整数倍，这解决了黑体辐射的理论困难。普朗克因创立量子理论而荣获诺贝尔物理学奖。

皮埃尔·居里

皮埃尔·居里（1859—1906），法国著名物理学家，是"居里定律"的发现者，也是 1903 年度诺贝尔物理奖得主。他在十八岁时就获得了硕士学位，并因而被任命为巴黎大学理学院物理实验室的助教，四年后又担任巴黎市立理化学校的实验室主任。他在巴黎市立理化学校任教十二年后，就获得了博士学位。1900 年，皮埃尔担任巴黎大学理学院教授。1903年，居里夫妇与贝克勒耳一起获得诺贝尔物理学奖。

纪尧姆

纪尧姆（1861—1938），瑞士物理学家。他因为发现镍钢合金在精密物理中的重要地位和它的反常性而荣获1920年度诺贝尔物理学奖。

纪尧姆在研究铁镍合金时，得到一种含有36%镍的镍铁合金，这种合金被称为殷钢。殷钢加热时的膨胀系数远远要比当时已知金属的膨胀系数要低。他在1897年将殷钢和其他镍铁合金应用在制造钟表上，并校正了普通手表存在的问题。

佩兰

佩兰（1870—1942），法国物理学家、化学家。佩兰因研究物质结构的不连续性所获得的成果，尤其是发现淀积平衡而荣获1926年度诺贝尔物理学奖。佩兰主要对物质不连续结构进行研究，主要研究布朗运动。佩兰发现当胶体溶液的引力场和分子运动之间达到平衡时，能从密度分布来对原子大小进行准确地计算。佩兰最有名的著作是《原子》。

约翰尼斯·斯塔克

约翰尼斯·斯塔克（1874—1957），德国物理学家，因发现光谱线在电场作用下的分裂现象和极隧射线的多普勒效应而荣获1919年度诺贝尔物理学奖。他在研究阳射线过程时，不仅发现一种重要规律还发现"斯塔克效应"、"斯坦克—爱因斯坦方程"和"斯坦克数"等。斯塔克主要研究气体中电流、光谱分析和化学价这三大领域。

巴克拉

巴克拉（1877—1944），英国物理学家、化学家。他因为发现元素的次级X射线标识谱而荣获1917年的诺贝尔物理学奖。他通过实验发现，每种化学元素都会产生出一种次级X射线的辐射，这种辐射能看成是这个元素的特征和标志，巴克拉称这个是标识X射线。巴克拉认为标识谱线有K和L系列这两个不同的范围，而K系列的穿透本领稍强，L系列的穿透本领则较弱。

迈特纳

迈特纳（1878—1968），奥地利裔瑞典物理学家。她在1906年获得维也纳大学的博士学位。在1907年至1938年的时期，她和哈恩一起合作研究放射性。迈特纳主要与哈恩合作，他们发现了镤并且给它命名，研究出核同质异能的现象和β衰变。1939年，迈特纳和她的外甥弗里施提出了核裂变概念，以解释哈恩和斯特拉斯曼用中子轰击铀后出现钡的实验结果。他们发现核裂变和随后的裂变链式反应，这为应用核能开辟了道路。

爱因斯坦

爱因斯坦（1879—1955），世界闻名的物理学家，是现代物理学的奠基人和开创者。他提出了相对论，是"质能关系"的提出者，也是捍卫"决定论量子力学诠释"的科学家。他曾经在1921年时获得了诺贝尔物理学奖。他在早期曾经研究过布朗运动，并创建了狭义相对论。

史蒂芬·威廉·霍金

史蒂芬·威廉·霍金（1942—？），英国广义相对论、宇宙论家、理论物理学家，被时人称为"宇宙之王"。在二十一岁时，他不幸患上肌肉萎缩的卢伽雷氏症，因此只能用语音合成器来完成演讲和问答。20世纪70年代，他和彭罗斯一同证明著名的奇性定理，因而他们共同获得1988年的沃尔夫物理奖。他证明了黑洞面积定理，认为随着时间的增加黑洞的面积不会减少。

生命使者

医学作为处理人们健康问题的一门科学，它以治疗并预防生理疾病，以及提高人体生理机体健康为宗旨。医学家是活跃在医学研究领域的众多专职人员，他们通常被视为救死扶伤的英雄。他们或许还是化学、物理等方面的专家，但是，由于他们在医学方面所作出的突出成绩，因而被收录于此。

阿维森纳

阿维森纳（980—1037），阿拉伯医学家、哲学家、自然科学家。他自幼就受到了良好的教育，拥有众多的成就，曾经受聘于许多伊斯兰国家的统治者。在医学方面，阿维森纳非常重视解剖，并对内科知识加以丰富，他所著写的《医典》是在17世纪以前亚欧大陆的广大地区中主要的医学教科书和医学参考书。

弗拉卡斯托罗

弗拉卡斯托罗（约1478—1553），意大利医学家。他提出了传染病病原微粒学说，这比证实微生物病原说提前了三百多年的时间。他在1530年出版了《梅毒或称法国病》，这首叙事长诗通过讲述一个牧羊人染上梅毒的故事，讲述了这种病的症状和人们使用汞剂或愈创术治疗来进行治疗的方法。他在1546年出版的《论传染》中，主要描述了梅毒、鼠疫和斑疹伤寒等传染病的起因和传染规律、治疗及预防方法。

圣托里奥

圣托里奥(1561—1636)，意大利生理学家，是医学物理学派的早期代表。他在医疗实践中，最先使用了度量仪器，并且在医学研究中引入了定量实验法。他不仅描述梅毒、胃溃疡和膀胱癌等病的症状，还对肠系膜脓肿和肠溃疡加以鉴别，并且修正四体液的学说，用纯力学的原理去解释动物的机体功能。他发明并应用了脉搏计、湿度计、空气温度计、套管针和膀胱结石吸出器等多种医用仪器。

哈维

哈维（1578—1657），英国医学家、生理学家和胚胎学家。他在1628年时发表了一本划时代的著作《关于动物心脏与血液运动的解剖研究》，这是近代生理学诞生的标志。在这本书中，哈维提供了大量包括对人的临床观察、尸体解剖、解剖和观察许多种类动物在内的证据，而且通过逻辑分析、定量思想和生理测试来证明心脏是能够泵出血液的肌肉实体。在血管系统中，血液以循环方式不断地进行流动。

布尔哈维

布尔哈维(1668—1738)，荷兰医学家、临床医学教育家、植物学家和化学家。他在1714年担任莱顿大学的副校长时，开始进行临床教学——这具有非常重要的医学。在卡西利亚医院，他在病人的床边结合具体病情来对医学生们进行理论讲解，这让莱顿成为当时医学教育的中心。他在化学中引入了精确的定量方法，因而被人称为物理化学的奠基者。他最早提出尿素和它的利尿作用，并于1724年出版了《化学要义》。

拉埃内克

拉埃内克（1781—1826），法国医学家，法国科学院院士。他在临床上首先应用了间接的听诊法，发明并不断改进听诊器，用听诊器来诊断肺部的各种疾病。他重视并研究临床表现与病理改变之间的关系，深入研究肺结核、肺气肿、肺脓肿和支气管扩张等病的病理变化、临床症状和诊断。拉埃内克创造、应用和阐明了罗音、水泡音和支气管羊音等术语的产生机理和意义。他的代表作是《间接听诊法》。

马让迪

马让迪（1783—1855），法国生理学家，创建了实验生理学。他通过若干年的实验证明，如果没有含氯食品即蛋白质，生命就很难维持，这就为现代的营养科学奠定了基础，尤其是为研究必要氨基酸奠定了基础。马让迪在食品领域获得了成功，这让现代食品工艺时代迅速到来。马让迪对药物对人体的作用进行了实验，并且介绍临床应用事宜，他可谓是实验药理学的奠基人。

菲尔肖

菲尔肖（1821—1902），德国政治家、医学家和人类学家。他是奠基细胞病理学的科学家，也是现代医学科学发展初期的代言人。他在1858年出版的演讲集《细胞病理学》中系统地介绍了细胞病理学。该书不仅是他的代表作，也成为当时宣扬生物医学新思维的划时代作品。他在《细胞病理学》中，用形态学来观察癌变、发炎、营养、变性和肥大等病理过程，并发出科学的立论。

赫尔曼·赫尔姆霍茨

赫尔曼·赫尔姆霍茨（1821—1894），德国物理学家、生理学家兼心理学家，他被公认为是能量守恒定律的发现人之一。他在1847年的柏林物理学会上宣读了《论力的守恒》，论述了他在能量守恒和能量转化方面的基本思想。他在研究生理光学过程时，发明了检眼镜。他是首位使用反应时法对神经的传导速率进行经验测量的科学家。他研究了听觉中复音和单音的知觉、谐音和非谐音的性质和听觉共鸣说。

约瑟夫·李斯特

约瑟夫·李斯特（1827—1912），是发明并推广外科防腐技术的外科专家。他是伦敦大学学院的优等生，并获得医学学士学位。1861年，李斯特成为格拉斯哥皇家医院的外科医生，并在八年的工作时间中发明了外科防腐技术。1867年，李斯特发表了第一篇杰出的灭菌学论文，但他的观点并没有立即被人们接受。1869年，李斯特担任爱丁堡大学的临床外科学教授。

科赫

科赫（1843—1910），德国医生，被世人赞为现代细菌学之父，是世界病原细菌学的开拓者，获得1905年度诺贝尔生理学及医学奖。他一生都在研究细菌，并且制定了科赫法则，这为研究病原微生物制定了严格准则，并且创立了固体培养基划线分离纯种法。他在1876年时首次证明某种微生物和相应疾病之间有着确切的因果关系，并于1882年发现了结核杆菌。

梅契尼可夫

梅契尼可夫（1845—1916），俄国微生物学家、免疫学家。梅契尼可夫通过研究发现乳酸菌对人体非常有益，这让人们称他为"乳酸菌之父"。他还通过研究发现白细胞具有吞噬的作用，并且证实了巨噬细胞能保证人体对病菌的免疫能力，并因此而获得1908年度的诺贝尔生理学或医学奖。他有《人的本性》《传染病中的免疫性》《炎症的比较病理学》等著作。

巴甫洛夫

巴甫洛夫（1849—1936），俄国生理学大师。他在早期主要研究心血功能的调节，在中期主要研究消化腺生理，并且设计出了巴氏小胃等手术方法，在后期他主要研究条件反射，形成条件反射的概念，因而开辟了对高级神经活动生理学的研究领域。巴甫洛夫在晚年时主要研究精神病学，并提出两个信号系统的学说。巴甫洛夫是1904年度的诺贝尔生理学与医学奖获得者。他的主要著作全都收入《巴甫洛夫全集》。

里谢

里谢（1850—1935），法国生理学家。他是法国巴黎大学教授，最先主要是研究神经和体温等生理学方面，而后才开始研究血清疗法，主要从事有关抗原过敏的研究。他通过研究海葵触手的毒素而发现了机体其实会对某种抗原物质具有一定的特异反应，并形成过敏状态。他在科学刊物上发表了这个研究成果，引起人们开始研究和关注过敏性疾病。这也让他获得了1913年度的诺贝尔生理学与医学奖。

科塞尔

科塞尔（1853—1927），德国生物化学家。他在1885年时发现了腺嘌呤，一种来自于动物器官和酵母中的新碱基沉淀物，而且他还发表论文论述了腺嘌呤和黄嘌呤之间的关系。1893年，科塞尔与合作者瑙曼分离出了胸腺嘧啶。随后，他们又发现了胞嘧啶，这是一种新碱基。1910年，科塞尔因为研究蛋白质和核酸方面取得的成就而荣获诺贝尔生理学与医学奖。

保罗·埃尔利希

保罗·埃尔利希（1854—1915），德国免疫学家，是化学疗法的奠基者之一。他早年主要研究生物体内不同组织、细胞和染料之间的亲和力，并发明了活体染色法。他从1890年后就开始研究免疫问题，帮助贝林生产出白喉抗血清，设计出了单位测定抗毒素量的方法。埃尔利希在晚年时主要研究用化学药物去治疗传染病，发明了治疗梅毒的有效药606，并与梅契尼科夫共同获得了1908年度的诺贝尔生理学与医学奖。

弗莱明

弗莱明（1881—1955），英国细菌学家。弗莱明是最早发现青霉素的细菌学家，他在1929年时就发现了青霉菌，并且通过实验证明了这种菌有抑菌、灭菌和溶菌的能力，这就为人们使用抗生素去治疗传染病开辟了道路，从而挽救许多受到病菌感染的生命。弗莱明与他的合作者，弗洛里、钱恩共同获得了1945年度诺贝尔医学奖。

白求恩

白求恩（1890—1939），加拿大胸外科医师，擅长于治疗肺结核。白求恩大夫所发明的革新性外科手术器械，至今仍然被使用。在1937年至1939年期间，白求恩作为战地医生在中国为八路军提供救治服务。在这段时间里，白求恩发明了移动式的血库，这能够及时为战场上的伤员进行输血。

班廷

班廷（1891—1941），加拿大的生理学家。为了治疗糖尿病，班廷和贝斯特将几支狗的胰管进行结扎，等七周之后这些狗的胰腺萎缩的时候，胰岛失去了消化的功能但外观却仍然完好。他们从这些狗中的胰腺中提取出一种液体，给那些因为切除胰腺而患上糖尿病的狗，很快这种提取物就制止住糖尿病的症状，这个提取物就是胰岛素。班廷和贝斯特因此在1923年获得了诺贝尔生理学与医学奖。

利斯特

利斯特（生卒年不详），英国医学家。他通过医学实践发明了消毒药，成为外科消毒法的发明者。利斯特在临床时，发现许多患者因为伤口化脓感染而导致死亡，这让他决定找到一种消毒药品来让人们摆脱死亡的痛苦。通过实验，利斯特用石炭酸作为杀菌剂，不仅能防止伤口腐烂，更能够杀菌。灭菌法不仅挽救了亿万人的生命，还大大减轻了病人的痛苦。